英语教学与翻译理论研究

张牡丹　彭　欣　朱　敏　著

全国百佳图书出版单位
吉林出版集团股份有限公司

图书在版编目（CIP）数据

英语教学与翻译理论研究 / 张牡丹，彭欣，朱敏著
. --长春 ：吉林出版集团股份有限公司，2023.1

ISBN 978-7-5731-3071-6

Ⅰ. ①英… Ⅱ. ①张… ②彭… ③朱… Ⅲ. ①英语－教学研究－高等学校 Ⅳ. ①H319.3

中国国家版本馆 CIP 数据核字（2023）第 040529 号

英语教学与翻译理论研究

YINGYU JIAOXUE YU FANYI LILUN YANJIU

著：张牡丹　彭　欣　朱　敏
责任编辑：欧阳鹏
技术编辑：王会莲
封面设计：豫燕川
开　　本：787mm * 1092mm 1/16
字　　数：340 千字
印　　张：13.75
版　　次：2023 年 1 月第 1 版
印　　次：2023 年 1 月第 1 次印刷

出　　版：吉林出版集团股份有限公司
发　　行：吉林出版集团外语教育有限公司
地　　址：长春福祉大路 5788 号龙腾国际大厦 B 座 7 层
电　　话：总编办：0431—81629929
印　　刷：长春第二新华印刷有限责任公司

ISBN 978-7-5731-3071-6　　　　**定价**：60.00 元

前 言

进入21世纪，中国已全面融入经济全球化、知识信息化的浪潮，我国与国外经济、文化等方面交流也随之增多。来自不同文化背景的人们交往日益频繁，跨文化交流越来越普遍并成为21世纪最为显著的重要活动之一。文化之间的差异往往会给交际造成意想不到的困难，误解、困惑、矛盾甚至冲突时有发生。不同文化群体的人们能不能和平共处，能否依靠共同努力来解决关系人类生存的一系列问题，很大程度上取决于人们能否有效地进行交往并相互理解。因此，掌握一门外语以主动融入国际交流是目前乃至未来社会人才必备的重要素质之一，这已成为国人的共识。英语作为一门国际通用语言，已成为国际社会广泛采用的交流工具，越来越多的人将它作为第二语言或外语进行学习和使用。随着科学技术和全球化的进一步发展，英语的重要性无疑会更加凸显。

翻译能力，是集听、说、读、写于一体的语言运用能力，是语言知识和其他知识的综合体现。翻译能力的培养，除了需要汉英两种语言的修养之外，还应注重强化翻译技能训练和其他相关能力的培养。近年来，翻译专业教育取得了令人瞩目的成绩。我国高校翻译专业对翻译人才的培养理念逐渐完善，培养方案逐步成型，师资队伍逐渐成功地建立起来。与此同时，翻译专业教育的不足和问题也迅速凸显，主要表现为教学目标不够明确、教学方法相对滞后、课程设置缺乏系统性、翻译评估体系不完善、学生双语基础不够扎实等，导致我国高校对翻译能力的培养相对滞后。为应对市场对高素质英语翻译人才的需求，我国对英语专业学生翻译的培养越来越重视，不少外语院校也在不断探索和改进翻译教学，这将会促进我国的翻译教学更加科学化和规范化。翻译教学改革应遵循其内在规律，找出这些内在规律将有助于翻译教学的改进和学生翻译能力的提高。

本书从英语教学与翻译理论的角度出发，通过对语言及翻译活动的解读以及现今我国翻译教学现状的阐释，来探究当代中国的翻译教学现状，并在此基础上探讨翻译能力的内涵、培养的科学途径及应当注意的问题。一共分为八个章节：第一章对文化语言学与翻译教学进行简单的概述；第二章介绍了翻译教学的原则；第三章具体讲解了翻译教学的几种方法；第四章阐述了翻译教学的新模式；第五章从翻译教学思想、笔译教学和口译教学三个方面对翻译教学进行探索；第六章回答了翻译教学中出现文化差异时该如何处理的问题；第七章从词汇、语句和语篇三个方面总结了英汉语言的对比与翻译；第八章讨论了翻译实践与交际的问题。

作者在撰写本书的过程中，借鉴了许多前人的研究成果，在此表示衷心的感谢！并衷心期待这本书在读者的学习生活以及工作实践中结出丰硕的果实。由于作者能力有限以及知识的无止境，本书还存在着许多疏漏和不足之处，恳请前辈、同行以及广大读者批评指正。

作 者

2021年3月

目　录

第一章 文化语言学与翻译教学

第一节 语言与文化研究的基本概念

一、关于文化

（一）文化的定义

文化（culture）一词来源于西方，源自拉丁语的cultura，含有“神明”“崇拜”“练习”“动植物培育”及“精神修养”等意思，这表明：文化实际上是以人为中心的生产实践和社会实践的成果。18世纪以后，“文化”在西方语言中演化成个人的素养、整个社会的知识、思想方面的成就、艺术和学术作品的汇集，并被引申为一定时代、一定地区的全部社会生活内容。随着19世纪下半叶人类学、文化学、社会学等学科的兴起，文化问题才得到学者的关注，并得到广泛的研究，在此之前是文化的“前科学”状态。

最早对文化做出定义的学者是英国人类学家泰勒（E. B. Tylor），他在《原始文化》一书（1871年首次出版）中指出：“文化，或文明，就其广泛的民族学意义来说，是包括全部的知识、信仰、艺术、道德、法律、风俗以及作为社会成员的人所掌握和接受的任何其他的才能和习惯的复合体。”之后人们相继对文化下的定义有林林总总数百种。

对于文化的种类，不同学者有不同的看法。有的学者将所有的文化归为两类，一类是大写的文化（Culture with a big C），一类是小写的文化（culture with a small c）。大写的文化指人类文明的各个方面，包括文学、艺术、音乐、建筑、哲学、科学技术成就等；小写的文化包括人们的风俗习惯、生活方式、行为准则、社会组织、相互关系等，即把文化看作一系列特征。

有的学者则将文化分为三类。戚雨村将文化划分为三个层次：物质文化（通过实物产品形式表现，包括建筑物、服饰、食品、用品和工具等）；制度和习俗文化（通过社会规范和行为准则的形式表现，包括制度、法规及相应的设施和风俗习惯等）；精神文化（通过思维活动和思维活动的产品表现，包括价值观念、思维方式、审美趣味、道德情操、宗教信仰，以及哲学、科学、文学艺术方面的成就和产品）。胡文仲和高一虹将文化同样分为三层，“第一个层次是物质文化，它是经过人的主观意志加工改造过的。第二个层次是制度文化，主要包括政治及经济制度、法律、文艺作品、人际关系、习惯行为等。第三个层次是心理层次，或称观念文化，包括人的价值观念、思维方式、审美情趣、道德情操、宗教感情和民族心理等”。赵爱国和姜雅明则将文化分为物质文化、关系文化和精神文化，其中关系文化是指人们在文化的创造、占有或享受过程中所结成的各种社会关系，如生产关系、经济关系、民族关系、国际关系等，其核心是人和人的关系，也包括为维护这些关系而建立的各种组织形式和与之相适应的各种制度——生活制度、社会制度、家庭制度等。

还有的学者将文化分为四类。马林诺夫斯基在《文化论》中把文化划分为物质文化、精神文化、语言和社会组织等四种类型。司马云杰在《文化社会学》中，根据人类与自然的关系和人类与社会的关系，把文化分为两大类、四小类：第一类文化指人类在认识、改造、适应和控制自然界的过程中所取得的成果，这一类中包括智能文化和物质文化；第二类文化指认识、改造、适应、控制社会环境所取得的成果，这类文化包括规范文化和精神文化。刘守华在《文化学通论》中将文化分为物质文化、制度文化、行为文化和精神文化。物质文化包括人类加工自然创制的各种器具，是可触知的具有物质实体的文化事物，即人们的物质生产活动方式和产品的总和，是构成整个文化的基础；制度文化是由人类在社会实践中组建的各种行为规范、准则以及各种组织形式所构成；行为文化主要由人类在社会实践中尤其是在人际交往中以约定俗成的方式构成的行为规范——风俗习惯来体现；精神文化是由人类在社会实践和意识活动中长期育化出来的价值观念、思维方式、道德情操、审美趣味、宗教感情、民族性格等因素所构成，是文化的核心部分。

综观以上各位学者对文化的理解，文化至少包含物质文化和精神文化，物质文化位于最表层，精神文化则渗透到人的思想、行为的深层。“简而言之，文化是指一个民族的全部生活方式，它不仅包括城市、组织、学校等物质的东西，也包括家庭模式、语言等非物质的东西”。文化是“人们所思、所言（言语和非言语）、所为、所觉的总和”。

（二）文化的特征

1. 文化的共性

人类共同居住在同一个世界，这个世界拥有相同的春华秋实、草长莺飞、阴晴冷暖、日夜消长，不同文化的人们经历过并正在经历生老病死、喜怒哀乐、悲欢离合、爱恨离愁。不同的文化存在相当程度上的共性特征，这些特征不取决于地理位置、社会形态、自然环境，而属于整个人类，这就为不同文化的个体能够理解彼此提供了可能。

首先，尽管全世界的人类分为不同的种族、民族，但他们都具有相同的人体结构，这就为文化的共性特征提供了共同的生理基础。这种相似的生理特征和感觉功能决定了人类都以维持自身的生存和繁衍为最终目标，而且在具有类似情绪或心理状态时具有相似的表现方式：碰到喜事时会笑，碰到不如意的事情时面部表情会严肃；当与说话人关系亲密时距离较近，关系疏远时距离较远等。

其次，全世界的文化都经历了由低级到高级、由蒙昧到文明的过程，在此过程中人类社会的道德约束、规范机制起到了关键性的作用，这为文化共性特征的形成提供了历史基础。全人类都处于各自的社会规约中，都认为符合全民道德准则的行为和现象就是真的、善的和美的，阻碍了社会发展的行为和现象是假的、恶的和丑的。而且在一定历史阶段出现过的观念会保留在许多文化当中，如对神明的崇拜、对不可抗力的畏惧等。

2. 文化的个性

文化具有共性的同时还具有个性。“每一种文化都以原始的力量从它的土生土壤中勃兴起来，都在它的整个生活期中坚实地和那土生土壤联系着；每一种文化都把自己的影像印在它的材料即它的人类身上；每一种文化各自有自己的观念，自己的情欲，自己的生活、愿望和感情，自己的死亡。”人们按照有利于自己生存的原则来改造世界，并进行文化创造，由于所处的自然环境和历史条件的不同，人们改造自然的具体方式是不尽相同的。人类对不同地理和生存环境的适应，导致了文化具有鲜明的地域特征和独特的历史积淀，从而产生了不同民族、不同地域、不同历史的文化特殊性，体现为文化的个性。一个民族具有本民族所特有的思维方式、行为规范、处世原则、生活态度，以及特有的民族性格、心理特征、价值观念，具有独特的民族精神文化。

文化的共性和个性是同时存在的，承认个性是实现不同民族交往的关键。文化间的相互交流和取长补短，是当今世界的主题和今后的必然趋势，为此，必须在充分理解文化共性的基础上，深入挖掘各个民族文化的个性所在，并探索出跨文化交际过程中克服这些差异的途径。

3. 文化的动态性

从历史的角度来看，一个民族的文化并非一成不变，文化的内容和形式始终处于不断的发展变化当中。不同时代物质生产水平不同，制度、风俗、艺术、心理、价值观念也各不相同。文化始于无意识，而后取得了很大的明确性和肯定性，之后又扩展到其他的行为。随着时代的发展，新的历史时期具有新的生产力水平，原有的文化会被新的文化要素所取代。“每一种文化都有它自我表现的新的可能，从发生到成熟，再到衰老，永不复返。”在文化发展的进程中，原有文化被新的元素代替的同时，还有一部分会被继承下来。原有文化为新文化的建立、发展起到了一定作用，一个社会团体的文化总是保持相对的稳定性，这种文化通过各种方式被人们世代传承下来。因此文化是一种历史现象，它是历史的积淀物。历史衍生及选择的传统观念，尤其是世界观、价值观等文化核心成分，会深深镌刻在一辈辈人的意识深处，决定着他们的思维、行为方式、言语交际。例如，社会制度的变革会影响社会生活的方方面面，也自然会影响到人们看待问题的方法，影响到人们的价值取向，影响到时代的文化，但有一些文化特质是不会随着政治变革发生改变的，是属于该民族文化的恒定部分。中国有着悠久的封建统治的历史，而今社会制度发生了根本的改变，原有的“君君臣臣”“父父子子”“三纲五常”之类代表了封建时期的文化自然失去了当时的地位和影响力，但中国人崇尚道德、礼仪和卑己尊人的传统文化却世代流传。

4. 文化的符号性

文化的基本要素是符号，人类斑斓的文化世界是由符号构成的，符号承载着民族文化的集体记忆，成为文化的基础，更是人类文化传承、交流的基本手段。

文化具有符号性（symbolism），文化领域的相关概念通过符号联系起来，而这种联系的基础是通过社会的共同约定建立起来的。符号是社会化的意义载体，符号的这种功能是通过人们对不同地域、不同时段文化对象相似性的抽象归纳实现的。用于表征文化的符号具有物质性，能够通过感观被体验。符号代表的意义不仅是关于符号本身的，而且是关于文化过程和文化关系的，符号与符号之间有着某些共同的意义成分，并构筑了强大的文化意义网络。符号背后的文化意义存在于每一个文化参与者的脑海中，是社会化的人在生活实践中通过一系列认识活动获得的。之所以说符号具有社会性，是由于符号是具有社会参与意义的实体，每个符号与其他符号共有的文化意义是维护社会构成和通过约定俗成操作的符号网络的基础。

文化的符号性在人类文化的产生和发展中始终起到重要的作用，而文化的符号性概念在人类学和文化理论领域都占有至关重要的地位。

二、语言与文化

（一）不同学派的不同认识

不同语言学派对语言和文化间的关系存在不同认识，有的将语言与文化割裂开来，认为文化不是语言学家所应关注的内容，如结构语言学、转换生成学派等。还有一些学派认为，语言反映了文化，文化体现在语言当中，文化因素是语言研究所必须考虑的问题，持这种观点的学派包括文化语言学、认知语言学、社会语言学等。

1. 语言与文化割裂观

索绪尔（Saussure）提出语言符号是一种“两面的心理实体”，这两面分别是概念和音响形象（即所指和能指）。语言符号的意义不是物质实体，而是一种关系结构。这种意义的二元观是以语言的静态、封闭的系统观为背景的，重视系统内各语言单位的对立关系，语言单位因彼此间差别而获得价值。他强调语言符号的价值在于系统内部符号间关系，忽视语言外因素，认为历史的、文化的、个人的因素应被统统排除在语言研究之外。

乔姆斯基所代表的生成语言学派认为自然语言是一种天赋的（innate）、自治的（autonomous）形式系统。人的头脑中存在生成句子的装置，其核心部分包含了人类语言共同的普遍特征，它是由某些抽象规则构成的有限系统，这就是“普遍语法”（Universal Grammar）。语法的自足性和自主性决定了语法完全可以独立于语义之外，语法构造无须参照语言之外的诸多因素，如文化因素、认知因素等。

2. 语言与文化联系观

较早对语言和文化的密切关系做出专门研究并取得丰硕成果的是19世纪德国语言学家洪堡特（Humboldt）以及20世纪上半叶美国语言学家萨丕尔（Sapir）和沃尔夫（Whorf）（“萨丕尔－沃尔夫”假说的建立者）。他们对语言和文化关系的认识对以后文化语言学、认知语言学、社会语言学产生了重要影响。

洪堡特用“语言世界观”来概括自己对语言和文化的认识。洪堡特认为：“……每一种语言都包含着一种独特的世界观。人用语音的世界把自己包围起来，以便接受和处理事物的世界。我们的这些表述绝没有超出简单真理的范围。人同事物生活在一起，主要按照语言传递事物的方式生活，因为人的感知和行为受制于他自己的表象，我们甚至可以说，他完全是按照语言的引导在生活。人从自身中创造出语言，而通过同一种行为，他也把自己束缚在语言之中；每一种语言都在它所隶属的民族周围设下一道樊篱，一个人只有跨过另一种语言的樊篱进入其内，才有可能摆脱母语樊篱的约束。所以，我们或许可以说，学会一种外语就意味着在业已形成的世界观的领域里赢得一个新的立足点。在某种程度上说，这是事实，因为每一种语言都包含着属于某个人类群体的概念和想象方式的完整体系。掌握外语的成就之所以没有被清楚地意识到，完全是因为人们或多或少总是把自己原有的世界观，甚至原有的语言观，带进了一种陌生的语言。”

洪堡特从认识论的角度对语言世界观问题做了阐述，提出语言作为认知手段制约着人的认识活动。在对语言和文化的关系上，洪堡特强调了语言和民族文化的密切联系，“民族的语言即民族的精神，民族的精神即民族的语言。二者的统一程度超过人们的任何想象”。因此，语言揭示并影响了人们认识世界的途径和方式，语言代表了人的基本文化样式。语言世界观的提出是欧洲人文主义语言研究的一大建树，并为后来的“萨丕尔－沃尔夫假说”的产生奠定了基础。

萨丕尔对语言与民族文化、风俗习惯和信仰之间的关系进行研究后，指出“语言的词汇多多少少忠实地反映出它所服务的文化”，认为“语言不脱离文化而存在，也就是说，语言是不脱离社会流传下来的、决定我们生活面貌的风俗和信仰的总体”。萨丕尔的学生沃尔夫研究了世界上多种语言后发现，由于不同民族的语言表达不同，人们对世界的看法也有很大不同。而沃尔夫曾以万有引力为例，比拟语法的形式构造规律对人类思维和精神的影响，“没有受过教育的人完全意识不到任何与引力有关的法则，因为他从来不会设想这样一个宇宙，其中的物体运动方式不同于在地球表面的运动方式”。萨丕尔和沃尔夫对语言和文化关系问题进行探讨的主要观点集中反映在“萨丕尔－沃尔夫假说”当中。该假说的主要思想是强调语言的结构会影响使用者的习惯性思维，现实世界在很大程度上是不知不觉地建立在人群集体的语言习惯之上的，人们对世界的认识受到民族语言的制约。这种“语言范畴影响人的思维和认知”的看法引起了语言学界极大的兴趣，并引发了一系列争论。后人将该假说分为强式和弱式两种，强式即“语言决定论”（The Linguistic Determinism），认为语言决定思维，弱式即“语言相对论”（The Linguistic Relativism），认为语言影响思维。

（二）语言与文化的联系

对于语言与文化千丝万缕的联系，总结起来，主要有以下认识。

1. 部分观

罗常培曾指出，“语言不是孤立的，而是多方面联系的。任何社会现象都不能和别的现象绝缘而孤立存在或发展”，同时，“语言学的研究不能抱残守缺地局限在语言本身的资料以内，必须要扩大研究范围，让语言现象跟其他社会现象和意识联系起来，才能格外发挥语言的功能，阐扬语言学的原理”。语言是人类文化不可分割的一部分，是人类后天习得的一种文化能力。语言作为民族文化的重要表现形式、建构手段和传承方式，具有其他文化形式不可比拟的重要地位和意义。古迪纳夫（Goodenough）曾在《文化人类学和语言学》中指出："一个社会的语言是该社会文化的一个方面，语言和文化是部分与整体的关系，语言作为文化的组成部分，其特殊表现在于，它是学习文化的主要工具，人在学习和运用的过程中获得整个文化。"同时，由于语言兼有精神文化（表达抽象意义，传递抽象观念）和物质文化的特点（有物质形式，可以以文字的形式被看到，以声音的形式被听到），又像社会制度一样具有社会规约性和全民性，因此不可能将其归入这些文化中的任何一类，马林诺夫斯基就将语言独立于物质文化、精神文化和社会组织文化之外。韩民青同样认为，"语言是一种十分独特的文化现象。它具有其他文化现象的特点，但又不能轻易归属于哪种文化现象。语言与意识文化关系密切，没有语言就没有思维没有意识。人们常把语言叫作思维的外壳和工具，这足见它与意识文化的关系达到何种密切的关系，因此，人们大多把它列为意识文化。然而，语言本身不是观念性的东西，恰恰相反，它是由声音等物质组成的符号系统。同时，语言又总是以言语活动的形态存在着，言语活动属于行为文化活动。所以，语言是兼有意识文化、物质文化、行为文化三种品格而又不能简单归于某一种文化的特殊文化现象"。

语言是文化的基石，是文化中最核心、最具影响力的部分。如果说任何领域的文化（如宗教文化、历史文化、政治文化、经济文化等）反映的都是文化的局部，那么作为文化一个构成成分的语言中同时又包含了整个的文化世界。人类通过语言把握文化的各个领域，要了解人类的文化就必须先了解语言。语言包含了人类对世界的知识和行为准则，它所包含的文化意义和在人类生活中的根本作用非常巨大。语言具有社会性和人文性，因此语言不仅是一套符号系统，更是一套价值系统和意义系统。语言植根于社会生活中，不了解语言的社会文化背景就无法理解语言的确切含义，语言结构和语义功能特点是相应语言文化的体现。

2. 载体观

语言国情学将语言的功能分为三种：交际功能，强调语言是人类传递信息的手段，是最重要的交际工具；文化载蓄功能，指语言具有反映、记录和储存文化信息的功能；指向功能，指语言引导、影响和培养人的个性的功能。其中"文化载蓄功能"集中体现了语言作为民族文化的承载体和镜像在文化形成、发展、传承和交流中的作用。

克拉姆什（Kramsch）在《语言与文化》（*Language and Culture*）中指出语言具有三大文化功能，即"语言表达文化现实，语言体现文化现实，语言象征文化现实"。由于语言中存储着各民族人民的劳动和生活经验、对世间万物的观察和体悟、心中蕴含的丰富的情感，以及对大千世界的理性思考，因而语言是观察该民族文化的最佳途径。语言是人与周围群体在交流过程中产生的，有其特定的历史文化土壤，语言体系背后是该民族的文化体系，反映了独特的民族特质。

因为语言反映了民族文化，是文化的镜像，所以一些明显带有文化信息的语言单位（包括词汇、成语、谚语等）受到了语言研究者的关注。

社会语言学家古迪纳夫曾说过，"一个社会的语言是该社会的重要组成部分，其特殊性就表现在它是学习文化的主要工具，人们在学习和运用语言的过程中获得整个文化"。

语言是文化的符号，是反映民族文化的镜子，文化精神的内容通过语言体现，语言的产生为文化的产生发展创造了条件。作为文化储存器的人类语言在人类发展的各个历史阶段，记录了社会生活的方方面面，并将民族文化和集体经验固定下来世代相传。语言中反映了该语言人民的社会、历史、文化、心理特征，从语言中可以窥见他们的民族性格、气质情感、思维方式、价值取向、宗教信仰、风俗习惯、心理状态，以及对世界的态度和看法。文化是人类社会发展中文明的积累和沉淀，这些积累和沉淀往往通过语言体系系统地表现出来。

3．互动观

语言是文化的符号，文化是语言的管轨。不同民族的语言如同镜子或影集，反映和记录了不同民族特定的文化风貌；不同民族的特定文化犹如管道或轨道，对不同民族语言的发展，在某种程度、某个侧面、某一层次上起着制约的作用。语言与文化始终处于相互影响、相互制约的互动关系中。语言反映文化，文化在各个层次（词汇、语法、篇章等）均对语言产生影响，反过来语言对文化也有影响，语言是文化形成和发展的基础，不同语言的表达特点构成了具有民族特色的文化面貌。对文化的研究不可能脱离语言孤立进行，这是由于语言是文化最重要的表达手段，对语言的研究也不可能脱离文化孤立进行，原因是文化对语言的渗透是无处不在的。

一方面，文化从各个方面影响和制约着语言的产生和发展，文化作为语言表达的内容，从根本上决定了语言作为一种文化符号的表达特点。从文化的角度看，语言是文化的载体和编码符号系统，文化则是语言的深层构建机制，一个民族的精神文化制约着该民族语言的形成和发展，所以对一门语言的研究必须从新的高度加以认识，这种妄图脱离语言产生和发展的历史背景、文化渊源、哲学精神的做法是不可取的。只有了解语言背后蕴藏的该民族的文化精神、哲学思想，才能以全面的视角、科学的态度对待一个民族的语言，才能对语言现象做出符合其本质的阐释，也才能树立正确的语言观，找到科学的语言研究方法。各种语言中有一些词汇反映了所属民族的特有事物，从而揭示了该民族的特有文化，例如，英语中的 hot dog（热狗）、cheese（奶酪）、cathedral（大教堂）、chapel（小礼拜堂）、pan（平底锅）、bikini（比基尼）、kilt（苏格兰方格呢短裙）、jazz（爵士乐）、soap opera（肥皂剧）、bungee（蹦极）等，汉语中也有一些词汇表示的事物是汉民族独有的，如饺子、粽子、月饼、年糕、冰糖葫芦、牌坊、花轿、唢呐、旗袍、乌纱帽、绣花鞋等。一些习语也反映了不同民族的思维特点，例如：

（a）It is a wise father that knows his child.

直译为：明智的父亲了解自己的孩子。

（b）Birds of a feather flock together.

直译为：一种羽毛的鸟聚集在一起。

句 a 中所表达的意思是“即使是父亲也不一定了解孩子”，这与汉语中“知子莫若父”（父亲最了解儿子）的意义是相反的。句 b 表达的意思为“物以类聚，人以群分”，相应地，汉语中用“一丘之貉”表示。

不同民族对世界的认识不可避免带有自身的特点，这种特点具有约定俗成性，从不同的语言中可以窥见不同民族特有的事物、概念以及对世界的认知方式。这些均是外语专业教学中应重点注意的方面，因为这些内容的掌握将直接影响跨文化交际是否能够顺利进行。

另一方面，语言受文化制约的同时，还对文化具有反作用。作为民族文化的符号形式和承载物，其背后蕴藏着一个民族的文化精神和认知方式；作为人类的交际工具和认知工具，语言对人类社会的发展和文化的进步起着举足轻重的作用。语言的组织机制和语义特征影响并制约着语言使用者的感知和思维，它是人们维系人际社会关系、人与自然关系的纽带，同时还决定了人的文化心态（cultural mentality）。

人们赋予语言符号意义的同时，就决定了说该种语言的人的概念化方式，不同语言中对应语言符号的赋值并非绝对相同，这影响到不同民族的认知方式和认知经验。例如，英语中一些词汇的意义范围要大于汉语对应词，如 uncle 对应汉语的“叔父”“伯父”“姨父”“姑父”“舅舅”，aunt 对应汉语中的“姑母”“姨母”“伯母”“婶母”“舅母”，nephew 对应汉语的“侄子”和“外甥”，niece 对应汉语的“侄女”和“外甥女”，brother 对应汉语的“哥哥”和“弟弟”，sister 对应汉语的“姐姐”和“妹妹”，dog 对应汉语的“公狗”和“狗（统称）”，duck 对应汉语的“雌鸭”和“鸭（统称）”，goose 对应汉语的“雌鹅”和“鹅（统称）”，chicken 对应汉语的“小鸡”和“鸡（统称）”，lion 对应汉语的“雄狮”和“狮子（统称）”。以上英语中的词汇反映了与汉语不同的概念化方式，外语学习者在使用这些词汇时，不知不觉地在用新的方式将世界分门别类，目的语语言单位对学习者的思维方式产生的影响理应得到充分的关注。

既然语言是与民族的文化精神体系同构的文化符号系统，那么在外语专业教学过程中，应认识到语言能力的培养和跨文化交际能力的培养之间的紧密联系，认识到纯粹语言的学习与真正掌握语言之间还有很大距离。要掌握一种语言，不但要掌握这门语言的语音、词汇和语法系统，更要了解该语言背后的社会文化系统。在某种意义上说，学习一门语言，就是要了解这门语言所反映的整个社会生活，有关目的语社会文化的知识任何时候都不可能独立于语言知识之外。

第二节　翻译教学视角下的语言与文化研究的基本理论与实践

一、翻译教学领域语言与文化研究的基本理论

传统外语专业教学模式是将语言理解为静态的知识体系（包括语音知识、语法知识和词汇知识），而非动态的运用。传统上外语技能方面的教学主要集中在听、说、读、写、译的训练，却始终没能走出“语言”本身的框架。这种教学思想显然受到了长期以来主流

语言学思想的影响，无论是结构语言学，还是转换生成语法，都将语言研究的视域限定在“语言”自身。自从19世纪末索绪尔开创了结构语言学以来，1928年在海牙召开的第一届国际语言学会议上出现的“布拉格音位学派”、20世纪40年代的“伦敦学派”、美国的“描写语言学派”成为现代语言学的主流。20世纪50年代，结构语言学思想在世界范围产生了重大影响，这种影响自然波及了外语教学领域。由于结构主义重视对语言形式的研究，不重视语义的描写，对语言结构的分析脱离语言环境和意义，因此往往不能抓住语言结构的本质，这种偏重形式的分析方法给外语教学带来了一些不利影响。20世纪60年代乔姆斯基提出，人类具有先天的语言习得机制，这种“语言能力”是本民族人民内化了的语言知识体系，是人类能够掌握语言的关键，而语言运用只不过是语言能力的具体表现。尽管乔姆斯基将解释语言现象确立为自己的研究目的，但对语言现象的解释仍是通过语言规则本身实现的，解释的过程不考虑语言外的因素，不考虑语言的实际运用。

随着当代语言学的发展，越来越多的外语教育工作者意识到传统外语教学模式的局限性，意识到仅就语言而研究语言是解释不清楚语言现象的，如果不把视野放在社会文化的广阔天地中，语言研究和语言教学都将是没有出路的。三个相关语言学科在此方面颇有建树：一是跨文化交际学，产生于美国；二是语言国情学，产生于苏联；三是文化语言学（狭义上的“文化语言学”），产生于中国。三门学科各有侧重，跨文化交际学侧重研究交际文化，语言国情学侧重研究词汇文化（后来的研究涉及语言的其他层面，以及言语的使用方面），文化语言学则侧重汉语同文化传统、民族心理和文化习俗的关系。尽管这三个学科有着各自的兴趣点和研究思路，但他们研究的对象是相同的，即研究语言和文化之间的关系。对于外语教学而言，跨文化交际学和语言国情学（本书用广义上的“文化语言学”概括这两个研究领域）具有突出的理论价值和指导意义，提供了外语教学的新思路，至今仍在教学实践领域产生着深远的影响。

西方（主要在美国）对语言和文化间关系的研究集中体现在“跨文化交际学”领域。跨文化交际研究始于20世纪四五十年代，由于当时美国政府意识到其驻外外交官员对所在国家文化知识的匮乏严重影响了他们的工作，决定对其进行岗前和在岗培训，希望他们在短期内掌握一些国外生活所需的生存技巧。跨文化交际学的创始人霍尔（Edward T. Hall）在其著作《无声的语言》中首次使用了“跨文化交际”这一术语，并指出文化在人们社会生活中的重要性。霍尔等人的有关跨文化交际的论述引起了当局的重视，并发挥了重要作用。霍尔认为，文化是人类生活的环境，人类生活的各个方面无不受着文化的影响，随着文化的变化而变化。或者说，文化决定人的存在，包括自我表达的方式以及感情流露的方式、思维方式、行为方式、解决问题的方式等。跨文化交际学认为，儿童在习得一种民族语言的同时，也就是在习得这一民族的文化，习得这一民族的文化内容和文化传统。在乔姆斯基之后，海姆斯指出，“语言能力”仅是一种“语法能力”，它只注重了人的内在语言心理因素，却忽略了语言外在的社会文化因素，舍弃了语言的交际功能。因此，应当关注语言的“交际能力”，交际能力的提出为跨文化交际学提供了合理的分析框架。

在翻译教学领域，“交际教学法”正是在“交际能力”等理论提出后产生的，传统的翻译教学法开始受到“交际教学法”的冲击。外语专业教育工作者意识到，外语专业教学的任务就是要培养具有不同文化背景的人们具有这种交际能力。因此，外语翻译教学不仅是语言教学，而且还应包括文化教学，要重视翻译教学对于语言教学的重要作用。“就语言而教授语言”的翻译教学模式受到质疑，随之“目的语文化”的导入得到了应有的重视，因为“只注重语言的形式，而不注意语言的内涵是学不好外语的”。文化教学“应当给学习者提供充足的知识和语言文化技能，以便和外国一些具备同样背景和教育的人成功地进行交际。他们需要有意无意、设身处地理解外国当地人的文化，并能够合适地接受其语言和非语言的行为”。语言行为是一种文化行为，语言能力和交际能力的培养离不开文化因素的参与。传统翻译教学忽视了社会文化因素对翻译教学的影响，只侧重培养学习者的语言翻译能力，往往容易看到母语对外语学习的干扰，却忽视了社会文化因素的干扰。因此，语言学习者应具备的能力包括两个方面，即语言能力和交际能力，前者指的是掌握语音、词汇、语法、篇章等知识，后者指的是运用这些语言知识进行交际的运用能力。外语能力中的交际能力包括六个方面：听、说、读、写、译五种运用能力和文化素养能力（社会文化能力）。这种对社会文化能力所具有价值的充分认识极大地推动了当时的外语翻译教学。

在跨文化交际理论框架下，托马林和斯特姆普列斯基提出了语言文化教学目标，即：

（1）帮助学生逐步明白：所有的人都会表现出由不同文化而产生的行为；

（2）帮助学生逐步明白：社会的各种因素，诸如年龄、性别、阶级和居住地都无一不影响着人们说话和行为的方式；

（3）帮助学生更多地了解目的文化中在一般情景下人们的具体习惯行为；

（4）帮助学生增加对目的语中的词和短语的文化含义的理解；

（5）帮助学生发展根据证据对目的文化做总体鉴定的能力；

（6）帮助学生培养搜寻和组织文化信息的必要技能；

（7）激发学生对目的文化在智力方面的好奇性，鼓励学生对其他民族人们的同情和理解。

俞约法在详细考察语言国情学之后，提出了语言国情学的学科性质、研究对象、研究方法。

首先，语言国情学实际上是语言教育科学中为外语教学服务的应用文化语言学，它研究的出发点和最后的归宿点都是语言教学，它同语言教学有着血肉关系，它未提出系统研究文化本身这样一个目标，也未以发现和揭示文化同语言之间的规律为己任。

其次，语言国情学对文化的研究限于表层，而未及深层；重点在词语的民族文化语义和语用，旁及各种文化背景常识；对象是个别的、零散的、具体的事实；研究工作具有发掘性和描写性。

最后，语言国情学大力研究文化背景的教学法问题。

二、跨文化交际学的理论和实践

（一）跨文化交际学的理论来源

跨文化交际学是传播学的一个分支。1909 年美国的社会学家库尔利（Cooley C. H）曾对“传播”下过以下定义：所谓传播是人际关系借以成立的基础，又是它得以发展的机理。就是说它是精神现象转换为符号并在一定的距离空间得到搬运，经过一定的时间得到保存的手段。“传播学”作为独立概念最早出现于 1945 年 11 月 16 日在伦敦发表的联合国教科文宪章中，而在晚些时候，即 1963 年，传播学作为一门正式的学科正式形成。传播学有多个研究方向，其中跨文化交际是它研究的主要方向之一。传播有两个方面的含义，既包括信息的分享，也包括信息的传递，而跨文化交际学中的交际同样有这两个方面的含义。与传播学研究的侧重点不同，跨文化交际学主要研究文化与交流的关系以及文化对交流所产生的影响，重点在于不同文化的个人、群体之间阻碍彼此交流的文化因素。跨文化交际学作为一门独立学科，产生于 20 世纪 70 年代末。跨文化交际学综合了传播学、社会学、社会语言学和社会心理学等学科的有关理论，并与实践紧密结合，因此跨文化交际学是一门交叉学科。

社会学中对有关社会现象和社会行为，尤其是对社会行为规律的研究，对跨文化交际学的形成具有重要意义。这是由于交际本身就是一种重要的社会现象，交际与社会相互依存。人类社会的重要特征便是人们能够使用语言，通过交际行为维持社会个体间的联系。交际行为若没有社会环境，便失去了存在的土壤和前提。

社会语言学家对情境、交际的讨论成为跨文化交际学的理论源泉。早在 1972 年，海姆斯和甘柏兹就出版了《*Directions in Sociolinguistics*：*the Ethnography of Communication*》一书，目的在于从社会语言学的角度研究社会情境和交际的关系，对影响交际活动的各种情境因素进行分析。海姆斯将这些因素归纳为 SPEAKING，分别代表场景（S）、参与者（P）、目的（E）、行为顺序（A）、讯息传递方式（K）、使用的语言或方言（I）、说话的规则（N）和风格（G）。任何交际活动都同其自然、社会和文化环境融为一体，不可分离，相同文化背景下的交际如此，不同文化背景下的交际也是如此。如果说以上研究是基于同一文化中的交际行为，那么社会语言学家就文化因素对交际活动影响的论述对跨文化交际研究具有直接的借鉴意义。甘柏兹认为，从理论上看，人们在相似情境中的交往可能具有共性，但某一具体情境在某一时刻，对交际者的社会期望或要求其所承担的义务以及完成的行为，可能因文化的不同而相去甚远。例如，在制约什么该说、什么不该说的礼貌规范方面的差异常常会导致跨文化交际失误。权势关系方面的变化也会产生语言使用规范方面的变化。结果是，尽管交际者尽最大努力做到彬彬有礼，也不能克服人与人之间的距离。

社会心理学中诸多理论对跨文化交际学产生了巨大影响，如信息破译的过程、行为的知觉过程、言语社团理论、人际关系理论、领域与无领域依附感的认知理论等。社会心理学中有关人际关系的论述为跨文化交际学提供了独特的视角。人际关系不同于社会关系，属于认知心理学的范畴，是人们通过交际活动产生的结果，体现为心理距离。影响人际关系的主要因素有文化因素、社会因素、心理因素、自然因素和空间因素。文化因素包括价值观、世界观和一系列规范，不同文化形成不同的人际关系取向。不同社会通过不同的交际方式影响人际关系，不同的社会规约形成了人们对同一交际行为的不同看法。心理因素是形成人际关系的重要因素，包括交际个体的认知、思维方式、性格、态度、能力等因素，这些因素赋予了交际主体的个性化特征，直接影响交际的进行。自然和空间环境同样影响了不同社会与文化氛围中人们的宏观认知背景，决定了不同文化中交际的潜台词。

（二）跨文化交际学的主要概念

跨文化交际学中的主要概念有文化和交际、文化身份、民族中心主义/文化相对论、定型和交际风格。这几个主要概念包含了跨文化交际过程的基本要素，它们从不同的角度对跨文化交际的动态过程构成影响。

1. 文化和交际

文化和交际是跨文化交际学中最重要的两个基本概念。对于“文化”“交际”的定义和认识很早就有，而且有不同的角度和侧重点。在跨文化交际学看来，“文化”和“交际”的关系尤为重要，即文化与交际密不可分，交际不可能脱离文化而孤立存在。文化是一个群体共享的意义系统，决定人们作为社会成员对世界主要事物的感知、认识和态度。任何一个社会的人，从出生开始就受到这一意义系统的熏陶。文化扎根于人们的脑海里，并时刻左右着人们的言行、思想和思维方式。格尔茨认为，在跨文化交际中，交际双方不可能完全摆脱本民族文化的制约和影响，而为了达成交际，必须克服不同文化的不同规约，使交际顺利进行。比以上认识更进一步，霍尔认为，文化是一个群体生活方式的系统，文化系统是有序的，是可以被该文化群体学习和掌握的，而且也是可以分析和描述的。同时他认为，交际就是文化本身。由此可以看出文化和交际的水乳交融的关系。

2. 文化身份

文化身份的概念来自于社会语言学和文化学，是指“对某个有着共同符号意义系统、遵守相同行为规范的文化群体的认同，并被认为得到这个文化群体的接受”。

首先，文化身份具有多重性。文化身份总是相对于一定的文化群体，同一个体可能同时属于不同的文化群体，这个个体也就具有了不同的文化身份。文化群体包括民族文化（如中国文化、美国文化、英国文化等），区域文化（如东方文化和西方文化），一些主流文化中的亚文化（如美国天主教信徒的文化和美国浸礼教信徒的文化、美国男权主义者的文化和美国女权主义者的文化、美国异性恋者的文化和美国同性恋者的文化等）。因此，同一文化个体的文化身份可能是多样的，如地区身份、国家身份、民族身份、职业身份、性别身份、宗教身份等。

其次，文化身份具有动态性。在跨文化交际之初，不同文化身份的人所遵循的符号意义系统和行为规范（即文化身份）可能差别很大。因此，为顺利达成交际，交际双方需要付出很大的努力。而当交际一方随着个人对异文化的体验增加，完成了跨文化调适的时候，交际就很容易顺利达成，而交际一方则是一个有着跨文化身份的文化个体。

3. 民族中心主义和文化相对论

民族中心主义和文化相对论的概念来自文化人类学。文化对社会发展进程起着非常重要的作用，文化作为历史的沉淀，渗透在人类文明的各个层面，制约着人的各种生存活动，尤其极大地影响着人们的跨文化交际活动。人们对本文化和他文化的看法，即文化价值观，关乎跨文化交际过程的成败与否。

所谓民族中心主义，是指在跨文化交际过程中，人们都自觉或不自觉地认为自己的文化更优越，用本文化的标准去衡量判断甚至要求他文化。民族中心主义崇尚自己的价值观和信仰，蔑视其他价值观和信仰。持这种观点的人在潜意识里存在“本文化所规约的语言或行为方式是对的”“他文化中与其不一致的语言和行为方式都是错误的”的认识，而这种认识显然不利于跨文化交际的实现，只会导致跨文化交际活动的失败，甚至引起国家间、民族间的对立和冲突。

与民族中心主义相对立，主张“文化无优劣之分”的是文化相对论。在文化人类学界最早倡导文化相对论的学者是美国人类学家博厄斯。他坚决主张研究每一个民族、每一种族文化发展的历史，认为衡量文化没有普遍绝对的评判标准，因为任何一种文化都有其存在的价值，每种文化的独特之处都不会相同，每个民族都有自己的尊严和价值观，各种文化没有优劣、高低之分。因此，一切道德评价标准都是相对的，不能用自身判断是非善恶的标准去判断另一种文化，不能用一己诠释框架去套用或解释其他文化现象。博厄斯认为：“只有在每种文化自身的基础上才能研究每种文化，只有深入研究每个民族的思想，并把在人类各个部分发现的文化价值列入我们总的客观研究的范围，客观的、严格的、科学的研究才有可能。”文化相对论认为应对不同的价值观念、文化习俗和言语行为表示理解和宽容，感到自然，并能够根据不同的交际对象和场合，调整自己的行为和判断标准。文化相对主义这种宽容的态度和开阔的胸襟对跨文化交际的顺利进行起到了正面作用。

4. 定型

定型的概念来源于社会心理学，而最早将定型引入社会心理学的是美国新闻记者利普曼（Water Lippmann）。1922 年，利普曼的《公众舆论》（*Public Opinion*）一书出版，首次使用“定型”这一术语，用以表示不同社会群体“在人们头脑中的形象”。之后，社会心理学家在利普曼的基础上进一步发展了对定型的认识，认为定型观念是“对现实的某一方面，特别是某些个人或社会群体的相对僵化、过分简单或带有偏见的认识”。20 世纪 50 年代至 80 年代末，心理学与跨文化交际学关于定型观念的解释出现多元的趋势，但主要集中在两个方面：第一，定型观念是一种认识，这种认识带有类型化倾向；第二，定型观念是一种过度概括，呈简单化特征。定型呈现过分简单化的特征，如认为所有的英国人都很保守、所有的法国人都很浪漫、所有的犹太人都很精明、所有的日本人都很勤劳等，是由于片面夸大了群体的相似性，而忽略了个体的差异，如部分英国人可能不保守、部分法国人可能不浪漫等。

对于定型在跨文化交际中所起到的作用，高一虹称之为“跨文化交际悖论”，即定型一方面起到了沟通文化差异的“桥梁”作用，帮助不同文化背景的人相互了解。同时，在定型基础上建立的对其他文化的理解是不客观的，有对其他文化“贴标签”之嫌。这种认识很容易变成“偏见”，也就是说，定型对跨文化交际既有正面的沟通作用，同时又因其片面性阻碍了跨文化交际的进行。所以，对定型所应采取的态度是既要做到探讨不同文化的共性和同一文化群体所共有的特点，又要注意文化的个性和同一文化群体内部各种亚文化及不同个体的差异。没有群体的共性就等于没有形成对异文化的认识，而没有个性的差异就证明对异文化的认识处于比较低的阶段。

因此，在外语专业教学的初级阶段，应建立目的语的文化定型，这是一种较快了解文化差异的方法。尽管这种定型可能很不全面，很不客观，但有助于外语学习者建立有关目的语文化的一系列认识。随着以后学习的深入，头脑中原本清晰的印象开始模糊，原有的一个个定型变得不可靠，这时就应对原有的相当幼稚的认识进行修正，打破原有定型观念，建立新的概括方式，从而达到认识的深化。

5. 交际风格

交际风格是指人们在传递和接收信息时喜欢或习惯采用的方式。古迪昆斯特等列举了四对不同的风格类型：直接和间接型；详尽和简洁型；个人为中心和语境为中心型；情感型和工具型。以美国人和中国人的交际风格为例，一般来说，美国人的交际属于直接型的，在交际时倾向于直截了当、直奔主题，而中国人的交际则是间接型的，习惯拐弯抹角、兜圈子。美国人的交际是介于详尽型和间接型之间的，而中国人则属于间接交际风格，谈话时往往表现得非常谦卑，在谈到主题时经常是点到为止，简洁扼要。最后，美国人属于以个人为中心、工具型的交际风格，喜欢就事论事，不太注重社会文化因素和人际关系对交谈主题的影响，中国人则属于以语境为中心、情感型的交际风格，交谈双方的地位关系非常重要，决定了谈话的方式、语言措辞的选择，交际的主要目的之一就是交流情感，建立良好的人际关系。不同的交际风格可能会引起交际双方的误解：美国人觉得中国人不真诚，办事缺乏效率；中国人觉得美国人自负、无礼。而要想避免不同交际风格对交际可能产生的不利影响，就应当事先了解对方的风格，同时在交际过程中有意识地调整自己的风格。

（三）基于教学的跨文化交际研究的主要方面

1. 跨文化交际的语用方面

在跨文化交际中，很多情况下影响交际的因素并不仅是语音、词汇和语法，而是人们说话的方式不同以及对语法的使用不同。在语用学领域，言语行为理论、会话含义理论、礼貌原则等的提出使人们开始关注语言外因素对语言使用的制约。然而，在跨文化背景下语言的使用规则会因文化和社会的不同存在差异，究其原因是由于不同文化存在不同的社会规范。研究这种差异对跨文化背景下的外语专业教学具有重要意义，可以帮助外语教师更为深刻地认识到，跨文化交际过程中文化准则和社会规范的错置（认为目的语文化的社会规范与本族语文化没有差别）会导致交际失败，从而产生较大的心理或社会距离。这对于引导学生克服典型的文化语用失误、顺利达成交际具有深刻的指导意义。

具体讲，有一系列言语行为的语言表现形式会因文化的不同而产生差异，这些言语行为包括：称呼（forms of addressing）、道歉（apologies）、请求（request）、请求别人允许（asking for permission）、感谢语（gratitude）、同意或不同意（agreement or disagreement）、批准或不批准（approval or disapproval）、拒绝（refusal）、建议（suggestions）、劝告（advice）、警告（warning）、恭维（compliment）、邀请（invitation）、问候（greetings）、告别（partings）、电话语（telephone talk）、介绍（introduction）、关切（expressing concern）、批评（criticism）、提供（offer）、否认（deny）、祝贺（congratulation）、说服（persuasion）、命令（command）、指示（directions）、教导（instructions）、推荐（recommendations）、报告（report）、威胁（threat）、禁止（prohibitions）。

由于不同文化环境中社会语言规则存在着差异，各社会群体在问候、道歉、请求、感谢、祝贺等诸多言语行为方面都有其独特的规则可循，即使是在相同的情景，行使相同的社会功能，所实施的言语行为的语句可能截然不同。例如，在称呼语中鲜明地体现了汉语的卑己尊人的礼仪规范，称呼对方的家人一般用尊称，如“令尊”“令堂”“令郎”“令爱”，对自己的家人则用谦称，如“家父”“家母”“犬子”“家女”“贱内”，而在英语和俄语中均无相应的表达。在致谢的言语行为中，英语用“You are welcome”（乐意为您效劳）或者“It’ s my pleasure”（乐意为您效劳）回答对方的谢词，而非“It’ s my duty”（这是我的责任）或“This is what I should do”（这是我应该做的）之类汉语式的表达等。除此之外，不同文化对合作原则（量的标准、质的标准、切题原则、方式原则）和礼貌准则（得体准则、慷慨准则、赞扬准则、谦虚准则、赞同准则和同情准则）的理解均有不同。在一种语言中符合交际准则的表达，放到另一种语言中就不一定适合。因此，在外语专业教学过程中，应当着重关注跨文化交际中语用方面引起的失误现象，力图加以克服。

2. 跨文化交际的语篇方面

较早对跨文化交际与语篇结构的关系进行深入探讨的是卡普兰。卡普兰认为，中国人的思维方式是曲线式的，类似一种润轮线，叙述时一般不直奔主题，而是从其他内容开始语篇的陈述，迂回地指出语篇的主题和大意；英美人的思维方式是直线式的，段落当中通常都有主题句，其后的内容是对主题句的充分展开，最后是对主要内容的总结；俄罗斯人的思维方式是文章中有一系列的猜想式的平行成分和一些并列成分，并且至少一半与句子的中心思想不相关；法国人和西班牙人的思维方式是在文章中穿插一些离题的句子；阿拉伯人的思维方式是用各种平行线表示的；而日本学者提出日本人的思维方式是“点式”的。

英语语篇具有直线型特点，汉语等东方语言则具有螺旋形特点。卡普兰曾用图表大致表示不同文化的思维方式，而有相当多的文化学者认为，这些图示基本上代表了不同文化语篇的不同建构特点。

曲政和俞东明曾经进行过实验研究，探讨不同文化对语篇生成的影响。实验中要求中国学生写一封由三段文字构成的信，内容是学生向他们以前的一位英语教师借一本英语词典，结果表明，35 名同学中有 29 人均在信的最后一段才提出要求，信的前两段主要谈及该教师对自己以往的帮助，而这显然是汉语的思维方式和组织语篇的方式。按英美人的写法，应当在信的开头段提出自己的请求，也即西方人的思维模式为 request-background-confirmation of request。在跨文化交际中，如果在作文、翻译或口头交际时不注意西方人的思维习惯，仍使用中式思维模式，西方人对这类文章或讲话会有一种不耐烦（不愿读下去或听下去）的反应，从而容易产生误解甚至导致交际失败。在外语专业教学过程中，应重视不同文化背景下不同语言的语篇特点，从而对教学实践（尤其是写作教学）有所帮助和指导。

3. 跨文化交际的教学应用方面

随着人们对语言认识的深化，以及语言能力、交际能力、跨文化交际能力的相继提出，外语专业教学的目标日渐清晰，培养学生的跨文化交际能力成为现代外语专业教学的目标。而外语翻译教学不仅要使学生具备语言能力（即语法能力，生成合乎语法句子的能力）、交际能力（在一定的情境中生成合乎情境的句子），还要使学生具备跨文化交际能力（在跨文化语境中达到成功交际的能力）。这就要求学生对异国文化有更深的了解，在外语专业的开设课程中，这个重任也就落到了翻译课程上。通过翻译课程的学习，让学生更加了解西方文化，更好地进行跨文化交流。

卡纳勒（Canale）和斯温（Swain）对语言交际所必须具备的能力的划分，为跨文化交际能力的分析提供了直接的框架模式。跨文化交际能力包括四个方面，即语法的（grammatical）能力、社会语言的（sociolinguistic）能力、语篇的（discourse）能力和策略的（strategic）能力。这四个方面的能力在跨文化交际中起到了非常重要的作用，且缺一不可。

语法能力主要是指对语言本身的掌握，包括词汇、构词、构句、发音、拼写等语言特征和规则，是准确理解和表达话语字面意义所需要的基本能力。语法能力在多大程度上受到不同文化的影响，学界说法并不统一，但有一点是肯定的，即文化对语法能力的制约远没有其他方面显著。

社会语言能力是指能够依据各种语境因素恰当地运用与理解适合不同社会场合和环境的言语。从某种意义上说，社会语言能力就是文化，是语言运用的文化，习得一种社会语言能力实际上就是习得一种文化能力。人们在相互交往时，文化失误要比语法错误更令人无法容忍，因此翻译教学中应特别注意避免文化失误的发生。

语篇能力是指能够合理地将语言形式与意义组织起来，构成各种不同体裁的前后连贯的口头或书面语篇。语篇能力在较大程度上曲折地反映了特定文化群体的基本思维模式及其相关的价值观。例如，卡普兰指出，在篇章的组织结构方面，英语篇章主要呈直线形，汉语篇章主要呈螺旋形。所谓直线形即段首往往有一个主题句，然后再按照一条直线展开，对主题分点说明中心意思。而螺旋形与中国人思维的整体性（天人合一）以及八股文的结构有很大关系，有含蓄、委婉、间接、迂回的特点。因此，在外语教学中应帮助学生克服来自母语的语篇构成模式的干扰，避免出现英语语法和汉语结构混用的现象，让英语族人听起来（或看起来）重点不突出、条理不清楚。

策略能力则主要是指运用各种交际策略去应付和解决由于外在条件或其他方面能力欠

缺所导致的交际困难与问题。跟社会语言能力和语篇能力的迁移不一样，这方面的迁移因策略能力与文化较为疏离的关系，非但不会妨碍，反而只会有助于跨文化交际双方的沟通和理解。

除此之外，赵爱国和姜雅明认为外语专业教学的跨文化交际能力包括语言能力、语用能力和行为能力。其中，语言能力包含语音、词汇、语码、语义四个方面的能力；语用能力包含语境能力、语篇能力、社会语言学能力和社会文化悟力；行为能力则包括社交能力、非语言交际能力及文化适应能力三个方面。贾玉新则认为跨文化交际能力应包括基本交际能力系统、情感和关系能力系统、情节能力系统和交际方略能力系统。基本交际能力系统主要是强调交际个体为达到有效交际所掌握的能力，包括语言能力、文化能力、交往能力和认知能力。在情感和关系能力系统中，移情作为重要的情感能力是指以他人文化准则为标准，解释和评价他人行为的能力，而关系能力则强调交际双方形成共识和彼此适应的重要性。情节能力是指在交际过程中交际双方根据实际场景调节交际行为的能力。策略能力系统包括语码转换策略、近似语策略、合作策略和非言语策略等。

三、文化导入：语言与文化研究在翻译教学中的应用

（一）文化导入的概念

文化导入，又称文化植入、文化移入，在国外最早由舒曼在 1978 年提出，该概念适用于二语习得领域。舒曼从社会心理学角度构建了“文化导入模式”（acculturation model），认为第二语言学习过程中最重要的是社会因素和个人情感因素，因此提出假设，文化导入的程度决定了第二语言习得的成败。

20 世纪 80 年代中国学界开始关注外语教学当中的文化因素，赵贤洲较早提出“文化导入”概念，许国璋较早探讨英语教学中的词汇文化内涵问题，胡文仲较为系统地阐明了外语专业教学中的文化、交际问题。陈光磊较早对文化导入的内涵做了界定，他认为，所谓文化导入就是在教授语言结构规律的同时，使学习者了解和习得所学语言所具有的文化内涵和所遵循的文化规约，并在一定程度上转化为交际能力，从而在一定范围内顺利加入该语言社团的交际活动。林汝昌认为文化导入是外语专业教学的延伸和补充，他详细探讨了外语专业教学中文化导入的层次问题，据此笔者将翻译教学中文化导入分为三个层次进行：第一个层次为讲授目的语的语言结构知识，消除外语学习中影响理解和使用的文化障碍，重点是导入有关词汇的文化因素和有关课文内容的文化背景知识；第二个层次为系统导入相关的文化知识，根据每篇课文或每册书的内容，归纳出能涵盖课文或全书内容的文化框架；第三个层次为导入更广泛的文化内容，包括一个民族的历史与哲学传统，即综合与概括一种文化的社会模式及其价值系统的文化表现形式。

（二）文化导入的原则

赵贤洲、束定芳、鲍志坤、张安德、张翔、赵爱国和姜雅明等诸多学者曾专门探讨文化导入的原则问题。总的来看，在翻译教学中进行文化导入要遵循以下几点：

首先，文化导入应当侧重目的语同母语相异的方面。学生在跨文化交际以及习得外语

的过程中，一般而言，两种语言中存在的文化共性方面不会成为学习过程中的障碍，引起学习者困惑的往往是母语社会中不曾有过的，或者母语社会与目的语社会的理解存在差异的语言、言语现象。这些内容应当作为文化导入的主要方面，在编写教材、课堂授课、课下作业、测试等各个环节得以充分体现。例如，在维列夏金和科斯托马罗夫提出的词汇背景理论中，文化伴随意义基本等值的共有事物和现象不应是外语教学的重点，而文化导入应侧重于仅在一种语言中有文化伴随意义或在两种语言中有不同的文化伴随意义的词汇，因为这部分词汇在学习者习得过程中需克服来自母语的干扰，需要付出更多的努力。例如，汉语中“吃狗肉”这一表达没有独特的文化伴随意义，而英语中 eat dog 表示替别人干别人不愿意干的事情，这个意义来自美国土著印第安人的习俗。印第安人在有重大事情需要商议的时候吃狗肉，后来，有白人不愿吃，但为避免对主人不敬，他们被允许将一块银圆放在盘子上，别人替其吃狗肉并收起银圆，于是在早期的美国政治中有为别人吃狗肉一说。在外语教学中“吃狗肉”这类存在文化差异的语言现象是需要格外注意的，因为这类现象容易导致外语学习中的误解，导致“文化休克”。

其次，文化导入应当遵循一定的阶段性。由于人们对异文化的感知和适应是一个渐进的过程，这决定了文化导入必须遵循这个规律。正如跨文化研究专家汉威（R. G. Hanvey）所指出的，人们对文化差异敏感性可以分为四个阶段：第一个阶段是对于表面的明显的文化特征的识别，人们的反应通常是认为新奇、富有异国情调；第二阶段是对于细微而有意义的，与自己的文化迥异的文化特征的识别，反应通常是认为不可置信或难以接受；第三个阶段与第二个阶段相似，但区别在于通过道理上的分析认为可以接受；第四个阶段是能够做到从对方的立场出发来感受其文化。从第一阶段到第四阶段不是一蹴而就的，这期间必定经历一个由新奇到疑惑、排斥，再到从理智上理解，并最终从情感上忘却文化间的隔阂，做到站到他文化的角度上感受和理解他文化。翻译教学的目标也只能是使外语学习者最大限度地接近第四个阶段，要知道，想让所有外语学习者达到 empathy（“神人”，即感受不到是不同的文化，认为是自然而然的，就如同母语文化一样）的程度是不现实的。

因此文化导入的过程要分阶段进行，在学习的初级阶段，文化导入主要涉及一些容易理解的表层文化。随着学习的深入，学习者对目的语文化有了一定的感性和理性认识，一些涉及价值观、思维模式的深层次的文化差异才可以放到教学内容中来，外语学习者对此才可能有更为深入、透彻的体悟。谭志明、王平安指出，英语专业教学中的文化导入应分三个阶段进行，其中初级阶段的文化导入应主要介绍在日常生活交往方面英汉主流文化的差异，以及这种差异在语言形式和运用中的具体表现，从而使学生掌握日常生活中英语语言交际的能力，该阶段主要涉及一些表层文化；中级阶段的主要内容是介绍由于文化差异引起的英汉词语、成语意义及运用方面的差异，使学生熟悉英汉语义的差别并深入理解英语表达法所涉及的文化内涵；高级阶段主要从中西文化深层次的差异入手，介绍中西方思维方式以及言语表达方式的差异，从而使学员提高语言表达能力，并能进一步了解西方的人际关系及交往的深层次模式。这种分阶段进行文化导入的模式适用于任何外语教学，体现了外语教学的特点，也符合人们感知、适应不同文化的心理认知规律。

最后，文化导入的过程中应做到质的优选和量的适度。文化的范围之大可谓包罗万象、林林总总，可翻译教学是受到授课时数等客观条件限制的，是不是所有的文化都应纳入翻译教学的范围之中，答案无疑是否定的。所谓“质的优选”是指选取那些目的语文化中占主流地位的文化，而不是仅限于个别群体、个别区域的文化，同时，选取的主要是在当代盛行的文化，而非已经退出历史舞台的过去的文化。只有这样才能最大可能地在有限的时间接触到更多的目的语文化的本质，从而指导跨文化交际顺利进行。所谓“量的适度”是指翻译教学过程中文化导入内容必然要和跨文化交际密切相关，换言之，不能把翻译课上成了历史课、地理课、音乐课、艺术课、哲学课……翻译教学中的文化导入必须在外语专业教学的框架内进行，其目的是为语言教学服务，促进学生掌握跨文化交际的技能，培养用异文化交际和思维的习惯。因此，知识性的内容适可而止，并非多多益善。

（三）文化导入的内容

文化导入的内容是文化导入的核心问题，因为这牵涉到翻译教学中需要讲授哪些文化项目，哪些对外语学习者而言最为重要，最具现实意义。为此，不同的学者列出了不同的文化清单，这反映了学者们对文化细目的不同划分方法。

1. 知识文化和交际文化

赵贤洲、张占一主张将文化导入的内容分为知识文化和交际文化。知识文化指的是在两个文化背景不同的人进行交际时，不直接影响信息准确传递的语言和非语言的因素。交际文化指的是在两个文化背景不同的人进行交际时，直接影响信息准确传递（即引起偏差或误解）的语言和非语言的文化因素。这种分类方法是以参与交际的文化因素在交际过程中所起的作用作为划分文化属性的标准，直接影响交际的，就是交际文化因素，不直接影响交际的，就是知识文化因素。但与此同时，这种分法并不意味着只有交际文化因素参与交际，而知识文化因素不参与交际，交际文化和知识文化的区别在于它们在跨文化背景下的交际过程中对传递信息所产生的作用不同。这种分类方法的指导思想是帮助外语教师区分出哪些因素属于直接影响交际的，哪些是属于不直接影响交际的，并侧重交际文化的教学。

赵贤洲将交际文化进一步细分为十二个具体的方面：

（1）因社会文化背景不同而产生的无法对译的词语；

（2）因社会文化背景不同而产生的某些层面意义有差别的词语；

（3）因社会文化背景不同而产生的词语使用场合的特异性；

（4）因社会文化背景不同而产生的词语褒贬不同；

（5）因社会文化背景不同而产生的潜在观念差异；

（6）语言信息因文化背景不同而产生的差异；

（7）含有民族特殊文化传统信息的词语；

（8）成语典故、名言名句等；

（9）词语中反映的习俗文化信息；

（10）有特定文化背景意义的词语；

（11）不同文化背景造成的语言结构差异；

（12）其他因价值观念、心理因素、社会习俗造成的文化差异。

吴国华从文化背景知识的性质和功能角度，同样将文化分为知识文化与交际文化，对外语教学而言，最主要的是交际文化。交际文化指某一文化领域内人们所具有的普遍文化的适应能力，根据体现层面的不同，交际文化可以具体分为词汇层（包括不对应词汇、背景词、文化伴随意义词）、语域层（包括称呼、问候、致谢、致歉、赞辞、忠告、禁忌等方面）、身势语（包含手势、面部表情、身体动作、服饰等）、时空观和价值观。

2．词语文化和话语文化

束定芳将文化导入的内容分为词语文化和话语文化两类。词语包括单个的词和词组（含习语、成语等），词语文化中最重要的内容有：

（1）一个民族文化中特有的事物与概念在词汇及语义上的呈现；

（2）不同语言中指称意义或语面意义相同的词语在文化上可能有不同的内涵意义；

（3）词语在文化含义上的不等值性；

（4）不同文化对相同的现象所做的观念划分的差别在词语及语义上的显示；

（5）体现一定文化内容的定型的习语（熟语、成语等）。

话语文化主要包括：

（1）话题的选择（例如，谈天气、健康、年龄、收入等在不同文化中有不同的社会含义）；

（2）语码的选择（例如，用什么风格的语言谈论是受文化条件制约的）；

（3）话语的组织（例如，话轮、连贯、叙述方式、叙述顺序等均有一定的文化模式）。

3．语构文化、语义文化和语用文化

陈光磊将文化导入的内容归为语构、语义和语用三种。语构文化指不同文化背景下两种语言结构方面的差异（例如，构词的差异、句法的差异等）；语义文化指两种语言语义方面所体现的不同文化特征（例如某一民族特有的词语，含有一定民族文化伴随意义的词语、成语、惯用语等）；语用文化指语言使用过程中所应遵守的文化规约（例如，称呼、问候、致谢、致歉等）。

赵爱国和姜雅明在语构文化、语义文化和语用文化的基础上，又增加了两类，即语体文化和行为文化，从而把文化导入的内容分为五类：语构文化（语音、语法系统所体现的民族文化）、语义文化（语言单位各构成素的意义系统所体现的民族文化）、语用文化（语言使用过程中所遵循的民族文化规约）、语体文化（语言文体选择和运用中的民族文化因素）和行为文化（语言和非语言行为所反映的民族文化特征）。

按照美国当代外语教育专家拉森·弗里曼对语言教学的理解，语言教学体现为一个三角关系，即：语言学习者/学习、语言/文化、教师/教学。其本质是要解决“学（教）什么”“怎样学”和“怎样教”这三个基本问题。本章主要解决第一个问题，即“学（教）什么”的问题。语言是表达意义的符号系统，同时也是反映和传播文化的主要手段，其本身是文化的重要组成部分。古迪纳夫认为文化是“人们为了与其文化群体成员和平友好相处所应知道的和相信的一切”。在语言教学中，倘若离开了文化，就无法实现对语言的正确理解和使用。

首先，语言不可能脱离文化存在，语言的社会属性决定了不同语言所蕴含的与该社会历史、地理、信仰、政治等密切相关的独有特征，在翻译教学中文化因素必须得到正视和考量。

其次，文化导入为翻译教学提供了具体操作的模式，而且越来越多的学者意识到，文化导入绝不可能只是知识导入，更包含了意识的培养和能力的塑造。

无论是知识文化和交际文化的划分，还是词语文化和话语文化的划分，抑或是语构文化、语义文化和语用文化的划分，都是从不同角度使学生从习得语言的最初阶段就加强对文化因素的敏感性，并将这种意识贯穿整个外语学习的全过程。随着语言文化理论的发展，现在的外语教学应当摒弃原先对文化进行武断评判的做法，充分认识到对异文化的一味逢迎或一棍子打死均是不理智的，只有全面、客观、理性地对待目的语文化的全部，才能深入文化的实质，也才能算得上从根本上掌握了语言。对民族中心主义思想和成见的认识和分析是语言学习和文化学习的必经阶段，文化导入的双文化语境使外语学习者必须从反思的高度审视自我的文化，以包容的心态去理解目的语的文化。

第二章 翻译教学的原则

翻译教学原则是翻译教学中必须遵循的基本要求和指导原理，它说明了为达到翻译教学的最佳教学效果，应如何呈现翻译教学内容、安排教学方式，并使它们与学生的认知水平和知识结构的发展达到最佳吻合。

第一节 层次性原则

层次性原则是指翻译教学既要遵循知识由浅入深的逻辑顺序，使之呈现出自身的系统，又要符合学生认知发展和技能掌握的过程，不可强行跳跃、超级教学。这一原则的实质就是两点：一是循序渐进，二是系统规划。其实，翻译教学界很多学者都认同在实践中躬行这一原则。如刘士聪指出汉英句子翻译的学习要经历三个阶段：①句法阶段，要求学好语法规则和句法关系；②语义结构阶段，要求培养对英语的语感，学习符合英语表达习惯的句子；③审美阶段，要求训练学生对具有艺术感染力的句子的判断和感悟，培养翻译具有艺术感染力的句子的能力，进而形成有个性的语言风格。

王宏印提出翻译教学中文本翻译的三个层次：①表层对应：语言—信息转换；②浅层对应：逻辑—功能对等；③深层对应：事理—风格表现。

德利尔（Delier）指出翻译教学中语言的训练分为四个层次。

希弗（Schiiffher）提出培养翻译能力的层次为：①导论，包括翻译作为协调的交际、口译和笔译；②翻译历史论和可译性问题；③语言学方法，包括语际转换和对等问题；④语篇语言学方法，包括体裁规范、语篇类型等；⑤功能翻译法。

塞吉诺（Seguinot）从心理语言学角度指出词项翻译要经过三个阶段：①直接联系模式（direct link model）：由词到词；②共享表征模式（shared representation model）：由词项到一个图像再到另一语言的一个词项；③义语分离模式（deverbalization model）：由一个词项到对应的图像，再到另一语言的图像和与之对应的词项。

我们提出翻译教学的层次性原则包括以下四点：

一、翻译技能发展维度

翻译技能须按照“语法—语义—语用”三个层次发展。

虽然翻译课多在外语专业高年级开设，但是他们当中仍有一部分语法能力非常欠缺，呈交的译文常常语法错误比比皆是。根据调查，翻译教师认为学生的语法能力“很强”和“较强”的仅占26.4％，认为“一般”和“较差”的占到73.6％。教师曾让英语专业四年级一个班级翻译这样一个句子：向西望去，一幢巨大的栈房耸立在那里。有 1/3 的学生译为：Looking west，there is a huge warehouse towering there. 当然，语法的错误不一定要翻译教师亲自纠正，可以通过学生互相检查、讨论、评价之后再提交语法无误、衔接合理的译文，使教师能将精力集中在语义和语用两个层次上。

语义层次的翻译教学要求学生在语法正确的基础上，做到正确阐释概念意义、内涵意义、文体风格意义、情感意义，从而使译文的意义准确无误。比如下面一则广告：

梁湖绿茶

本品采用梁湖鲜嫩芽茶叶精制而成，色绿香高，味醇形美，能明目清肝，减肥益气，生津化痰，养颜健体，是老少皆宜、可四季常服的最佳饮料。

下面的学生译文便是在意义层次符合要求的译文（特别是对四字结构意义的翻译）：

The Lianghu Lake Green Tea

The Lianghu Lake Green Tea is sourced from the finest leaves and produced in the strictest procedures. It feasts the eyes with emerald green color and the nose with fragrant smell. Not only can it improve the eyesight and remove heat from the liver，but reduce weight and benefit. It can also promote the production of body fluid and resolve phlegm，nourish the face and strengthen the body. Good for all ages and both sexes，the tea is suitable in every season.

语用层次的翻译教学要求学生能够根据文本类型、翻译目的、读者对象对原文内容进行筛选、过滤，使之符合特定的语篇规范，进而达到译文的语用目的。上则在语义层次上合格的广告翻译在语用层次上却是不符合要求的。①英语广告的体裁结构包括标题（副标题）、正文、口号等，汉语缺省的成分译文中需要补充上去；②文中的“明目清肝”“生津化痰”“养颜健体”“减肥益气”“老少皆宜”是汉语诗化的写法，对认真、较劲的母语为英语的读者来说，是需要权威部门验证，或者说是言过其实的。因此只能采用归化策略和泛化译法，使之达到语用上合格：

The Lianghu Lake Green Tea

—A Tea of Choice

The Lianghu Lake Green Tea is sourced from the finest leaves and produced in the strictest procedures. It comes alive with emerald green color，enchanting aroma and soothing rounded taste. Several cups a day will keep you refreshed and energetic from all day' s work，and save you many of the consults with the doctor.

The Lianghu Lake Green Tea：The Optimal Health Keeper.

二、语言能力发展维度

语言能力须按照“语言结构转化—语篇生产—美学表现”三个层次发展。李玉陈曾指出，（汉英）翻译教学实质是要磨炼学生的造句功夫和句间衔接的技能。这是初、中级阶段教学的基本要求，高级阶段教学的要求是表现语言的美质、文本的意境。请看下面一段的翻译教学：

北京的冬季，地上还有积雪，灰黑色的秃树枝丫叉于晴朗的天空中，而远处有一二风筝浮动，在我是一种惊异和悲哀。

（鲁迅：《风筝》）

在初级层次上，根据对比语言学的要求，学生必须善于在英、汉语之间的形合 vs 意合、流水句 vs 复合句、葡萄形 vs 竹竿形之间转化，汉英翻译中要善于运用英语的连词（从句）、介词（词组）、不定式、动名词等形式将松散的汉语意群串合在一起。下面的译文由于选用 to，when，while，在这方面做得尽善至美：

Often I feel deeply depressed to see the Peking winter scene when the thick snow banks up on the ground and the bare ashen tree branches thrust up against a blue sky，while in the distance one or two kites are floating casually.

（刘宓庆译）

根据语篇语言学阶段的教学要求，译文在微观上必须满足衔接、连贯的条件，宏观上必须彰显语篇功能和翻译目的。

根据修辞/文体/美学阶段的教学要求，译文必须具有音律节奏美、意象/形象美、情感真实、意境动人。比如下面一句的译文：

Some fishing boats were balanced just in front of us. Their shadows slept，or almost slept，upon the water，a gentle quivering alone showing that it was not complete sleep，or if sleep，that it was sleep with dreams.

眼前不远，渔舟三五，凝滞不前，樯影斜映在水上，仿佛睡去，偶尔微见颤动，似又未尝熟睡，恍若惊梦。

（高健译）

译文采用四字格结构，使语言简洁、精练、对称，并具有强烈的声响、节奏美；同时，诗化的语言又塑造出朦胧、幻梦一般的视觉意境，让读者融于其间，余味袅袅。

一般说来，发展语言结构转化能力和语篇生产能力是本科阶段的教学要求；发展美学表现能力是硕士研究生阶段的教学要求。

三、翻译思维发展维度

翻译思维须按照“语言符号表征思维—图像形象表征思维—逻辑关系表征思维”三个层次发展。

人类的思维发展要经历从形象到抽象的演变，心理学家对此早有深入的研究。皮亚杰的发生认识论认为，儿童的智力发展经历三个阶段：动作运算阶段（感知运动阶段和前运算阶段）、具体运算阶段、形式运算阶段。维果茨基指出儿童思维的发展经历含混思维、复合思维、概念思维三个阶段。布鲁纳则运用“再现表象”来划分人类的三个学习过程：表演式再现、映像式再现、符号式再现。同样在翻译学习过程中，学生要经历语言符号、图像形象、逻辑关系三个表征阶段的思维。

在第一阶段，学生的思维囿限于语言形式本身，翻译中常常寻求语法成分的对等，如形容词对译形容词、定语对译定语等等。法布罗（Fabbro）通过实验证明，翻译学生的初始学习阶段处于场依存（field－dependent），文本加工依赖小的组块分析，最后一年他们的形象思维才被激发出来。可以看到，有些教材上的“增/减词法”“语法成分变换法”等，都是在语言符号这一思维层次上的运作。比如下面一句的翻译教学：

The cells are the last constant link in the great chain of mutually subordinated formations that form tissues，organs，systems，the individual.

处于语言符号表征思维阶段的译文会是下面的样子：

细胞是构成组织、器官、系统以及个体的相互隶属的构造物长链中最后恒定的一环。

语言符号表征思维的翻译常常会导致翻译腔，译文的可读性较差，有时甚至影响表意。

在第二阶段，学生的思维已经挣脱语言形式的束缚，开始运用图像形象（包括视觉形象、听觉形象、味觉形象、肤觉形象、图表或表格等）作为表征载体进行译文的加工运作。这一阶段需要指导学生绕过原文的语言表面形式，训练他们对与语言符号相对应的形象、图景在大脑中自由映现、创造表述。比如上一句学生会在大脑中构成细胞、组织、器官、系统、个体的关系图，并将译文组织为：

细胞是相互隶属的构造物所组成的长链上最后恒定的一环，这些相互隶属的构造物形成了组织、器官、系统乃至个体。

在第三阶段，学生的思维不仅摆脱语言形式的束缚，而且能在形象的基础上根据事物之间的逻辑关系（如因果关系、时间关系、空间关系、铺垫/主旨关系、信息值高低关系等）进行思维，在译文将原语的事理逻辑充分凸显。处于这一思维层次的学生会将上一句译为：

生物的组织、器官、系统乃至个体，都是由相互隶属的构造物组成。这一系列构造物好比一根大链条，链条上最后、恒定的一环便是细胞。

这一阶段的学生会注意到，原句是一个松散句，焦点信息在句首 The cells are the last constant link，而 link 必然会将读者的注意力转移到 chain，读者便会疑惑 chain 是什么？跟着是解释 mutually subordinated formations，而又在读者疑惑是什么 formations 的时候，原作者再给 formations 一个定语从句进行说明，整个句子的信息一环套一环，后一部分不断说明、补充前一部分。由于能充分考察到信息之间的逻辑关系，学生翻译时便将原文中最低价值的补充说明信息放在译文的最前面做铺垫，一步一步逐渐深入，直到最后亮出焦点信息——“最后、恒定的一环便是细胞”。

四、创造性发展维度

翻译创造性须按照“翻译普遍性—翻译个体性”两个层次发展。

翻译普遍性（translation universals）是译文作为“翻译体裁”而呈现出的既不同于原语语言又不同于译语语言的普遍特征。它包括以下五个方面。

1. 简化（simplification）

体现在词汇、句法、风格三个层次上，如采用上位词、统一词、释义等形式；长句变为短句、非谓语小句变为谓语小句、细述的短语变为短的搭配等。

2. 明晰化（explicitation）

如 Blum-Kulka 指出，译文通过重复、冗余、增释和其他语言手段使得衔接更加明晰。

3. 标准化（normalization）

译文倾向于朝向译语的语篇规范，原文变异的标点符号、句子结构、表述方式都被中和化（neutralized），取而代之的是标准的译文用法。如图里（Toury）提出的不断标准化法则（the law of growing standardization）。

4. 语篇迁移与干扰法则（discourse transfer and the law of interference）

图里（Toury）认为，翻译时译者常常是从原文语言形式出发，而不是直接（从大脑中）提取译文语言。语篇的迁移，不管是积极还是消极的，都受到原语的干扰。

5. 目标语词项的显著特征

译文中某些词的分布特征既不同于原语，也不同于目标语的普遍特征，它具有自己独立的特征。

以翻译普遍性为界标，翻译教学的初中级阶段要求学生达到翻译普遍性标准，即求译文文体的普遍性、同质性；翻译教学的高级阶段则要求跨越翻译普遍性，在译文中复现原语的独特性、异质性。翻译教学初、中阶段因为以传达意义为主，所以诸如内涵意义的外化、英汉互译的分句、合句等技巧都会导致特殊的“译文文体”——语言的常规化、风格的平淡化。在复现原语的独特性、异质性的高级教学阶段，首先可以训练学生设置“交际线索”（communication clues），因为交际线索不仅可以保存信息内容，还可以保存风格特征以及风格特征所达到的特殊效果。格特（Gutt）列举的交际线索包括：语义表征、句法特征、音律特征、语义制约、固定套语、拟声词、风格价值词汇、诗性声音特征。然后，训练学生掌握积极修辞与消极修辞、信息的标记聚焦和无标记聚焦、语言变异（包括语音变异、书写变异、语义变异、句法变异、篇章变异等）等手段，根据语言间的通约性再现或补偿原文多层次、多角度的信息，最大限度地表现原文的风格、气韵和意境。再次，在某些特定情境的翻译中，还可以遵从目标语的规范，彻底摆脱原语的影响和干扰，生产以目标语为参照标准的、具有创造性和个体特异性的译文。最后需要指出的是，在以原语为参照标准的翻译中，不是所有的普遍性都能被跨越，在语言间某些不具通约性的地方，只能用译文的普遍性代替原文的特异性。

请看下面一个句子的两式译文：

that I was born（as I have been informed and believe）on Friday，at twelve o’clock at night. It was remarked that the clock began to strike，and I began to cry，simultaneously.

我是在星期五晚上十二点出生的。（别人这样告诉我，我也这样认为。）他们讲，在钟响的同时，我便开始啼哭了。

上面的译文是处于“翻译普遍性阶段”的学生所译。它将原句的幽默风格进行了中和，意义虽然准确，但语言已经常规化了，风格也趋向了平淡。下面的译文是达到“翻译创造性阶段”的译文，译者根据 strike 和 cry 的拟声特征设置交际线索，并将 cry 的声响特征转移到“呱呱坠地”，与“当当一响”构成音律对应，同时最后一句“钟声和啼声恰好同时并作”，保留了原文的标记聚焦。幽默的口吻便隐含于此。

我生在一个星期五的夜里十二点钟。（别人这样告诉我，我也这样相信。）据说，座钟当当一响，我就呱呱坠地。钟声和啼声恰好同时并作。

（张谷若译）

第二节　结构性原则

翻译教学牵涉到的理论千头万绪，庞大的理论教学、实践训练与有限翻译课时之间不可避免地形成尖锐的矛盾。充分发挥理论的指导性，减少实践的盲目性、因循性，途径之一便是实施结构主义课程。

结构主义（structuralism）课程论由美国教育家布鲁纳（J. Bruner）提出，它强调学生掌握学科的基本结构，提倡早期学习和螺旋式课程，倡导发现法，因此在提高教学的经济性、简约性、效能性上具有重要的价值。本节首先对结构主义教学论进行述介，然后探讨它在翻译教学中的运用，最后讨论它的局限和可改进之处。

一、布鲁纳结构主义教学论述介

布鲁纳的结构主义教学思想产生于20世纪50年代末美苏争霸、美国朝野对教育质量和智育目标迫切关注的背景之下，它受影响于列维·斯特劳斯（Claude Levi-Strauss）的结构主义人类学、皮亚杰（J. Piaget）的结构主义心理学和乔姆斯基（N. A. Chomsky）的结构主义语言学。结构主义教学理论指导了美国和许多国家的课程改革，是当代最具深远和广泛影响的教育思想之一。下面从课程论、教学论、学习论三个方面对它做一简要介绍。

（一）结构主义的课程论

布鲁纳认为，在知识不断更新、爆炸的当今时代，学生最需要掌握的不是零散的学科事实和技巧，而是学科的基本结构。学科结构是指学科的基本概念、基本原理以及联系。比如生物学习中的向性，代数学习中的变化率、分配率、结合律，外语学习中的结构规则、句型，等等。他指出学习结构的意义在于：①使学科容易理解，学生能更容易理解类似的事物或特殊现象。②有利于人类的记忆，能够免去记忆细碎的、再生的（regenerative）细节材料，宏观上能将事物之间的联系串通起来。③能促成迁移，使学生举一反三、触类旁通。④能缩小高级知识和低级知识的差距，因为学科结构的概括性越高，学生就能越早接触到学科前沿。

布鲁纳提出了一个大胆的假设：“任何学科的基本原理都可以用某种正确和有用的形

式教给任何年龄的任何人。"这一改变传统学习准备观念的观点，有着他自己的课程编制理论做基础。结构课程的学习通过两种途径实施：①"螺旋式课程"（spiral curriculum）。螺旋式课程将学科结构或重要的原理、问题，转化或改写为不同的年龄阶段学生所能够理解和接受的形式，学生一开始便能接触到问题的本质或概貌，只不过学科结构在初级阶段以比较浅显的方式呈现，随着年龄的增长、课程抽象水平的上升，最后以比较复杂的形式呈现。②呈现知识结构的策略必须与学生对知识结构的表象形式相适合。学生"再现表象"的三个发展阶段是表演式再现、映像式再现、符号式再现。用一组行动来表示某个概念是表演式再现；用一组简略的意象或图解来表示某个概念，是映像式再现；用一组符号命题或逻辑命题，通过形式与转换的法则或规律来表示某个概念，是符号式再现。这三个阶段的逻辑抽象水平不断螺旋上升，教学的关键在于一方面要切合于学生的认知特点，另一方面通过具有挑战性而且合适的课题，引导、加速学生智慧的发展。

（二）结构主义的教学论

布鲁纳认为教学理论必须具有四个方面的特征：①必须详细说明最有效地使个体建立学习心理倾向的经验，包括一般类型的学习和特殊类型的学习；②必须详细说明将知识体系组织起来，并使得学习者易于掌握的方式；③必须详细说明所学材料的最有效的序列；④必须详细说明学习和教学过程中奖励和惩罚的性质和步调。与此相对应，布鲁纳提出了教学的四条原则。

（1）动机原则：奖励与惩罚构成外部动机，成功与失败则构成内部动机。内部动机足以保证学生学习的动力；外在的奖励和惩罚应尽量少用，它们可能会破坏学习行为。教学的首要任务是要激发、维持学生学习的内部动机，并保持其方向性。这便要求一方面增加教材本身的趣味，另一方面促成态度和原理的迁移，使学生获得成功的内部奖励。

（2）结构原则：结构的优越性在于它能简化信息，产生新的命题，增强知识的可操作性诸方面的力量。运用进行结构教学时，要注意三个方面的问题：①结构的再现形式：根据学生认知水平的特点，将知识结构分别以表演式再现、映像式再现、符号式再现学习呈现给他们，这也就是布鲁纳假设中的"某种正确和有用的形式"；②结构的经济原则：要求尽量减少解决问题所需的信息量，简化问题解决的步骤；③结构的有效力量：要求所学的主题内容对于学生来说具有"繁衍价值"（generative value），还要让学生分析、了解自己思维和完成学习任务的过程。

（3）程序原则：对于所有的学习者来说，独一无二的学习序列是没有的。最理想的学习序列随多种因素而定，包括过去的学习经验、认知发展的阶段、材料的性质和个别差异等。判断学习序列是否优化包括以下准则：学习的速度；对遗忘的抵制；已习得的知识迁移到新情境的可能性；根据待学知识所选择的表象再现形式；根据认知的紧张度所表现出的学习经济性；根据新假设、新组合的繁衍所表现出的有效力量。

（4）反馈强化原则：学习取决于在某个时间、某个地点将"结果的信息"告知学生，以供他们纠正之用。反馈信息时要注意三点：一是时间，要求在学习者想将他的尝试结果与意欲达到的目标进行比较之时，即要及时反馈；二是条件，要求在学生退出思维定式或高度焦虑状态之后；三是方式，要求将反馈信息转化为学生能够理解和处理的形式。

（三）结构主义的学习论

布鲁纳的学习论思想体现在发现学习、思想程序与直觉思维、学习行为等几个方面：

（1）发现学习。发现学习以培养探究性思维为目标，以教材或学习内容为对象，让学生通过再发现的步骤来进行学习。布鲁纳认为发现学习的优点在于：①激发智慧潜能，充分发展逻辑推理、假设和论证能力。②激发内部动机，使学生不断获得学习成功的满足。③掌握探索方法，如使用信息、尝试假设、直觉思维与分析思维、对照与对比等。④有助于记忆的保持，因为发现的信息能嵌入一个业已构成的认知结构中，有利于检索。布鲁纳主张在探索学习过程中：①教师与学生合作；②学生参与结构的形式；③使学生了解各种可供选择的方法和不同的观点；④让学生有机会发表自己的意见。

（2）思想程序与直觉思维。知识的获得是一个问题解决的过程，它包括两个步骤：一是根据感性材料提出试验性的假设；二是用更多的感性材料对试验性假设做检验。因此，要将分析思维和直觉思维相互补充：分析思维以明显的步骤为基础并可以明确报告；直觉思维总是以熟悉相关知识领域及其结构为基础，采用跃进、越级和捷径的方法得出结论，当然这一结论还需要比较、分析等方法做检验。培养直觉思维的方式有：教授学科结构、运用启发式程序、发展学生的自信和勇气。显然，学生的直觉思维、预感、顿悟，都有助于提出大胆设想，促成发现活动。

（3）学习行为。任何一个学习情节（episode）都包括三个方面：①新知识的获得；②知识转换（transformation）：通过外推法（extrapolation）、内插法（interpolation）、变换法（conversion）将所获得的知识整理成新形式并使之适应于新任务；③评价：核对一下处理知识的方法是否适合于新任务。这样一种学习行为遵从了学科结构的连续性、往复深入性，使得学习脉络更加清晰。

（四）简评

布鲁纳的结构主义教学理论强调根据学生认知表象水平对学科结构进行编排、改写，强调在发现学习中发展学生的直觉思维和内部动机，因而能极大地提高教学的针对性、经济性、能动性。虽然以此指导的美国基础教育改革失败，但它却深深影响了世界各级别、各类型的教育。它在美国基础教育改革失败的原因有二：一是忽视了教育外部的社会因素对人的要求、影响，以及人在发展过程中的内心需求；二是课程难度过大。对于第一点，布鲁纳在其后期对结构主义教学理论进行了补充提出教育的适切性（relevance of education）：一方面教育要切适于人的发展，要发展学生躯体、心智、情感、精神和心理的整体力量；另一方面学校改革要切合于社会需要，更多地关注社会问题、政治问题。对于第二点，人们认为，虽然结构主义教学在基础教育中可能难度过大，但是翻译教学中，由于教师面对的是生理和心理、心智与情感都已经高度发展的高等教育接受者，它是完全能够取得成功的。

二、结构主义教学论在翻译教学中的运用

以上论述了结构主义的课程论、教学论和学习论，下面从螺旋式课程、发现法等方面综述、设计结构主义翻译教学的课程形态。

（一）螺旋式课程在翻译教学中的潜意识运用：文献综述

在综述文献的过程中，人们发现已经有学者在教学中运用到结构主义的螺旋式课程方案了，虽然这些使用是不自觉的。先看看哈蒂姆（Hatim）的语篇翻译教学课程模式。人们首先需要了解他在符号学维度下区分的体裁（genre）、话语（discourse）、语篇（text）三个概念。体裁是与特定语言情境相联系的语言表达方式的规约形式，如十四行诗、餐谱等；话语是指说话者在思维、写作时对某一特定问题的态度，如所用的言语所带有的性别歧视或政府官腔等；语篇是由一系列相互联系的功能因素构成，最终服务于一个特定的修辞目的。语篇、话语、体裁的难度依次上升。受瑞斯（Reiss）的影响，他将语篇划分为三类：说明型（exposition）语篇（重心在于状况、事件、个体、关系）、论述型（argumentation）语篇（重心在于概念评价）、教导型（instruction）语篇（重心在于未来行为的构成），它们的难度依次上升。根据阅读是否满足期望（expectation-fulfilling）、遵从规范（norm-confirming），他将语篇的交际分为稳定性（static）和动态性（dynamic）两个维度，其中交际稳定性的语篇是无标记（unmarked）语篇，交际动态性的语篇是标记语篇。标记语篇的难度大于无标记语篇。哈蒂姆（Hatim）的翻译教学课程设计是：第一阶段定位为无标记的语篇三类型翻译；第二阶段扩展为无标记的语篇、话语、体裁三符号翻译；第三阶段再扩展为有标记的语篇、话语、体裁三符号翻译。三个类型的语篇翻译训练，在与体裁和话语的对照翻译中得到提升；语篇、体裁、话语又在交际稳定性和动态性的对照中得到提升，整个课程体系是按照螺旋方式不断上升的。

结构主义课程论的核心在于螺旋式课程和发现法学习。下面分别用螺旋式课程设计句和语篇层次的翻译教学，用发现法学习设计对等值理论的探究。

（二）句/句群转换的螺旋式课程设计

这一课程内容以“形合意合转化”为结构，分英汉翻译和汉英翻译两个方向。在英汉翻译方向上设置两级螺旋。

第一级螺旋，转化英语在形式上叠床架屋、逻辑上错综复杂的结构。在这一过程中，教师要求学生首先在把握语义命题的基础上，超越、摒弃英语的形式结构，然后掌握汉语逻辑“组块”的六条原则。①时间组块原则；②空间组块原则；③层次组块原则；④因果组块原则；⑤对比组块原则；⑥信息值组块原则。

第二级螺旋，汉语语言的精练、美化。这一阶段要求训练学生的译文简洁、准确、形象、富于感情和文采，可以让学生在翻译某一英语体裁的同时，去阅读同类题材的汉语语料，学习汉语作品中优秀的表达方式。

再看汉英翻译方向。根据中国学生学习英语的特点，设置三级螺旋。

第一级螺旋，语法的正确和逻辑的通畅。“语法的正确”包括以下四条原则的训练：

①视角一致原则；②平行/平衡原则；③取一、取强原则；④尾重原则。“逻辑的通畅”包括以下三条原则的训练：①合理搭配原则；②逻辑明晰化原则；③逻辑合理化原则。

第二级螺旋，语言的简洁和风格的区分。在简洁译文的教学中，首先要训练学生避免直译：①“不必要的动词＋名词”结构；②套语名词和范畴词；③套语修饰词；④在英译文的语境中已经自明的信息；等等。同时，还要训练学生学会使用：①语义场中的下位词；②词化程度高的词；③字约义丰的固定短语、句型；④名词化结构；⑤转换修辞法、矛盾修辞法；⑥连字号引导的结构作前置定语；⑦由分词短语构成的独立结构表示原因、状态、结果等；⑧介词结构表述方式、对比、原因等。

“风格的区分”包括词汇和句子两个层次的风格韵律比较。词汇层次比较可以通过三个方面：①词源：拉丁语词源＞法语词源＞英语词源（“＞”表示正式程度更高）；②语域：专业词汇＞日常词汇，诗体词汇、古语词汇＞普通词汇；③形态：单个动词＞短语动词，表示方式的介词短语＞单个副词，严格的一致关系（concord）＞不严格的一致关系，完全形式＞缩略形式。句子层次比较可以通过几个方面：①指导学生阅读 A Communicative Grammar of English，熟记连词、介词的风格差异（如 notwithstanding＞though；in order that＞so as to）；②强调前置的倒装语序＞普通语序；③分词构成的独立结构＞由连词引导的从句；④it 起始的叙述结构（如 It is noted that）＞普通叙述结构；⑤用虚拟语气、被动语态表示的请求＞陈述语气、主动语态的请求；⑥（表示动作或状态的）名词化结构＞动词结构；⑦介词置于 wh-形式前＞介词置于 wh-形式后；等等。

第三级螺旋，语言的自然、地道，包括以下六个倾向的训练：①静态视角倾向；②无灵视角倾向；③语序倒装倾向；④用词鲜明倾向；⑤隐喻倾向；⑥虚实转换倾向。

在上述两个方向的螺旋式训练中，首先要照顾到新教学点对旧教学点的包含，通过新旧知识有机结合，充分抵制遗忘的负面影响；同时还要合理安排好学习的速度、紧张度和学生的认知负荷量，使上述“结构”训练的经济性、有效力量得以充分发挥。

（三）发展语篇交际性翻译能力的螺旋式课程设计

纽马克（Newmark）根据布勒（Buhler）和雅各布森（Jakobson）的语言功能理论，将语篇分为三种：信息型（informative）、呼吁型（vocative）和表情型（expressive）。这三种类型语篇的翻译难度逐次递增。翻译教学中，在呈现语篇三种宏观功能时，首先让学生知道一方面语篇类型和功能的杂合（blend-forms hybridization），另一方面，每一个语篇又有主要的修辞功能和语篇类型，因此语篇翻译教学可以按照类型进行组织。然后结合博格兰德和德雷斯勒（Beaugrande&Dressier）区分的语篇交际性标准，即衔接性、连贯性、信息性、情境性、互文性、意向性、可接受性，围绕三个层次、七条标准实施结构主义螺旋式课程。

第一层次，信息型语篇（如科学论文、技术说明材料、新闻报道、招投标书等）：

（1）在衔接性维度，韩礼德和哈森（Halliday&Hasan）曾将英语的衔接分为语法衔接和词汇连接，前者包括照应、省略、替代、连接；后者包括重复、搭配、同义/反义、上义/下义。汉语的衔接与英语大体相似，只是在细节上存有区别。信息性语篇对衔接要求很高，英汉翻译要求重复替代词，或省去语境中自明的照应；汉英翻译要求恢复替代和省略的语法标记，运用变换求雅（elegant variation）。

（2）在连贯性维度，第一个实现途径是信息单元（information unit）之间的逻辑关系。信息型语篇的逻辑关系一般是原因—结果、条件—结论、方式—目标、情景铺垫—事件触发，这些逻辑关系在英汉翻译时通过汉语虚词和语序体现，汉英翻译时宏观上通过“语篇序列”（sequence）之间的组合体现，微观上通过序列内部的“元素”（element）体现，它服从于语篇修辞目的的安排。第二个实现途径是语篇心理图式。信息型语篇要求心理网络畅通，其心理图式以“脚本”（script）为主。翻译时要在译语脚本中将缺乏跨文化通约性的“轨道”“前提”“空位”作为补释或填充。

（3）在信息性维度，博格兰德和德雷斯勒（Beaugrande&Dressier）将信息区分为三个等级：一级信息只包括已知信息，三级信息只包括未知信息，二级信息包括部分已知、部分未知信息。信息型语篇主要为“无评价性的、稳定性的”二级信息、三级信息，语篇中的断点和缺省可以通过“向后降级”（backward downgrading）得以填充，即从语篇已经发生过的事件中寻求线索、得出理解。对于微观认知语境的信息，斯珀伯和威尔逊（Sperber&Wilson）分为逻辑信息、百科信息和词汇信息。信息型语篇翻译教学要求培养学生根据上下文语境对语义进行固着的能力，同时培养根据词汇信息、逻辑信息进行语用推理的能力。

（4）在情境性维度，博格兰德和德雷斯勒（Beaugrande&Dressier）区分了情境监控（situation monitoring）和情境管理（situation management）。前者是指对语篇情境做无调和（immediated）的陈述，后者是指将语篇情境导引向语篇生产者的目标。情境性主要是通过语篇体裁结构、语篇策略等语篇构件实现。信息型语篇主要运用情境监控，其语篇策略和体裁结构主要包括：①叙述性（narrative）结构：背景（setting）（初始事件—）问题—解决（—问题复杂化—解决）；②程序性（procedural）结构：步骤1……步骤x（—目标）。翻译过程中可直接保留原文的语篇构件，再现信息功能。

（5）在互文性维度，信息型语篇翻译中一般要求对“互文指涉”（intertextual reference），即对其他语篇材料的引用，做形式保留。

（6）在意向性维度，第一个实现途径是信息排列方式。功能学派认为信息的聚焦原则是旧信息在前，新信息在后，对此我们称为“无标记聚焦”。在特定的语境中为了达到强调效果，也将新信息放在句首，旧信息放在句后，对此人们称为“标记聚焦”。信息型语篇多为无标记聚焦，翻译时要将信息由低值向高值排列。第二个途径是语篇成分的变异、突出。信息型语篇的变异、突出较少，一般可用常规、自然化的语言翻译。第三个途径是语域，包括语篇的正式程度、作者—读者心理距离、术语的专业程度。信息型语篇通常较为正式，作者—读者的心理距离也较大，术语多为技术语言，翻译时通过选择正式词、大词来复现原文语域。

（7）在可接受性维度，可接受性与语法性（grammaticality）构成两个极端，前者通过合作原则实现，后者是语篇的抽象语法要求。翻译过程中，可接受性体现为译文与读者的合作关系，语法性体现为译文对原文语法形式植入的程度。信息型语篇译文的可接受性处于语法性和合作原则的中间。

第二层次，呼吁型语篇（如广告、宣传单、公示、论辩文等）：

（1）在衔接性维度，呼吁型语篇对衔接要求很高，英汉翻译要求重复替代词，或省去语境中自明的照应；汉英翻译要求恢复替代和省略的语法标记，运用变换求雅。

（2）在连贯性维度，呼吁型语篇的逻辑关系一般是：问题—解决、一般—具体、假设—事实、让步—转折、并列—选择、条件—结论。语篇心理图式以“计划”（plan）为主。在计划图式中，断点和缺省需要运用百科信息进行推理、填充，翻译时要求根据情景语境和文化语境对空位（slots）做实化处理，或者按照目的语的世界图式对“计划箱”（planbox）（ibid）进行结构重组。

（3）在信息性维度，呼吁型语篇出现了“评价性、动态性”的一级信息、二级信息，对信息加工的方式常常是向后降级和向外降级（outward downgrading），后者指的是读者从语篇外去寻求线索以理解当前事件。翻译教学中要训练：①分辨微妙的评价性态度因素并在译文中体现；②通过预设、百科知识、向前/向外降级等手段固着语义。

（4）在情境性维度，呼吁型语篇主要是情境管理，其语篇策略、体裁结构主要包括：①阐述性（expository）结构：论点（结论）—理由1—理由2……理由x；②描述性（descriptive）结构：论题（topic）1—评论（comment）1/2/x……论题x—评论1/2……/x；③主张—反主张结构（claim－counterclaim）；④问题—解决结构（problem－solution）；⑤一般—特殊结构（general－particular）。翻译过程中，通过对语篇构件的目的语顺应，使译文充分为读者所接受。

（5）在互文性维度，由于互文指涉在互文空间跨越的距离会非常大（如时间的久远、不同民族之间巨大的文化和心理差距），同时为达到读者意动的目的，译者会对互文指涉进行操纵，互文指涉会发生变形，为目标语语篇的语境所同化（accommodation）、顺应（adaptation）。为了达到语篇的呼吁目的，常常有必要对互文指涉进行改译。

（6）在意向性维度，呼吁型语篇有很多标记聚焦，但变异成分较少。翻译教学中要训练学生对聚焦手段、聚焦位置的辨认，并在译语中设置等功能的聚焦。在语域上，呼吁型语篇的作者—读者心理距离一般较近，通常可用非正式的日常语复现语域。

（7）在可接受性维度，由于是完全以目标语为中心的侧重功能的翻译，合作原则必须被理想地执行，可接受性水平也最高。

现在来分析下面一个论辩型语篇的七个维度：

Sloppy people live in Never－Never Land. Someday is their metier. Someday they are planning to alphabetize all their books and set up home catalogues. Someday they will go through their wardrobes and mark certain items for tentative mending and certain items for passing on to relatives of similar shape and size. Someday sloppy people will make family scrapbooks into which they will put newspaper clippings, postcards, locks of hair, and dried corsage from their senior prom. Someday they will file everything on the surface of their desks, including the cash receipts from coffee purchases at the snack shop. Someday they will sit down and read all the back issues of The New Yorker.

For all these noble reasons and more, sloppy people never get neat. They aim too high and wide. They save everything, planning someday to file, order, and straighten out the world. But while these ambitious plans take clearer and clearer shape in their heads, the books spill from the shelves onto the floor, the clothes pile up in the hamper and closet, the family mementos accumulate in every drawer, the surface of the desk is buried under mounds of paper and the unread magazines threaten to reach the ceiling.

（1）在衔接性维度，第一段依靠 someday 和 they（sloppy people）的词汇重复实现，第二段依靠 they 的复现，以及（they save）everything 和后面的 books，clothes，mementos，paper and magazines 的整体一部分关系而实现。整个文字流畅酣达，一气呵成。

（2）在连贯性维度，两段的信息单元间逻辑关系是一般—具体，语篇心理图式上，语篇生产者运用了自己特别的“计划”：在第一段，先说 someday is their metier，接着用五个结构相同的 someday… they 的结构，someday 成了思想的主线；在第二段，先说 they save everything，接着用四个相同的结构，表明所有的东西都杂乱不堪，他们所存的东西成了思想的主线。这样，读者对语篇生产者的意图一步一步清晰起来。

（3）在信息性维度，该语篇运用了很多评价性的语言，比如 Never－Never Land，metier，mounds of paper and the unread magazines threaten to reach the ceiling，等等。这些貌似贬斥的词汇实际上隐含着语篇生产者对邋遢人的褒扬，只不过是以一种幽默的口吻表达而已。

（4）在情境性维度，该语篇是典型的语篇管理型，生产者不是在平铺直叙某一事实，而是通过特别是语篇安排，让读者接受其观点。其语篇策略是“论点—理由 1—理由 2……理由 x”。

（5）在互文性维度，Never－Never Land 本是 19 世纪末移民者来到澳大利亚时，对北部的无人居住区的称呼，他们觉得那块土地是“绝对、绝对不可去的”（Never－Never Land）。后来专指梦幻般的、不现实的地方。由于历史文化相去已经甚远，翻译时需要对此互文成分改译。

（6）在意向性维度，该语篇的用词亲切，充满了排比、夸张，而且词汇的力度越向后变得越大。比如 Someday sloppy people will make family scrapbooks into which they will put newspaper clippings, postcards, locks of hair, and dried corsage from their senior prom. 一系列陈旧的东西置于剪贴簿上，越到后面内容越长。再如 the books spill from the shelves onto the floor, the clothes pile up in the hamper and closet, the family mementos accumulate in every drawer, the surface of the desk is buried under mounds of paper and the unread magazines threaten to reach the ceiling. 五个动词 spill，pile up，accumulate，bury，threaten，一个比一个更严重，说明情况一个比一个更糟糕。在句子长度安排上，第一段和第二段都遵循这一规律：平行的句子，越到后面变得越来越长。（第一段的

第四个 someday they 长度达到顶峰，故此语篇生产者因为照顾到读者的心理承受，将第五个缩短）

（7）在可接受性维度，该语篇因为完全是以说服读者接受自己不同常人的观点为目的，因而在语法性和通过质的原则、量的原则、关系原则、方式原则达到理想“合作”方面，语篇生产者做得尽善至美。

下面再来看符合这七个维度要求的译文：

邋遢人生活在理想王国里。他们最善于筹划有朝一日怎么办。有朝一日，他们要把自己的书全都按照字母顺序编排好，建立一个家庭图书目录。有朝一日，他们要把自己的衣服全都翻个遍，有的标明要试试能不能修补一下，有的要送给体型身材差不多的亲戚。有朝一日，邋遢人要制作家庭剪贴簿，把剪报、明信片、头发以及大学四年级班级舞会上用过的枯萎的装饰花放在里面。有朝一日，他们要把办公桌上的所有东西，包括在快餐店买咖啡的现金收据，全部归档整理好。有朝一日，他们要坐下来阅读所有过期的《纽约人》。

由于这些以及其他雄心勃勃的理由，邋遢人从来整洁不起来。他们把目标定得太高太远，什么东西都要保留下来，计划有朝一日再整理、再归档，把一切搞得井井有条。然而，就在这些宏伟的计划在心里渐渐成形的时候，书从书架上散落到地上，衣篮和衣柜里堆满了衣服，个个抽屉里都放满了纪念品，桌面上摆满了一摞摞的材料，没读过的杂志都快顶到天花板了。

（孙致礼译）

第三层次，表情型语篇（如小说、戏剧、散文、诗歌等）：

（1）在衔接性维度，沿小说—戏剧—散文—诗歌这一连续体，对衔接的要求越来越低，甚至会有一些隐含着特殊语用意图的、故意的衔接不畅。翻译时首先要分辨这类衔接不畅的深层意图，不可为达到译文的表层流畅而随意补充。

（2）在连贯性维度，表情型语篇的逻辑关系常是：原因—结果、条件—结论、并列—选择、情景铺垫—事件触发，但在逻辑序列之间会出现断点或“跳脱”，此时形成连贯的手段是情节、情感、形象、意象。语篇心理图式以“主题”（theme）为主。教学要点：①分辨原文中的情节铺设、情感递进、形象/意象的性质与类别，按照“隐含情感—显发情感、散点情感—弥漫情感、外部形象—内部形象、局部意象—整体意象”的顺序使原文的“跳脱”在译文中实现连贯；②分辨原文的“人际主题、角色主题、生活主题”，并在译文中复现。

（3）在信息性维度，表情型语篇多是一级信息、二级信息，也有少量的三级信息，它们具有很强的评价性、动态性，对信息加工的方式常常是向后降级、向外降级、向前降级（forward downgrading），后者指的是读者必须等待语篇后续的事件来理解信息。同时，信息的断点和缺省非常多，教学中要求学生综合运用词汇信息、逻辑信息、百科信息进行推理，并根据语言语境、情景语境和文化语境固着意义。

（4）在语境性维度，表情型语篇一般采用情境管理。其语篇策略、体裁结构主要包括：①导诱性（hortatory）结构：导入—展开—主题；②言辞性（repartee）结构：言辞交换1……言辞交换x，每一轮言辞交换又包括“问题—答话”；③情景（事）结构：汉语通常是情/景（事）结合，而英语常常是情/景（事）分离。导诱性结构和言辞性结构一般可以直接保留；景（事）—情结构由于涉及深层心理接受，可以向译入语方向调整。

（5）在互文性维度，如果为了照顾文本的完整性和阅读的流畅性，可以对互文指涉进行上位泛化或变形处理，如果为了突出文化的异质性，则可以对互文指涉加以保留，并加上扩充说明或脚注增释。

（6）在意向性维度，表情型语篇常常出现标记聚焦，会运用到修辞、变异、突出、不定点、陌生化等手段，作者—读者心理距离一般很近，术语的专业性水平较低。翻译教学要点是：①对有通约性的因素做保留，不可为达到译文的“简洁”“合理”而随意对“不可靠性”“冗长编码”等因素综合化（neutralize）、自然化（naturalize）；②对无通约性的变异、不定点、陌生化分别进行“自然化”“具体化”“日常语言化”；③对经过上述处理的因素尽可能做补偿。

（7）在可接受性维度，表情型语篇翻译由于引进很多异质的表述方式，因此更靠近原语的语法性，可接受水平较低，但必须在译语读者可以忍受的范围之内。

三、结构主义的局限及改进

结构主义虽然在提早教育、注重知识结构、重视发现法、提高教学的效能性上有很大意义，但它也存在着一些理论局限，因此受到一些学者的批评。比如巨瑛梅、刘旭东曾批评布鲁纳的学科结构过于抽象、脱离学生生活情境、忽视基础知识和基本技能的训练、忽视学科结构之间的关联性；发现学习并不需要，也不一定适合用于所有知识的学习，它可能很耗时，可能忽视学生的个性差异，也可能否定教师的主导作用。鉴于此，在结构主义翻译教学中，教师要注意以下问题：

（1）运用发现法时，因为翻译教学材料芜杂、理论流派繁多，要注意选择典型性的学习材料，结合“范例教学法”，让学生从“个”的翻译案例过渡到“类”的翻译特殊性，进而迁移到“范畴”的翻译规律，最后上升到对整个翻译理论系统的认识，并自觉地指导自己如何翻译、如何根据文化背景评价翻译。

（2）不是所有的应用翻译理论和描述翻译理论都能系统地编入学科结构之中，很多与主要理论板块联系不大、比较零散的理论观点、翻译技巧，需要教师运用“微型理论课”（mini-lectures）和“嵌入式教学”（embedded instruction）来辅助解决。柯琳娜（Colina）主张理论教学服从于翻译任务，它由语境化信息组成。她将理论化为一系列的微型导论课，每次不超过15分钟。而嵌入式教学则是将所需理论和翻译技巧随时点撒于翻译教学的材料之中。如纽马克（Newmark）提出的18种翻译方法、切斯特曼（Chesterman）提出的30个翻译策略、黄忠廉提出的7种变译技巧等，都可以点撒在案例教学之中。另外，宏观的学科结构在中观、微观层次上，可以用“由总入分”的垂直渐进式课程方式——逐渐分化原则和摧合协调原则——配合。

（3）为了防止学科结构学习的枯燥，可选择一些真实翻译材料进行平衡。比如学生生活周围的产品及公司广告、招投标文件、旅游手册、新闻快讯、个人简历、学术论文及摘要等的翻译，都会让学生感到挑战，他们会充满热情地搜索平行文本，通过合作学习获得翻译成功的自信和快感，最后通过翻译理论层次的总结、升华，将自己的“译技”上升到“译道”。

（4）结构主义教学重视知识结构的发现和掌握，有可能会忽视学生的人格培养。因此，教育观念上必须结合人本主义：翻译教学中教师要真诚地对待学生，尊重他们的情感、翻译经验和翻译评价，充分相信他们的潜能，建立和谐的师生关系。另外，不同学生在英汉语言知识储备、思维方式、认知图式、兴趣爱好上差别很大，要针对学生的个体差异因材施教，让他们在翻译理论和实践的不同侧面得到适合自身的最大发展。

第三节　认知性原则

认知性原则是指借鉴认知心理学对信息加工过程、有意义接受学习过程，以及语言接受和产出心理的原理，对翻译教学内容进行组织、编排，使学生的认知结构、知识图式逐步扩展、深入分化。

一、“认知同化学习”模式翻译教学

“认知同化学习”也称“有意义学习”（meaningful learning），它由美国认知心理学家奥苏贝尔（D. P. Ausubel）所提倡。他提出的“同化”包括了皮亚杰的“同化”和“顺应”，指新知识与学生头脑中原有认知结构相互作用后，新知识获得心理意义，原有的认知结构也发生质变或量变。本节首先介绍“认知同化学习”的要义，然后探讨它在翻译教学中的运用。

（一）“认知同化学习”模式的要义

1. 认知结构同化论

认知结构指学科知识在学生头脑中的组织，它遵循“不断分化”和“综合贯通”的原则，形成一个按高低层次和纵横联系组织起来的金字塔结构。新知识的学习必须以认知结构中起固定作用的概念（anchoring ideas）为基础，这些概念要与新概念之间有一定的区别度，而且必须稳定、清晰。新知识的同化有三种模式：（1）下位学习（subordinate learning）：认知结构包摄、概括了新概念，新概念包括派生下位（derivative subsumption）和相关下位（correlative subsumption），前者指新学习的内容是原有知识的一个特例，后者指新内容扩展、修正、限定原有知识并使其精确化；（2）上位学习（superordinate learning）：在认知结构中产生一个将原有一系列概念包摄的新概念；（3）组合学习（combinationatorial learning）：原有的认知结构和新知识既不构成上位学习，又不构成下位学习，便构成组合学习。

2. 学习的分类

学习包括：（1）表征学习（representational learning）：学习符号代表的意义；（2）概

念学习（concept learning）：掌握某一类事物所具有的共同特征，包括概念形成过程和概念同化过程；(3) 命题学习（prepositional learning）：掌握概念之间的联系，它是学习的主要形式。

3. 学习组织的原则

(1) 逐渐分化原则（principle of differentiation）：学生首先应该学习最一般的、包摄性最广的概念，然后根据具体细节对它们逐渐分化；(2) 整合协调原则（principle of integrative reconciliation）：对认知结构中的现有要素要进行重新组合，使知识进一步分化。

4. 先行组织者（advance organizer）策略

在呈现教学内容之前，运用相关的、包摄性较广的、清晰和稳定材料做引导，它能够为新内容提供固着点（anchorage），从而保持信息、防止干扰、促进学习，这些材料被称为"先行组织者"。它包括：(1) 说明性组织者（expository organizer）：提供适当的类属者，它与新内容产生上位关系；(2) 比较性组织者（comparative organizer）：既可用于新观念与认知结构中基本类似概念的整合，又可用于增加本质不同而貌又相似的新旧概念之间的可辨别性。

5. 学习动机

学习动机由三方面驱动力构成：(1) 认知驱动力：渴望认知、理解和掌握知识，以及陈述和解决问题的倾向；(2) 自我增强驱动力：凭自己的才能和成就获得相应的社会地位的愿望；(3) 附属内驱力：为赢得家长和教师赞扬而学习的动力。

（二）"同化学习"于翻译教学的运用

1. 按照逐渐分化原则和整合协调原则对陈述性知识进行编排。

逐渐分化原则在实质上是与结构主义螺旋式课程相吻合的：学习一开始呈现的是最一般、包摄性最广的学科结构，随着学习的深入，前者强调的是逐步分化，后者强调的是螺旋深入。

翻译理论学习定位于研究生学习阶段，对其流派的划分，Gentzler、Hatim、Munday、陈德鸿、潘文国等学者都有自己的观点。人们认为，在翻译教学中，按照逐渐分化原则，首先可以分化为规范性理论（以源语为中心、旨在弄清"如何译"的问题）和描述性理论（以译语为中心、旨在弄清"为什么译""为什么这样译""译文的社会功效"等问题）两条广泛包摄的主线；然后在这两条线上分别细化为四个层次：语言层次、功能层次、心理层次、哲学层次；之后再让学生在每一个层次的两个方向上，合作探究不同的研究路径或分支。这里，对描述理论的划分，借鉴了 Holmes、Toury 的框架。

第一层次，语言层次：重心在于对翻译方法、翻译策略的探索（规范性译论），对翻译规律、翻译策略的归纳和总结（描述性译论）。

本层次规范性理论为"求信""等值"译论。包括：(1) 我国的传统译论："案本—求信—神似—化境"这一条主线。(2) 西方语文学翻译理论：Cicero，Horace，Jerome 的直译与意译、Dryden 的翻译三类型、Dolet 的翻译五原则、Tytler 的翻译三原则，等等。(3) 苏联的文艺学翻译理论。(4) 以语言学为基础的等值翻译理论。

描述性理论设置为以产品为导向的翻译理论。第一个任务是，通过描述不同译本——特别是成功的名家译本——对词项、句法、篇章、文化因素的处理，总结翻译策略方面的经验，使之具有规范性质，并指导翻译教学。这一点也为 Broeck 认同："翻译教学理论如果从说明翻译是什么的具体描述研究出发，便会受益颇多。它能确定在某个环境下、在具体情境中该怎样翻译，而不是仅仅假设或规定如何对待翻译关系、建构图式。"第二个任务是，总结翻译的普遍性。Gutt 的交际线索协同其他因素可以指导学生超越翻译的普遍性，进而复现源文的独特性。

第二层次，功能层次：重心在于社会、功能、文化、语境对译文和译者的决定作用（规范译论），以及译文、译者对译语社会、文化行使的功能和产生的影响（描述译论）。

本层次规范性理论设置为目的性理论（skopos theory），如何根据目的、情境、功能、读者来确定翻译。包括目的的规则和类型、语篇类型、内容、功能的复合性、文本分析、等值性与充分性、功能＋忠诚；等等。

描述性理论设置为以功能为导向的翻译理论，它探讨译文和译语社会的互动关系。主要是多元系统路径翻译理论，即通常称的描述理论和操纵学派。包括：Even－Zohar 肇始的多元系统论；受之影响的 Toury 的描述翻译理论、Lambert&Gorp 的翻译描述方案、Hermans 的操纵学派；以及 Bassnett 和 Leffevere 的文化转向学派：文学翻译的"重写"以及意识形态、诗学、赞助人三个决定因素。

第三层次，心理层次：重心在于探索认知心理关联与译文建构（规范译论）、翻译心理过程（描述译论）。

本层次规范性理论设置为 Gutt 的关联翻译理论。Gutt 根据关联理论"用最小努力获得最大关联"的思想，主张在译文中设置和源文"解释性相似"的认知语境，让译文读者运用预设、逻辑信息、词汇信息、百科知识信息等手段，通过认知推理获得最大的语境认知效果。它的规范意义在于：创设解释性相似的认知语境；运用直接翻译法；设置交际线索。

描述性理论设置为过程为导向的翻译理论，主体为 TAPs 研究。TAPs 的理论基础是认知心理学，它揭示翻译心理过程的认知、情感策略，并区分优劣因素，从另一方面能帮助"如何译"。其主要问题包括：TAPs 的发展阶段；TAPs 关注的翻译过程问题；TAPs 取得的成就；TAPs 的不足和改进。

第四层次，哲学层次：这一层次的翻译理论兼有规范和描述性质，主要探讨译文对源文的意义延伸、翻译范式的历史演变，以及反过来对翻译活动所做的要求。包括：

（1）解构主义路径：包括从哲学意义出发的解构主义，以及在解构一元中心旗帜下的女性主义和后殖民主义。①解构主义：Derrida 意义的不确定性和原作生命在译作中的"异延"；Benjamin 的"纯语言"（purelanguage）；Lewis 的"扭变的翻译"（abusive translation）；Berman 的"反常的忠实" （abusive fidelity）；Venuti 的主张异化（foreignization）、反对归化（domestication）；Campos 的食人理论（Cannibalism）；等等。②女性主义：性别在译语的彰显和对翻译项目的忠诚；女性操作（womanhandling）以及脚注、序言、劫持三种翻译方法。③后殖民主义：翻译与殖民过程的关系；翻译揭示的霸权关系；等等。

（2）阐释学路径：①Schleiermacher：向源作者的靠近、外语对母语的丰富，阐释的螺旋；②Steiner的“理解就是翻译”、翻译活动四步骤，即信任（trust）、侵入（aggression）、汲收（incorporation）、补偿（restitution），既指导了翻译行为，又描述了翻译的意义：译文是对源文的提升、丰富，是“回音”“镜子”。

（3）翻译的模因（memes）和模式理论：翻译范式8大模因的进化（描述），4个翻译规范和30个翻译策略（规范）；翻译研究的比较模式、过程模式、因果模式（描述）。

在逐渐分化模式翻译理论教学时要注意：（1）强调知识的关联性、巩固性。比如，在结束描述性译论的学习之后，再指导学生运用宏观的社会背景、意识形态、文化势能对比等因素，解决运用规范性译论过程中的一些问题，如信息的选择与剔除、文化因素的保留与更改、译者的显身与隐身等，学生的处置就会理性、周全得多。（2）强调学生的发现学习和创造学习。比如通过上述四个层次的学习之后，让学生发现规范理论和描述理论在心态上的不同：描述理论更包涵和宽容；翻译理论发展的趋势是规范理论和描述理论相辅相成，互相渗透，兼容发展。

在用逐渐分化原则深入学习四个层次的理论流派之后，教师需要让学生根据诸派理论对待文化的态度，对译论体系整合协调：

（1）靠近源语流派：强调对源于语言形式和文化的保留，包括Benjamin的“纯语言”；Lewis的“扭变的翻译”；Berman的“反常的忠实”（abusive fidelity）；Venuti的扬“异化”、抑“归化”；Campos的食人理论；Schleiermacher和Steiner的阐释学派；等等。

（2）靠近译语流派：强调根据历史、美学、心理等因素对文化进行改写，或者根据交际目的对文化因素进行归化：包括Bassnett、Lefevere、Hermans等操纵学派；Nida的功能对等；House的文化过滤（cultural filter）；德国目的论学派；中国的“神似”“化境”说；等等。

（3）协调流派：要求根据语篇制作、读者接受、翻译规范等诸多因素综合考虑对文化的平衡处理，如Hatim&Mason对文化的协调限度与方式；Chetserman的期待规范和专业规范；Newmark对隐喻和文化的翻译方法；等等。

（4）彰我流派——“劫持”或“介入”：这一流派是女性主义者和后殖民主义者为彰显译者的自我而提出的。“劫持”（hijacking）是Flotow总结的女性主义翻译策略，指的是对原文性别歧视的地方进行激烈的变动，以彰显女性的在场；“介入”（interventionist approach）是Niranjana提出的后殖民主义翻译策略，指的是通过翻译改变宗主国与殖民地之间不平等的霸权关系。

2. 运用先行组织者对程序性知识进行编排。

首先以语篇移境重构学习中的语篇信息传递机制与排列原理为例。请看下句：

By 2001, the population of the United States will be at least two hundred fifty million and possibly two hundred seventy million, and the nation will find it difficult to expand food production to fill the additional mouths. *This will be particularly true since the energy pinch will make it difficult to continue agriculture in the high-energy American fashion that makes it possible to combine few farmers with high yields.*

斜体部分学生很可能会译为：

食品危机的困境肯定无疑，因为能源紧张使农业无法以高能耗这种美国耕作方式继续下去了，而这种耕作方式投入少数农民就可以获得高产。

学生译文的意义虽然正确，语法顺序也完全与译文相同，但由于信息顺序安排不妥，导致了意义重心发生偏移。原文的意图在于强调“粮食短缺”；在译文中，前半部分陈述了“食品危机的困境肯定无疑”，但后半部分似乎话锋一转，准备谈论“美国农业耕作的高效”了。在教学实践中，如果教师首先讲解信息结构的主位/述位构成，将它作为说明性组织者，然后讲解“已知信息在前，待知信息在后”“低值信息在前，高值信息在后”“原因在前，结论在后”“铺叙在前，主旨在后”“主位在前，述位在后”的原理，便可以引导学生按照信息值逐步递进的原理将译文组织为：……在美国，投入少数农民就可以获得农业高产。但由于能源紧张，这种以消耗高能源为基础的耕作方式将难以维持，因而食品短缺这一困境将是必定无疑的。

再比如，在汉英翻译教学高级阶段，学生会被要求翻译这样一类句子：她（黄河）奔腾不息，勇往直前，忽而惊涛裂岸，势不可挡，使群山动容；忽而安如处子，风平浪静，波光粼粼，气象万千。

在学习之前，可以将一段平行文本的译文和评价作为比较性组织者：

轻快的龙舟如银河流星，瑰丽的彩船似海市蜃楼，两岸那金碧辉煌的彩楼连成一片水晶宫，是仙境？是梦幻？仰视彩鸽高飞，低眸漂灯留霓……

译文如下：

The light—some dragon-boats appear on the river as though the stars twinkle in the milky way. The richly decorated pleasure boats look like a scene of mirage. The splendid awnings in green and gold chain into a palace of crystal. Is this a fairy-land or a mere dream? Looking above, you can see the beautiful doves flying about. Looking below, you can see the sailing lamps glittering.

美国读者对这一译文的评价是：FULL OF HYPERBOLY。教师帮助学生分析翻译失败的原因，并区分英、汉两者的审美不同方式：英语崇尚情景分离、平实准确；汉语崇尚情景交融、朦胧求势。在翻译上句时，可以省去主观情感抒发语言，将景状鲜明地译为：

It tears and boils along turbulently through the mountains and, at some places, flows on quietly with a sedate appearance and glistening ripples.

3. 运用知识同化的三种模式对翻译网络系统进行编排。

翻译网络系统包括翻译技巧（或概念工具）、翻译理念、翻译理论三个层次。翻译技巧（或概念工具）是具体语境中的操作方案，它处于底层的第一层次；翻译理念是理论的雏形，通常以简述的命题出现，它处于中间的第二层次；翻译理论是对翻译行为、翻译价值的理性概括，它处于最高的第三层次。在此以句/句群领域的翻译网络系统为例。

这一领域的翻译技巧包括：①直译法、意译法：能直译就直译，不能直译就意译；②顺译法、倒置法、拆离法、结构重组法：长句翻译时，先尝试用顺译法，不能的话依次考虑倒置法、拆离法、重组法；③视角转换法；④虚实转换法（上位泛化法、下位具象法）；⑤补偿法；⑥焦点尾凸法；⑦逻辑引申法；⑧隐义外化法；⑨有灵/无灵转化法；等等。

这一领域的翻译理念包括：①英语重形合，汉语重意合；②英语常常是先点睛、后画龙，先主旨、后铺叙，汉语常常是先画龙、后点睛，先铺叙、后主旨；③汉语的主语常常隐含，翻译时需要推导；主语应尽量多辖谓语，译文才能简洁；④翻译不追求语法结构的等同，而寻求时序、因果、空间等逻辑发展的等同；⑤英译汉时，句式常常扩展、变大；⑥隐含信息应该尽量外化，但外化又不能超越限度；⑦既要有克己意识，又要有创造意识；⑧翻译必有损失，损失可以尽量补偿；⑨汉虚英实（在一些语境中，汉语的虚在低层次上表现在一些字词外延、内涵的非确定性，高层次上则表现为认知方式的神秘性、感悟性、整体性，而英语讲究准确界定、条分缕析，注重分析和实证）；⑩汉实英虚（在另一些语境中，汉语没有曲折变化，讲究指称具体、语言和思维生动、形象，而英语由于曲折变化和指代多变而表现出很强的概括性、模糊性、游移性）；等等。

这一领域的翻译理论包括：①意义投射与意义对接：英语通过大量的连词、介词、关系代词、关系副词、不定式、动名词、名词化结构达到形合，汉语只能靠语序来表达内在逻辑关系。由此衍生的英汉对比与转化有：②顺线式扩展 vs 逆线式扩展、重心前置 vs 重心后置、齐整 vs 疏放；③树形结构 vs 竹形结构、主语—谓语型 vs 话题—评述型、名词与介词优势 vs 动词优势、散行 vs 骈偶；④正三角 vs 倒三角、剪辑式 vs 临摹式、名词化 vs 动词化、虚用型 vs 实说型、具体词 vs 概括词、浓缩性 vs 展开性；⑤聚集 vs 流散、繁复 vs 简短、物称 vs 人称、动态 vs 静态、抽象 vs 具体、替代 vs 重复；⑥空间型的静态结构 vs 时间型的动态结构；等等。当然，所有这些方面的对比都有相反的情况。

在本科翻译教学中，翻译网络系统中最重要的层次是翻译理念。英汉对比理论只是宏观上帮助认识和转化语言，翻译技巧只适用于微观、具体情境的操作。在翻译教学结束之后，能留在学生记忆中的只是翻译理念：它将理论下移，去除了理论的抽象和复杂，又将技巧上升，摆脱了技巧的琐碎和零散。所以，教学中可以同时进行下位和上位的认知同化，从理论和技巧同时过渡到理念，最后通过“支架反思活动”（scaffolded reflective action）达到融会贯通。同时，每一层次又可以和相邻翻译网络系统中的技巧、理念、理论构成组合学习，学习元素之间相互补充、相互促进。最后，句/句群领域的翻译网络系统又和语篇领域的翻译网络系统、美质表现领域的翻译网络系统组合，构成整个翻译网络系统的组合学习。

二、“信息加工心理学”模式翻译教学

信息加工心理学主要解决信息的注意、储存、提取等认知加工问题，这一过程的研究对于翻译教学中的认知组块、逻辑思维与形象思维的复合培养、翻译信息的储存与投射、

陈述性知识和程序性知识的转化与学习、翻译迁移能力的形成等都有着重要的启示作用。

（一）信息加工模式与翻译教学

1. 两种信息加工模式

认知心理学界中两种较大影响的信息加工模式是阿特金森—希弗林模式（The Atkinson－Shiffrin Model）和克雷克—洛克哈特模式（The Craik－Lockhart Model）。阿特金森—希弗林模式提出记忆由三个结构组成：感觉登记、短时记忆、长时记忆。外来信息首先进入感觉登记，停留几分之一秒，或者进入短时记忆，或者消退。短时记忆是一种工作记忆，信息或者进入长时记忆，或者停留20～30秒后消退。长时记忆是一个非常长久的信息库，信息被编码储存。

克雷克—洛克哈特模式认为，记忆是一个连续体，不应该分为短时记忆与长时记忆两个阶段。知觉在加工信息时，存在着不同层次：在最初的表层，根据物理特性来分析刺激，在后续的深层，按照它们的意义进行分析。最初的信息主要被用来与已有信息对照，以便引起再认。外来刺激被组织之后，还要经历新旧信息的联想、比较与整合等加工过程。信息加工层次越深，分配的注意资源就越多，对记忆的检索就越丰富、越恒定。

2. 阿特金森—希弗林模式与翻译教学

阿特金森—希弗林模式对翻译教学的启示意义在于，由于短时记忆的容量是7±2个项目，教学中要对一些烦琐、杂乱的信息按照其内部的关系进行组块（chunking），以增加工作记忆对信息的处理能力。比如在语篇翻译教学中，如果让学生抛弃增词、减词、词性变化等语法转换为中心的翻译方法，教给学生语篇体裁结构、语篇策略的分析与重构等“组块”层次上的宏观操作方法，学生信息加工的量就可以成倍增加，能避免胶着于局部而忽视整体语篇功能。例如，在翻译议论型语篇时，可以先引导学生了解它的结构：“情景—问题—解决—评价。”同时，每个语篇又包括多个微语篇（mini text），单个微语篇还包括启动单元（initiation unit）、详述单元（elaboration unit）和结论单元（conclusion unit）。而每个单元又包括“情景—问题—解决—评价”的全部或部分结构。翻译时再按照这个结构重组译文，逻辑思维过程会同样清晰、有序。

加涅的改进模式意义在于，一方面，由于在信息加工流程的外部增加了执行控制和预期，教学中要培养学生的元认知能力，即对翻译过程的监控、管理能力；另一方面，由于重视环境因素，强调它和认知主体的双向交流，认知主义的翻译教学还需要行为主义的外部调控和对学生的人本主义关怀与期待作补充：在教学中注重程序设计、反馈、强化或纠正，养成学生良好的翻译习惯；对学生寄予殷切的希望，减少对学生的心理威胁，让学生在朋友和社区中学习。

3. 克雷克—洛克哈特模式与翻译教学

克雷克—洛克哈特模式的启示意义在于，在翻译教学的初始阶段，学生的信息加工通常是围绕“语架”——语言的结构——而运作，他们会根据语言的语法关系来分析意义，并依据源文语法结构重构译文。教师的任务是，要将学生从这一阶段的信息加工定式引导至第二阶段信息加工定式：根据语篇主题内容，围绕“形象”——语言表现的景象，或

“逻辑”——语言表现的事理关系，来加工、复现待译信息。比如下面一句的翻译：

Multitudes of bees used to bury themselves in the yellow blossoms of the summer squashes. This, too, was a deep satisfaction; although, when they had laden themselves with sweets, they flew away to some unknown hive, which could give back nothing in requital of what my garden had contributed.

处于第一阶段信息加工定式的学生往往会译为：

在夏天，成群结队的蜜蜂则喜欢一头扎进黄色的南瓜花里。我也感到无比满意。当它们载满了蜜汁，便会飞到那些我无从知晓的巢穴中，不再对我花园的奉献作任何酬答。

这个译文的“语架”与原文相同，但语义的意向似乎转向了蜜蜂的“无情无义”。这是与原文的主旨背离的。处于第二阶段信息加工定式的学生会认识到，英美人在论述时往往采用“逆潮式”（anticlimax）思维模式，论点核心常常放在句首或句中，偶尔也放在句末。原文的核心论点是“This was a deep satisfaction”，而“although”（尽管……）一词表明其后面部分的语义陈述在发生转折，并且是对前面的补充说明。而在中国人的思维方式里，常用的是“逐步进入高潮式”（climaxing），核心的论点往往在最后亮出。他们会根据这样的逻辑分析，将原文译为：

在夏天，成群结队的蜜蜂则喜欢一头扎进黄色的南瓜花里。当它们载满了蜜汁，便会飞到那些我无从知晓的巢穴中，不再对我花园的奉献作任何酬答。而我，依然是深深地心满意足。

在第二阶段信息加工过程中，形象思维和抽象思维往往是交杂在一起的。根据神经语言心理学的研究，人脑左、右半球分别主管逻辑思维和形象思维，对抽象信息和形象信息轮流加工。

系统论认为，部分之和大于整体。如果主管抽象思维的左半球和主管形象思维的右半球协同加工运作，信息认知与加工的效果无疑会达到最大。翻译教学中，在发展逻辑思维时，可以训练学生运用概念、判断、推理、分析、综合、归纳、演绎，乃至矛盾律、排中律、同一律、充足理由律等逻辑手段对翻译过程的语言、事理逻辑做出决断，包括对语境的判断，对多重复句之间信息关系的分析，对语言表层未直接阐明的内在逻辑（如叙事逻辑、论理逻辑）的确定，等等。形象思维具有形象性、概括性、框架性、突出性，其核心是表象。教学中可以先训练学生的表象映现能力，包括视觉表象、听觉表象、味觉表象、肤觉表象、情绪表象等，然后训练表象再造能力，即用自然、灵活的译语描述各种表象形式。

（二）信息储存模式与翻译教学

1. 三种信息储存模式

施良方曾归结信息储存的三种主要模式：（1）双重编码模式，信息既可以用言语—序列储存（verbal-sequential store）编码，又可以用映像—空间储存（imaginal-spatial store）编码。（2）语义网络模式，它用交接点（node）来描绘概念和从属概念之间的关系。（3）情节记忆和语义记忆，前者是用视觉映像或其他映像的形式储存信息，后者是从经验中抽象出来的概括。

2. 双重编码模式与翻译教学

首先来看看双重编码模式在语篇翻译教学的运用。Hatim&Mason 曾将语篇划分为三种类型：(1) 说明型 (exposition) 语篇，重心在于阐述状况、事件、个体、关系，包括"概念说明""叙事""描述"三个子类型。(2) 论述型 (argumentation) 语篇，重心在于概念评价，包括"证实"和"反驳"两个子类型。(3) 教导型 (instruction) 语篇，重心在于未来行为的构成，包括"有选择"和"无选择"两个子类型。人们运用双重编码对这些小类型区分：(1) 叙事、描述、"有选择"教导型语篇以映像—空间储存编码为主；(2) 概念说明、论述型语篇、"无选择"教导型语篇以言语—序列储存编码为主。这两大类、七小类的语篇都有自己特定的语篇信息编码方式，Hatim&Mason 对其中的一些类型还做过深入的分析。

3. 语义网络模式与翻译教学

语义网络模式的启示在于，翻译教学中的信息是通过理论板块构架、翻译理念、概念工具（或翻译技巧）三个层次储存于学生认知结构的。在翻译理论构架（主要理论板块的组合关系）之下分化为很多翻译理念 (translation notions)（理论的雏形，以简述的命题形式出现），翻译理念之下又分化为很多概念工具 (conceptual tool)（如翻译技巧，离开语言表面，相似性，关联，明晰化，隐含化，等等）。概念工具成为翻译理论学习的基本元素。

4. 情节记忆和语义记忆模式与翻译教学

情节记忆和语义记忆模式说明，在没有翻译理论、翻译理念涉及的教学情景中，概念工具会起支柱作用，因此要加强教学的逸事性、趣味性、形象性，用情节记忆补充语义记忆。比如学生生活周围的产品及公司广告、招投标文件、旅游手册、新闻快讯、个人简历、学术论文及摘要等的翻译，都会给学生留下翻译艰辛和成功快乐的鲜明记忆。

（三）长时记忆中的两类知识与翻译教学

1. 陈述性知识与程序性知识的编码、检索与转化

储存于长时记忆的知识包括陈述性知识 (declarative knowledge) 和程序性知识 (procedural knowledge)，这两类知识是一个连续体，抽象的知识兼有两者的特点。陈述性知识能够被汇报、描述，而程序性知识仅能从个体行为中表现、推断出来。Lebiere&Anderson 曾经阐述两类知识的储存、检索与运作方式：陈述性知识以组块 (chunks) 表现，组块又包括一个独特的标识器 (identifier) 和一系列空位 (slots)。陈述性记忆 (declarative memory) 被分成很多的类型记忆 (type memories)，每个类型记忆对应有组块名称和不同数目的空位，只要给出组块的名称和空位值 (slot values)，就很容易检索到储存于陈述性记忆中的组块。程序性记忆 (procedural memory) 的表现是产出 (production)，它是一种目标结构，有一个基于激活的检索系统 (activation-based retrieval system)，和一个学习新的产出规则 (production rule) ——"…IF…THEN"规则——的机制。它由中央记忆 (central memory) 和诸多与之联系的类型记忆组成。在当前目标

的管辖之下，产出评价和选择机制（production evaluation and selection mechanism）决定类型记忆和中央记忆的联系，以及产出的方式和形式。

两类知识也能够互相转化。安德森（Anderson）认为，从陈述性知识转化到程序性知识要经历三个阶段：认知阶段，联想阶段，自动化阶段。在认知阶段，学习者被教导，自己学会观察、思考。在联想阶段，学习者逐步发现、清除错误，并使技巧之间的联系得到加强。在自动化阶段，行为进一步微调，错误消失。奥马利和查莫特（O′Malley&Chamot）认为，程序性知识能转化为陈述性知识，它或者重新组织、总结，或者与记忆中的新信息相联系并呈现出来。与陈述性知识相比，程序性知识更难于学习、难于迁移。

2. 翻译陈述性知识与程序性知识的学习与转化

在翻译教学领域，PACTE认为陈述性知识包括语言外能力、翻译知识能力；程序性知识包括双语能力、工具能力、策略能力。相比之下，程序性知识更为重要。人们认为，翻译的陈述性知识包括对比语言学知识、语篇语言学知识、语体/文体/美学知识、文化知识、翻译知识；程序性知识包括句/句群逻辑组块策略、语篇移境重构策略、翻译功能再现策略、美学表现策略、文化策略、翻译过程策略、个性与思维策略。陈述性知识是程序性知识学习的基础，而程序性知识在自动化之后又可以转化为陈述性知识。

安德森和莱比雷（Anderson&Lebiere）的研究启示在于，陈述性知识可以通过“逐渐分化原则”进行编码，将知识分解为很多的“组块”和“类型”，并通过“上位学习、下位学习、组合学习”，以组块的“识别器”为支点进行同化，对“空位值”则根据具体情境或者填充、或者默认。在这一过程中学生的认知图式会不断同化、扩大、深入，这样的组块、分类方式便于日后检索、提取。另外，课堂讨论、研究课、述评和研究论文写作，也可以加固陈述性知识的储存，并加速向程序性知识转化的认知、联想、自动化过程。而程序性知识的教学则主要通过结构主义的“螺旋式课程”实现：同一知识、技能在不同的学习阶段以不同的抽象、复杂水平反复出现，螺旋深入，最终达到熟练、自动化。另外，在翻译的陈述性知识向程序性知识转化的过程中，除了激活安德森和莱比雷所说的产出规则，即“…IF…THEN”规则之外，还有其他一些要求。首先，陈述性知识在进入程序性记忆之前，还要经过变形、转化。这一过程使得转化过来的程序性知识更有问题针对性，并能分解为若干小步骤，具有可操作性。其次，程序性知识的发展要经历几个过程：(1) 选择。将翻译理论试用于翻译情境，确定理论或情境的合适性；(2) 评价。对翻译结果做出反馈，分析是成功、部分成功还是失败；(3) 微调。对程序性知识调配、改进，使之更准确；(4) 熟练。通过练习达到自动化；(5) 储存。进入翻译的程序性记忆。

3. 翻译程序性知识的迁移

程序性知识在另一场合中的运用便是迁移。迁移是教学的最高目标，“为迁移而教”是教育者的行动准则。布鲁纳提出两种形式的迁移：特殊迁移和一般迁移。前者指一种情境中习得的规则、模式或技能应用于另一种与之非常相似的情境之中；后者指一种情境中习得的原理和态度应用于另一个与之不相类似的情境之中。皮连生等提出近迁移和远迁移，前者指行为重复出现的两种情境之间除了少数几个差别之外，其余的均相同；后者指习得的知识技能在新情境中的运用。珀金斯和萨洛蒙（Perkins&Salomon）提出高路迁移（highroad transfer）和低路迁移（lowroad transfer），前者指通过学习抽象的原则实现迁移，后者指通过提供线索的练习（cued practice）实现迁移。

根据上述迁移原理，翻译教学中可以采取如下措施学习发展学生的翻译迁移能力：（1）教给学生基本的、包摄性广的概念工具、翻译理念、翻译理论，并分析它们多种具体的表现形式。（2）使范例教学情境尽可能与练习情境靠近。（3）在学生就某一单项翻译技巧进行迁移之前，安排大量的相关训练。（4）要求学生在翻译过程之中或之后对自己的策略、方法、技巧进行监控或反思、评价，以便了解他们迁移的情况，并进行指导。

在此以语篇翻译中对形式的变译为例。下面是华中科技大学同济医学院 2008 年医学教育论证材料的翻译教学。

学校坚持开放式办学，积极开展国际交流与合作，通过实施“请进来和走出去”的策略，大力引进国外智力资源，提高学校的综合办学实力。建校以来，学校在过去的基础上，先后与美、英、日、德、法、澳、加、俄等国家的 100 余所大学、科研机构、医院和公司建立了合作关系；与美国、英国、澳大利亚、德国、法国等国的 10 多所世界知名大学开展了多形式、多层次的联合办学；学校通过国家公派、校际交流合作等多种方式和途径，有计划地派遣了 5000 余人次教师和管理人员到国外进修、访问、讲学和开展科研合作；聘请了 300 多位国外不同领域的知名学者为我校的名誉教授、顾问教授和客座教授，其中有多位诺贝尔奖获得者和各国科学院院士；举办了 70 余次不同规模的国际学术会议。

这个语篇谈论的是校方为促进国际学术交流而做的五件事情。译为英语时，倘若只是按照原文的形式，则会使英语读者觉得不醒目，沉重、疲乏。因此教师引导学生，处理此类问题时，可以根据主题对原文进行分段、增加小标题；将长的并列内容分行，每行前加上序号或分隔符；等等。学生在讨论、合作的基础上，产生如下译文：

Promotion of international exchange

The university sticks to the Open Door policy, and is active in setting up international academic exchanges and cooperation. The university has introduced foreign intelligence resources on a large scale so as to enhance its comprehensive strength. Ever since the merging in 2000, the university has established partnership with around 100 foreign universities, research institutes, hospitals and companies, in such countries as USA, UK, Japan, Germany, France, Australia, Canada and Russia; carried out various forms of cooperation with over 10 world-famous universities of USA, UK, Australia, Germany and France; sent around 5, 000 teachers and management staff abroad for training, visiting, lecturing or carrying out scientific cooperation by means of government funding and interscholastic exchange and cooperation programme; employed over 300 well-known foreign scholars in different fields as honorary professors, advising professors or visiting professors, some of whom are Nobel Prize winners or academicians of the Academy of Science in their own countries; held around 70 international academic forums of different scales.

这里自加小标题，对相关内容的分行，都是程序性知识的训练。之后，教师又安排一个同类性质的训练：

在长期的办学实践中，学校形成了由目标、标准、监测、评价、反馈、调控等组成的具有自我完善、自我约束功能的教学质量闭环监控体系。根据人才培养目标，制定了相应的教学质量标准，运用教育测量与评价技术，分析教、学、管各阶段各环节的工作质量，通过信息反馈网络，对教学活动和教学效果进行实时有效的监控与反馈，促进教师自我约束、自我激励，调动学生以学为本、自主创新，使教与学互相协调、互相促进，实现人才的培养目标。

学生们在文字翻译完毕之后，经过反思、讨论，认为，这一语篇内部的逻辑关系比较复杂，译者如能自加图表，意义表达会更加清晰。

Through years of administration practice, the university has established a self-supervising and self-perfecting system consist of learning objectives, educational quality standards, teaching supervision and evaluation, feedback and adjustment. According to the training objectives, the university has set down corresponding standards evaluating educational quality and assessing each procedure of teaching, learning and management. Through various channels of information feedback, the university can make effective supervision and obtain prompt feedback upon teaching activities and educational outcomes, promoting self-constraint, self-encouragement of faculty and self-oriented learning and innovation spirit of students.

第三章　翻译教学方法

自人类开始相互交往以来，翻译就一直是连接国家与国家、民族与民族、文化与文化的桥梁，在人类生活中起着不可或缺的重要作用。可以说，没有翻译就没有国际交流，没有翻译就没有科技的发展，没有翻译就没有人类的进步。翻译既然起着如此重要的作用，全社会都应该重视翻译、重视翻译人才的培养。我国教育界早已意识到了翻译的重要性，国内所有高校的英语专业中都开设了翻译课程，另外还有近十所高校设置了专门的翻译系，翻译人才的培养也由本科层次扩展到硕士、博士层次。但是，单凭少量的英语专业毕业生远远无法满足社会的需求，因此，应该重视并开发非英语专业大学生的翻译教学，为社会培养更多的翻译人才。在过去的几十年中，中国的高等教育经历了翻天覆地的变化，高等教育逐渐成为培养专业技能人才的主要力量。与此同时，高等教育的蓬勃发展也呼唤着中国的教育改革。高校的翻译教学对于探索如何培养优秀翻译人才的有效教学方法是非常重要的。

第一节　翻译工作坊

受到中国应试教育体系以及所谓“满堂灌”教育模式的影响，我国的翻译教学模式与策略仍然处于低效率阶段。因此，帮助高等院校的学生学习国外优秀的翻译策略和技巧以提高其翻译能力是十分必要与迫切的。学生在翻译工作坊教学模式课堂上可以从“译”中学习技能、体验规则、积累经验并提高翻译能力，在自主学习及课堂互动的过程中发挥其主体的主观能动性，培养学生的自主学习能力、协作精神及沟通能力。在学生完成任务的过程中，教师应发挥好协调员、咨询员、评估者的作用，进行指点、检查、反馈、诊断、评价，启发引导学生学会在探索知识的过程中发现问题、解决问题，了解和掌握翻译规律，理论联系实际，为今后真正成为合格的翻译工作者奠定扎实的基础。

一、翻译工作坊教学模式的定义

“翻译工作坊”兴起于20世纪60年代美国的一些高校，并逐步发展成为一种重实效、以学生为中心、以过程为导向的教学模式。翻译工作坊类似商业性的翻译中心，由两个或两个以上的译者集中在一起进行翻译活动。在翻译过程中，译者们互相交流，通过合作来解决翻译中存在的实际问题。这种模式移植到翻译课堂，就成了一种翻译教学途径，其本质是促进学生“从做中学”，即通过翻译实践来学习翻译，它符合“实践—认识—再实践”的认识规律。在这种模式下，学生按小组组成工作坊，并在老师的组织下模拟实际的翻译情景，通过相互探讨与协作，在课堂上完成特定的翻译任务。

在工作坊教学模式中，教师不再是学习活动的主导者。学生的动手操作能力和积极探讨协作能力被重视和鼓励，工作坊教学模式非常重视学生的创造性思维和技能的提高。翻译工作坊一般形式上会有小组集体讨论和个人发言两部分，同时教师会对问题进行一些解释和说明。作为一种教学途径，它能促进教师和学生之间的互动，强调学生的参与作用。

二、翻译工作坊在大学英语专业翻译教学中应用的必要性

（一）学生翻译兴趣的提高

在传统教学模式中，学生对翻译的兴趣常常受到传统教学中课堂氛围的影响。这种氛围所导致的主要问题是学生自主参与的积极性受到了影响。翻译工作坊对于高等院校翻译教学的贡献和作用有以下两点：一是教学模式由教师为主导转变为以学生为中心；二是该模式以满足学生的成就感为导向来激发学生对翻译学习的好奇心且激活学习的氛围。

（二）翻译实践中错误的避免

翻译工作坊中的翻译任务通常是由不同翻译者相互合作共同完成的。针对不同水平的学生，教师应当在教学中注意以下两点：第一，什么样的教学方法和策略是行之有效的？第二，课堂活动及教学过程应该如何组织？为了解决这一问题，指导教师应当在课堂中安排一些合作活动、互动性活动以及增加一些个人小测试。因为学生个人在翻译中遇到的语言障碍困难很可能会在合作中被解决，所以学生在课堂中的翻译过程才会变得更加轻松和容易。例如，在翻译前测句型“As far as our information goes, the firm is punctually meeting its commitments and a credit in the sum you mentioned would seem to be safe.”时，许多学生都会被 credit in the sum 困扰，因为 credit 这个词有好几个意思，像“诚信”“学分”“荣誉”“贷款”“赊账”“信用”“资质”“信任”，等等。如果采用翻译工作坊的模式，学生就可以避免这些错误，并将其翻译为“信用额度”。

（三）翻译教学实效性的实现

翻译教学的实效性是指教学目标是为了学生在毕业之后获得工作机会。高等院校只有以这一目标为导向，才最具有现实意义。通过翻译工作坊所达到的教学目标，可以更有效地帮助高校学生培养翻译能力，因为学生会通过翻译工作坊完成不同类型的联系实际的翻译素材。

事实上，学生翻译能力的提高取决于许多因素。高等院校的学生首先要通过主修专业课来学习知识，锻炼技巧，而这些知识和技巧通常又是翻译工作的基础。系统地学习与专业有关的英语（如科技英语、医学英语、商务英语等）对翻译的过程会有很大的帮助。翻译工作坊应该更关注学生在课堂中的实践以及他们今后在工作岗位上所真正遇到的翻译任务。

三、翻译工作坊在大学英语专业翻译教学中的应用原则

（一）合作与互动原则

使用翻译工作坊教学的翻译课程应当具有合作性与互动性。这一原则实际包括以下两种水平：第一，合作。学生间的相互合作能够完成所有种类的实践性翻译任务。学生在课堂上通过彼此的配合能够完成相对高质量的翻译作品，例如，通过相互合作避免任何形式的语法错误与源语言意义的传达差异。第二，互动。学生与指导教师之间的互动，可以使课堂的学习氛围更加积极、融洽。

（二）相互协作与探究原则

正如之前所提到的，高校的翻译教学受许多因素的限制，在这些因素中，语言能力的不足（汉语与英语）会直接体现在学生的翻译作品中。此外，学生在独立完成翻译的过程当中，对于许多困难问题的探究也会使其感到十分吃力。这些难点包括对于不同风格及文体文章的翻译标准、修辞的正确使用以及一些特殊翻译技巧（如增词法、减词法、词类转换法等）。因此，教师在使用翻译工作坊进行翻译教学时，应当遵循相互协作与探究的原则，进而使学生获得更多的翻译知识及翻译技能。

（三）实效性原则

鉴于翻译工作坊在高校翻译教学中的局限性以及受课堂教学时间所限，对于许多文学作品而言，指导教师仅能教授给学生一些有限的翻译知识与技巧。然而，课堂本身就是翻译活动工作坊的一种。学生在进行集体翻译时，指导教师引导学生为了报酬或其他一些目的对不同种类的文件及材料进行翻译工作。如果翻译工作坊教学中的模拟环境可以被正确地采用或者按照正确的顺序引导，学生便会自觉地承担起翻译任务的职责。完成一项翻译任务后所获得的成就感在很大程度上会激起学生对翻译工作的兴趣及热情。

四、翻译工作坊在大学英语专业翻译教学课堂中的具体实施步骤

翻译工作坊在大学英语专业翻译教学课堂中的具体应用过程主要包括三个阶段，即，翻译任务前的准备阶段、翻译任务过程中的管理阶段以及翻译任务后的评价阶段。每个阶段实际都包括相应的不同的具体任务，这些任务需要指导教师与学生们一起努力完成。

（一）课堂准备阶段（翻译前）

众所周知，完善的和细致的课堂准备对于翻译教学的成功是十分必要的，在翻译工作坊中，指导教师需要搜集大量相关材料，设计每一个具体的步骤，使学生逐渐熟悉所翻译的内容及相关的翻译策略与技巧。这一阶段主要包括老师的讲解和学生的知识准备。老师在第一节大约花 20 分钟讲解翻译基础知识或有关翻译的基本问题，突出重点和难点。例如，讲解翻译理论时，重点应放在翻译原则或标准、翻译技巧和文体翻译的基础知识方面，而训练学生的翻译技巧则是重中之重，常用翻译技巧的讲解应清楚简洁，抓住要点。

（二）课堂管理阶段（翻译中）

在翻译工作坊中，课堂教学的中心是学生。指导教师将学生分为若干小组，去完成不

同的翻译任务，以进一步提高他们的翻译能力，指导教师在管理和控制整个课堂翻译的过程中起着十分重要的作用。当之前提到过的准备阶段完成后，学生就应该开始进行翻译活动，此时指导教师应尽量保证翻译课堂融洽、活跃的氛围。

这一阶段分为以下两个步骤：

第一步：理解。(1) 预设文本。老师进行必要的讲解后向学生下发相关的练习材料。学生通过预读人致了解原义的内容，然后通过研读对原文有一个透彻的理解。下发翻译材料之前，老师应根据文本内容提出一些问题，引导学生去钻研、发现并提取一些重要的知识和特殊的信息。学生阅读文本之后，教师将学生分成若干小组开展讨论。通过讨论，学生不仅能够解决语言方面的问题、克服不同学科领域造成的障碍，而且可以跨越英汉语言之间的文化鸿沟。这种有目的性的共同活动能够激发学生的翻译兴趣，有利于充分发挥学生的积极性、创造性以及集体智慧。(2) 文本分析。学生研读原文后，教师再指导学生进行文本分析，这是充分理解原文的重要手段。学生通过分组进行文本分析活动，这样有助于学生讨论一些文化负载词和晦涩难懂的词语的意义、弄清单词的字面意思和隐含意思、理解原文的修辞语言、分析句子的语法结构，最终透彻理解文本的思想内容。这样，原文的内容清楚了，就为下一步动笔翻译奠定了坚实的基础。

第二步：表达。正确理解原文并不一定能够保证准确表达。译文质量取决于活动参与者是否能正确地理解原文及灵活地运用翻译技巧。在正确地理解原文这一过程的问题解决后，准确地表达便成了首要问题。在正确理解原文的基础上，学生在规定的时间内独立进行其翻译活动。在这个阶段，老师不应妨碍学生的翻译活动，而是暂时退到“后台”，变成一个监督者来组织监督学生的翻译活动。老师应确保学生的遣词造句能够准确地传达原文的意思，并符合目的语的习惯表达。

（三）评价阶段（翻译后）

这一阶段，各小组间的翻译任务已经结束。此时教师应当指导学生评价他们自己的翻译任务。评价工作在翻译工作坊教学中是十分必要的，因为它能够使学生意识到如何去处理相似类型的材料。本阶段包括修改和评价。在修改阶段，要求同桌之间互相修改对方的译文，将他们的译文与原文进行对比研究，看看是否有晦涩难懂或欠妥的地方，并要求学生在译得好的地方画“√”，鼓励学生积极参与；在理解有误或错误的地方画“×”，在欠妥的地方画波浪线，让学生进一步修改，力争再上一个台阶。修改结束后，学生们首先在小组内部评价彼此的译文，并选出最佳译文在全班当众宣读。其他小组同学指出其优点与缺点。如有更好的译文也可以当众提出，让大家借鉴。

译后阶段可分三步进行。(1) 双人活动。英语专业教学班通常有30多名学生，可按其座位大致分成十几个双人组，同桌之间互相批改对方的练习，也可以前后两个双人组之间互相批改，然后选出较好的译文。(2) 小组活动。双人小组可按就近原则分为5～6个组。从双人小组中选出来的译文在全组当众宣读。同组其他同学指出译文的优劣，并提出修改意见，同时每组选出最佳译文。(3) 全班活动。从各个小组挑选出3～4篇最佳译文在全班当众宣读后，其他同学再指出译文的优劣，并提出修改建议。在这个阶段，教师应及时对学生的讨论和评价活动予以指导和评判，引导学生得出正确的翻译结论，并总结翻译经验和翻译原则。这样在及时反馈学生信息的同时，教师也能够掌握学生的翻译活动，使学生既意识到各自的问题，又能看到别人的问题，从而在今后的翻译活动中避免犯同样的错误。

五、针对翻译工作坊教学模式提出的教学建议

（一）对翻译课程指导教师的建议

进行一堂成功的课堂教学，认真的准备是非常有必要的。指导教师在高等院校应用翻译工作坊进行教学时，需要在课前为学生搜集和筛选大量相关教学材料，并且所搜集的教学材料应当与学生的专业、兴趣、生活紧密相关，这样他们才能更好地接受并且更加熟练地掌握及应用与专业、兴趣等方面相关的知识。此外，指导者应当认真设计教学及实践的具体过程，这样教学才能有效并且有序地进行。

教师在课堂中应当经常引导学生进行各项翻译活动。在教学工作坊中，教师指导学生相互合作并且对于翻译当中可能存在的问题进行自由交流。在这种情况下，教师应当努力营造一种积极的学习氛围并且鼓励学生在小组范围内表达他们的观点和意见，只有这样的方法才能培养学生们的创造性思维、合作意识以及自主学习的能力。因为翻译工作坊实质上是一种以学生为中心的教学方法，因此，指导者并不需要控制学习的整个过程。指导者的主要工作是监督和管理各个小组及组员的自主学习，并且确保课堂的学习活动能够有序且有效地进行。此外，指导教师本身也需要不断提高翻译教学的知识及技能，这样他们才能够更好地促进和提高高等院校翻译教学的质量。

（二）对教学材料的建议

高等院校的培养目标是将学生逐步培养为某一领域的专业型人才。因此，教师所选择的教学材料应当考虑到学生的就业需求。例如，旅游英语专业的学生在选择翻译素材时应当更倾向于一些与旅游管理、景点介绍有关的材料。而英语教育专业的学生，其翻译素材应当更倾向于一些与教学有关的翻译材料。此外，翻译材料的选择还要考虑到学生本身的语言能力，因为，只有这样才能激发学生在学习翻译方面的兴趣和热情。如果一开始选择的翻译素材难度较大，学生便会失去学习的兴趣和热情。指导教师应当准备充足的教学材料，以便使学生完全理解如何处理某一类型的实践性翻译素材。通常，文学翻译作品、知名翻译家的笔记、政府机构的翻译文件、学术论文或者 *China Daily*、*Crazy English* 等报纸和杂志中的中英文文章，都是课堂教学非常不错的资料来源。指导者应当不断地更新和搜集这类资料，整理之后将其逐步应用到翻译教学中。另外，指导者还应当不断搜集和总结在翻译过程当中学生可能遇到的问题。这些问题以及相关的解决办法对于指导者来说也是一种非常有价值的教学素材，因为它们对于学生翻译能力的提高起着非常大的促进作用。

（三）对课堂管理的建议

翻译工作坊课堂管理的目标是保证翻译教学的高效率。学生在课堂中被分为若干小

组，并且通过相互合作来完成一项实践翻译任务。如果他们的指导教师不能够采取有效的措施合理控制学生的学习过程，那么学生会很容易感到无聊或者缺乏积极性。有的时候，一个小组的成员或许会讨论得十分热烈，他们的声音可能会变得非常高，会对其他小组产生不良影响。在这种情况下，指导教师应当耐心地提醒小组成员们而不是去指责他们。

指导教师应当准确地设计并且控制每个教学步骤的时间。翻译工作坊的教学活动主要应包括三个阶段。指导者应该能够去预测每一个具体步骤完成的时间。每堂课，当所有指定的活动完成后，如果还留有时间，那么指导教师应当提前准备一些补充材料或者活动。为了使小组管理更为有效，指导者可以选择一些优秀的并且具有责任感的学生参与到翻译教学的活动之中。例如，在每组中选择一名学生，负责组织该小组其他成员分析原文、进行独立翻译工作、交换与讨论在翻译任务中任何可能出现的问题等，以便更好地完成该小组的翻译任务。毋庸置疑，小组长在课堂管理中的参与能够有效地帮助指导教师的工作并确保翻译教学更加有序地进行。

（四）对评价策略的建议

评价在翻译工作坊中起着十分重要的作用，一次优秀的评价将会极大地提高学生在翻译学习中的兴趣。通常，由于学生个人语言能力的不同，每个学生会译出不同的翻译作品。因此，很难说指导教师在课堂中所给出的原文参考译文就是最完美的。指导教师应当鼓励学生进行创造性的翻译，只要学生的翻译是忠实于原文的，并且语言组织符合语法规则即可。总的来说，翻译是一项综合性的工作，完成它需要许多技巧和专业知识，学生在进行翻译练习时出现许多错误是不可避免的。因此，当学生的翻译作品出现问题时，指导教师应该给予学生更多的鼓励而不是批评。为了提高学生的理解能力，在翻译实践过程中，指导教师应当要求学生总结他们在课堂中所学到的知识、技能以及在翻译中遇到的主要困难，并以摘要的形式书写出来。在课堂教学之后，指导教师应当充分考虑学生在处理翻译过程中所遇到的问题，并且努力找到解决这些问题的最好方法。在翻译工作坊中，评价工作往往可以采用许多不同的方式去帮助学生改进翻译。评价工作首先应在每个小组内进行，然后在全班范围内进行评价。在课堂翻译过程中，指导教师应当采取一些激励机制鼓励学生，这样能够营造出一种良性的竞争氛围。

第二节　翻转课堂

翻转课堂模式在大学英语翻译教学中的应用颠覆了传统的教师和学生在课堂中的地位，增加了学生之间以及教师同学生的互动，促进了师生间的交流，具有很强的现实意义。在这种教学模式下，课前知识的讲授能够有效地解决课堂教学时限的问题，从而可以拓展教学时间，同时能够让学生有充足的思考时间。课堂上的探究合作式的学习模式能有效地提高学生的沟通、表达能力，也有利于其思辨思维的培养。课后知识的巩固与拓展也可以帮助学生及时消化课堂教学内容，为下一阶段的学习做好准备。翻转课堂模式在大学英语翻译教学中的应用是一种有意义的尝试和探索。这种教学模式改变了英语翻译课传统的授课方式，对教师和学生的角色进行了翻转，促进了师生间的交流，从而使学生学习的积极性、主动性、创造性和独立性得到了更好发挥，培养了学生自主学习的能力。除此之外，这种翻转课堂的模式也提高了英语翻译教学的质量和效果，有效地提升了学生的实际翻译能力，使学生能够满足社会工作的需求。

一、翻转课堂概述

翻转课堂（flipped classroom），又称“颠倒课堂”（inverted classroom），是在信息化环境中，课程教师提供以教学视频为主要形式的学习资源，学生在上课前完成对教学视频等学习资源的观看和学习，师生在课堂上一起完成作业答疑、协作探究和互动交流等活动的一种新型教学模式。从国内外学者对翻转课堂的解读发现，其内涵体现在宏观和微观两个角度。宏观角度界定了翻转课堂的理论内涵：翻转课堂是知识传授和知识内化的翻转；微观角度界定了翻转课堂的过程内涵：翻转课堂是学生课前学习教师制作的视频、课堂上教师答疑、和学生完成作业的一种教学形态。

“翻转课堂”起源于美国科罗拉多州落基山的林地公园高中。2007 年春该校化学教师乔纳森·伯尔曼（Jon Bergmann）和亚伦·萨姆斯（Aaron Sams）为解决学生经常因为天气或路途遥远等原因不能按时到校上课而落下很多课程，以至于跟不上教师上课步调的问题，开始使用录屏软件录制 Power Point 演示文稿的操作过程以及教师讲课的声音，并将视频上传到网络，借此帮助不能按时上课的学生，而真正引起国内教育研究者关注翻转课堂的原因则是 2011 年可汗学院（Khan Academy）发起人萨尔曼·可汗在 TED（Technology Entertainment Design）上的一个题为“用视频重塑教育”的演讲。演讲中提到他上传到 You Tube 上的很多免费教学视频深受学生和家长的喜欢，这些教学视频在几个实验学校使用的教学效果也很好。受此启发，许多教师尝试改变以前的课堂教学模式，要求学生在家看视频以代替教师的课堂讲解，然后在课堂上把精力集中在完成练习以及与教师和同伴的互动交流上。这种做法颠倒了传统学校“课上教师讲授、课后学生完成作业”的教学安排，这就是日渐兴起的翻转课堂。

二、翻转课堂带来的变化

（一）教师与学生地位的变化

翻转课堂带来了学生与教师关系的颠覆性变化。在传统课堂中，教师占据课堂的主体地位，学生在教师的讲解下亦步亦趋。而在翻转课堂中，教师不再是承担教学主体的授课者，而是成为指导学生学习的引导者，甚至可以作为学习成员。在这样的教学模式下，学生真正成为主体，老师不再一直讲解，更多的是学生自己进行学习、探究，让课堂回归学生。

（二）教学形式与内容的变化

在传统课堂中，教师在课堂上讲解具体知识，然后布置课后作业，使学生进一步理解巩固课堂内容；实施翻转课堂后，学习的过程提到了课前，而课堂则成为探究的时间，属于教师答疑解惑的过程，教学的形式发生了很大变化，学生自主学习的能力得到了很好的锻炼和培养。实施翻转课堂后，课堂上问题探究和答疑解惑的过程取代了教师对知识进行讲授的过程，老师在课堂上不再具体地讲授课程，而只是对学生的表现进行点评，对学生难以理解的地方答疑解惑，实现了教学内容的变化。

（三）课程考核方式的变化

传统课程的考核方式通常是进行考试，方式单一，考核结果也比较片面，无法全面考核学生的整体学习效果。这种将一切考核都放在最后进行的模式往往导致学生在临近考试的时候才开始投入学习中，既不利于学生在学习过程中的投入，也不利于教师对于学生学习过程中学习成果的检验和反馈。而翻转课堂可以呈现多方式和多角度的考核方式，将考核分散在学生的整个学习过程中，从而可以多方面考查学生的学习成果，包括学生的基本翻译能力、组织能力和批判思维能力，考核结果更加全面。

三、实施翻转课堂的可行性

（一）实施翻转课堂有很强的现实意义

翻转课堂采用先学后教的教学模式，利用信息技术设备，学生在上课前进行知识的自主学习，而把课程知识的应用与探究放在课堂上。学生在课前进行学习时，对于课件或教学视频中的难点可以反复观看进行理解，对有疑问的地方可以记录下来在课堂上向老师提出，或者直接在网上向教师提问，从而让教师有针对性地备课。课堂上教师除了对难点进行答疑解惑之外，也会组织学生进行知识分享和小组讨论等互动活动，增加了师生间的沟通，也提升了学生在课堂中的参与度，促进了英语教学效果的提升。

（二）翻转课堂符合英语翻译教学的特点

英语翻译课程具有很强的实践性，学生只有在大量实践中才能逐渐积累翻译的技巧和经验，提高翻译能力。而如果仅靠课堂短暂的教学时间，很难促进学生翻译能力的提升。目前的翻译教学主要教授具体的翻译技巧和应对具体问题的具体翻译方案，在教学方式上仍然保持着传统课堂中的直线型教学模式，完全是以教师为中心的。这种教学模式往往导致翻译专业毕业生的综合知识存在局限性，而且翻译的实践也通常会受到教学上翻译积累的限制，缺乏面向市场服务的翻译意识。在实施翻转课堂后，教师可以利用课堂时间组织学生进行英语的表达和互动活动，学生可以获得大量翻译实践机会，从而逐渐积累翻译的技巧和经验，提高翻译能力。因此，实施翻转课堂的教学模式符合英语翻译教学的特点。

（三）教学环境可以达到实施翻转课堂的条件

随着信息技术的发展和普及，目前绝大多数高校的教室都有无线网络，学校内普遍配有计算机实验室，智能手机和笔记本电脑等上网设备也已经在学生中得到普及。目前的教学环境已基本达到实施翻转课堂的要求。同时，随着信息技术的迅速发展，网络英语教学资源也会更加丰富，学生课前除了可以学习教师录制的微课程外，还可以访问英文学习网站、阅读英文小说或者观看英文电影作为补充材料，极大地丰富了教学内容。除此之外，随着时代的发展，社会对高素质英语翻译人才的需求也要求英语翻译教学必须做出改变，去努力接受各种新知识的介入。而翻转课堂的教学模式给英语翻译教学增加了新的教学媒介和信息来源。

四、翻转课堂在英语专业翻译课中的应用

（一）课前准备工作要充分

1. 教师制作视频

教师在课前要做好视频，提供素材。网上现有的资源材料一般不太适合。教师要根据学生的特点、本课程的性质以及教学目标要求来自制教学视频，视频时间不宜太长，一般为10分钟左右，这样便于学生集中注意力，引发学生主动学习和思考。

2. 学生观看视频

学生看视频不受时间和地点的限制，可以在家看视频学习，可以白天看也可以晚上看，看累了可以休息一下再继续看。学生可以一边看一边做好笔记，把重点、难点或自己不懂的地方写下来，以便在课堂上与同学和老师进行讨论与交流。

3. 课前练习及师生交流

学生看完视频后，要完成教师提前布置的作业，如果在做作业的过程中遇到了疑难问题，可以通过社交媒体（即聊天室或留言板）与同学或老师进行交流，和同学交流后还是无法解决的问题可以和老师交流，从而提高学习兴趣和学习积极性。

（二）课堂设计应充分调动学生的积极性

在进行课堂活动设计时，可以依据建构主义学习理论，充分发挥学生学习的积极性和主动性，从而实现知识的内化。

1. 确定问题

在翻转课堂教学活动中，学生在课前观看视频中遇到的疑问、在所做的练习中遇到的疑难问题以及在课前通过远程与同学进行讨论后还没有解决的问题，都可以在课堂上提出来，师生再共同进行研讨。另外，老师觉得是难点、重点的问题也可以提出来进行讨论。

2. 解决问题

针对在翻转课堂上提出的翻译问题，学生可以自由选择自己感兴趣的或比较了解的问题、题目进行独立探索，不断培养独立意识和自主学习的能力。翻转课堂也即反转课堂，也就是从传统的学生被动接受知识和答案转变为学生主动独立思考和解决问题，从而让学生在独立学习的过程中达到知识内化和知识体系的构建。在翻译课上，每位学生先是通过提问确定问题，然后在课堂上进行师生和生生之间的讨论，最终疑难问题得以解决，从而使学生对知识进行了重新构建，培养和提高了学生独立自主的学习能力。

3. 探究活动

教师要组织学生对于在课堂上提出的有关翻译问题进行探究活动，把学生分成若干组，每组2～5人，并且每组确定一位组长，针对提出的问题进行探究式研讨，每组成员都必须积极参与其中，通过小组讨论与交流来完成学习任务。在翻转课堂的问题探究活动中，教师要随时注意学生的探究动态并及时进行指导。

4. 交流成果

针对共同提出的翻译问题，学生经过独立思考、集体探究后，把小组讨论的最终结果通过多种形式（成果演示、小型比赛、辩论会或报告会）进行成果的展示与交流，以分享学习的收获。

5. 评价与反馈

翻转课堂上的反馈和评价与传统课堂有很大不同。传统课堂上一般是老师给予评价，而翻转课堂上除了教师外，专家、学者、学生都可以参与其中，这就体现了新课堂上反馈评价体系的多维度，并且评价方式也是多元化的：定量评价和定性评价；个人评价与小组评价；形成性评价与终结性评价；自我评价与他人评价。通过多维度、多方式的反馈评价结果，教师最终确定下一节翻译课的教学计划。

（三）重视课后总结与反思

翻转课堂教学模式主要由课前和课上两部分构成，但是课后的总结与反思也是很重要的。教师和学生都需要对课堂上的问题进行总结与反思，然后传到网络平台，供师生之间互相讨论。这些经过整理的资料也可以长期保存下来，以备学生查阅；没有参加课堂讨论的学生也可以课后补救学习。因此，课前、课上、课后三部分是互相补充、互为一体的。

五、实施翻转课堂的对策

（一）当前教师教学技能的提升

实施翻转课堂对教师的教学技能有着更高的要求。一方面，教师需要改变传统的教学观念，以适应翻转课堂带来的角色变化。另一方面，教师要能够熟练地运用信息技术手段，制作各种微课并进行上传，并且能通过网络与学生进行沟通。教师需要结合自身的英语翻译教学实践，将授课内容进行模块式的切分，从而形成翻译基础理论、翻译数据库、翻译技巧等一系列知识点，然后通过 Camtasia Studio 录屏软件以及其他多媒体制作软件，将原有课程的知识性内容录制成比较简短的微课，交给学生课前进行自主学习。结合微课，教师可以布置课堂内着重讨论和分析的案例。对于教师而言，作为翻译理论与实践课的教授者，需要缜密思考到底哪些内容可以用于微课的制作，同时这些教学内容如何利用微课进行呈现、采取什么样的形式，都是需要教师认真思考同时又有较高技术难度的，因为如果在教学现场都吸引不了学生的注意力，那么微课怎能吸引学生的兴趣呢？因此可以说，制作微课是一种技术，然而设计微课却是一种艺术。翻转课堂模式在大学英语翻译教学中的应用需要教师努力提升教学技能，同时提高微课的制作和处理能力。

（二）学生学习能力的培养

随着我国对英语学习的不断重视以及英语教育的普及，学生从高中步入大学都经历了很长的英语学习时间，也有了一定的英语水平，但是由于英语翻译在中学阶段涉及得比较少，学生之间的翻译水平相差很大，有些基础较差的学生甚至对于基本句子的翻译都存在问题，而另一些基础比较好的学生则能很好地完成段落篇章的翻译。英语专业学生在进行英语翻译的学习时，由于英语基础的不同，也会呈现不同的学习态度。有的同学对英语翻译有很大的兴趣，能够融会贯通，能够很好地理解和把握翻译知识，学习情况也比较理想；但是也有很多同学只对自己的专业课感兴趣，对于英语翻译课程兴趣不足，经常出现逃课的现象，更谈不上自主学习。由于翻转课堂需要学生的自主学习和高度的参与，一旦学生学习不够自觉，未能完成课前对于微课的学习，就无法进行后续的教学。因此，翻转课堂模式在大学英语翻译教学中应用的同时，需要建立与之配套的学生考核模式，综合考核学生的课前自主学习、课上探究活动及课后复习的全过程，呈现出多方式和多角度的考核方式，将考核分散在学生的整个学习过程中，从而可以多方面考查学生的学习成果。这种考核模式的建立需要学校教学部门促成，并需要教师在教学中进行反馈、不断完善。

（三）课件与教学视频的制作

在翻转课堂教学模式中，课前学习的内容来自教师制作的课件或教学视频，需要做到难易适度，而且形式需要新颖活泼，还要附带相应的学习任务，引导学生学习。这就对微课教学内容的选择和形式的确定提出了很高的要求。首先，微课一定要对“微”的特点有所体现，整个微课学习时间要控制在15分钟以内，确保不超过学生的注意力集中范围。为了达到微课之“微”的目标，教师除在录制微课前需要准备好必备的材料外，也要考虑微课中语言的表达。力求表达简练、清晰，在制作之前可以把要说的每句话提前写出来进行整理浓缩。其次，微课虽然是基于英语翻译的教学内容进行安排，但是并不等于传统课堂教学内容的压缩包，而是将知识点独立出来供学生学习，例如，可以单独讲解什么是英语翻译的归化异化、英语翻译的“信”“达”“雅”的标准、翻译中的增词法和减词法等，这些都是可以独立的知识点。再次，微课设计需要有明确的教学目标，让学生清楚地认识到自己通过微课应该学到什么，从而提高微课的学习效率。最后，教师进行微课的设计需要匠心独运，认真考虑如何通过微课来激发学生的学习兴趣。若微课只是对传统知识进行灌输的新包装，必然会影响学生的学习积极性，教师可以充分借助图片、音乐、动画等多媒体手段直观地再现知识，也可以通过一段趣味视频引入到学习的情境中来。微课的录制要解决好技术问题，保证微课的画面和声音清晰。

第三节　任务型翻译教学法

任务型翻译教学模式是一种以学生为中心，教师根据学生的实际水平设计任务，创设真实的或类似于真实的学习情境，引导学生利用信息资源进行可理解输入、输出，协作学习，主动完成任务，以实现意义建构，提高学生翻译能力的相对稳定的操作性框架。该模式反映了外语教学从关注教法到关注学法，从以教师为中心到以学生为中心，从注重语言本身到注重语言习得的转变，既强调语言形式，又注重它的意义，将语言的用法、用途融为一体，具有较强的操作性，因而是对我国传统教学模式的一种革新，必将为培养更多适应新世纪发展需要的翻译人才奠定坚实的基础。

一、任务型翻译教学法概述

任务型语言教学（Task Based Language Teaching，TBLT）是20世纪80年代外语教学法研究者提出来的又一个有重大影响的语言教学理论。它主要以二语习得理论、心理语言学理论和社会构建理论为其坚实的理论基础，以学生为中心设计具有明确目标的真实任务，激发学生的学习兴趣，提高其参与互动性，促使学生积极主动地使用语言、协作学习、主动完成任务，以实现意义建构，提高学生的翻译能力。

（一）任务的定义

许多学者分别从任务的范围（主要指涉及语言的任务）、视角（任务设计者的角度还是活动参与者的角度）、真实性（现实生活中有意义的活动）、语言技能（可能会涉及语言的任何技能）、心理认知过程（如领悟、使用、输出、互动、推理等）、结果（注重任务的实际完成）等方面对任务的定义进行了阐释。如朗（Long）从非语言学的角度把任务定义为自己或他人从事的一种有偿或无偿的工作，即人们在日常生活、工作、玩耍中所做的各种各样的事情。理查兹、普拉特和韦伯（Richards，Platt&Weber）从语言教育学的角度把任务定义为：任务是指处理和理解语言的一个行动或活动。布林（Breen）的定义是：任务是任何促进语言学习的工作计划，它具有特定的目标、恰当的内容、规定的程序和一系列的结果等基本特点。大卫·纽南（David Nunan）在综合各家观点的基础上，定义概括为：交际任务是指导学生在学习目的语的过程中领悟、使用、输出和互动的课堂交际活动，它重点关注的是意义，而非语言形式。拜盖特、斯凯恩和斯维因（Bygate，Skehan&Swain）对任务的定义是："任务是要求学生使用语言为达到某个目的而完成的一项活动，活动的过程中强调意义的表达。"埃利斯（Ellis）对任务的定义是："任务是那些主要以表达意义为目的的语言运用活动。"尽管各家说法不一，但任务都涉及语言的实际运用。学生共同努力、相互协助，一起完成任务，其过程就是模拟真实世界的体验过程，这充分激发了学生的学习积极性和能动性，而学生在社会交往中通过分享信息解决问题而向同一个目标努力的过程中学习效果最好。

（二）任务的特征

根据斯凯恩（Skehan）提出的任务构成要素（意义首要，解决交际问题，真实活动，关注任务完成，评价取决于结果），结合其他学者的观点，笔者认为，任务作为一种课堂教学活动应具有以下特征：

（1）完成各种真实的生活、学习、工作等有意义的任务，促使学生运用真实的语言。

（2）学生使用语言完成任务时，关注的重点是意义的表达而不是语言形式的操练，即重视学生如何沟通信息，而不强调学生使用何种语言形式。

（3）在教学过程中，任务可以涉及4种语言技能的一项或多项，包括各种增加语言知识和发展语言技能的练习活动。

（4）任务必须有具体的结果，即完成任务最受关注，至于如何完成及完成的情况次之。

(5) 任务的评价取决于结果，任务完成的结果是评估任务是否成功的依据。斯凯恩(Skehan)指出，设计任务时应尽量避免让学生只是鹦鹉学舌、仅展示语言、追求一致与人雷同、机械性的操练以及为了特定句型结构硬把语言插入材料中。威利斯(Willis)给人们提供了一些问题，借以鉴定设计的活动是否为真正的任务："能激发学生的兴趣吗？主要关注的是意义吗？有完成结果吗？活动的成功是以结果来评判的吗？任务完成是否优先？和现实的真实活动相关吗？"得到肯定的回答越多，就越接近真实的任务。了解任务的正面、反面特征，以上面的标准为指导，有助于设计真实、有意义、操作性强的活动，使学生有机会自由地选择生活中实际使用的语言完成任务。

二、任务型翻译教学模式的教学原则

(一) 坚持以学生为中心

这一原则是指在任务型翻译教学模式中，教师要以学生为中心，引导学生充分发挥其在认识和实践中的主体作用。学生是知识建构的主体，学生的认知参与、主动思考直接影响任务的完成。离开学生积极主动的参与，任何学习都是无效的。教是为学而存在、为学而服务。教师的主导作用必须也必然有一个落脚点，这个落脚点只能是学生的学习。所以，教师一定要注重发挥学生的主体性，以学生为中心，从学生的需要和兴趣出发，根据学生的实际水平，设计不同的任务，创设适当的学习情景，引导他们积极利用多种信息资源，与学习伙伴合作、协商，共同完成任务。教师必须激发学生的参与意识，为其提供参与机会，最大限度地发挥学生的主观能动性。翻译知识和技巧的获得是由学生主动探索、思考、实践等亲身体验和探究出来的，教师只是探究的组织者、指导者、促进者和评价者。

(二) 坚持以任务为主线

任务型翻译教学模式区别于其他教学模式最根本的特点就在于它强调以各种各样的任务为主线，强调采用具有明确目标的"任务"来帮助学生更主动地学习和运用语言。所谓任务，就是一种活动，具有以意义为主、有某种交际问题需要解决、与真实世界的活动有某种联系、完成任务优先、以结果评估任务五个特征。就任务型翻译教学而言，任务的内容主要有对比英汉语言文化，认知翻译理论和技巧，积累各种文体的翻译实践经验等。任务型翻译教学要求教师以任务为主线来组织教学，自始至终地引导学生通过完成具体任务驱动学生学习翻译，获得和积累相应的翻译知识和技巧，锻炼提高翻译能力。总之，该模式重视学生在执行任务过程中的参与和协作，重视学生在完成任务过程中的能力和策略培养。学生在学习时首先考虑的是如何完成学习任务，而不是学会某种语言形式；所谋求的目标不再是机械的语言训练，而是实际翻译能力的培养。

(三) 坚持以协作互动为方式

任务型翻译教学模式不仅重视培养学生独立探究的精神，还重视培养学生的协作精神，力图使学生在完成任务的过程中，通过学生、师生多向互动、协作，通过意义磋商、交流、大量的语言输入和输出，培养和发展学生的实际翻译能力。任务的完成过程是协作互动的过程。一方面，协作互动有助于学生建立对任务更为全面的理解，加深对意义的建构；另一方面，协作互动会使学生产生让别人明白自己表达的需求和达到这一目的的喜悦，有助于激活其学习动机，让其通过与他人的协作互动，从事大量翻译实践，积累翻译知识和技巧。任务型翻译教学强调协作互动学习的重要性，将学生个人之间的竞争转化为学习共同体之间的竞争，培养了学生之间的协作精神和团队精神，也弥补了一个教师难以应对众多有差异的学生的不足，真正实现了使每个学生都能得到发展的目标。

（四）坚持以学习情景为前提

情景是指一定的社会文化背景。学习情境对翻译知识和技巧的建构起着重要作用，不同的学习情景对翻译理论的理解与建构、对翻译技巧的选择与使用都会产生重大影响。真正的、完整的翻译知识只能在真实或类似于真实的学习情景中才能获得，翻译技巧的实际掌握也必须在真实或类似于真实的学习情景中才能体现。因此，在任务型翻译教学中，创设适当的（即真实或类似于真实的）学习情景，有助于学生翻译理论与实践的结合，有利于提高学生的实际翻译能力。换言之，教师应在设计任务时尽力创设真实或接近真实的情境，将课堂内的翻译学习与当前的社会文化背景相结合，让学生置身于贴近自己生活的语境中，通过完成任务，深刻地感受翻译学习与自己生活实践的紧密联系，激发他们自主、协作学习翻译的兴趣和学好翻译的信心，促进其实际翻译能力的提高。

三、任务型翻译教学模式的教学结构

任务型翻译教学模式的教学结构主要包括任务准备、导入、实施、巩固四个基本环节。这四个基本环节是贯彻教学原则、完成教学任务的有效保证，是既相对独立，又相互衔接、相互影响的有机结合整体，教师在实际操作中要注意它们之间的相互联系和制约。

（一）任务准备环节

任务准备环节主要是指教师从学生的需要和兴趣出发，结合社会对翻译人才的需求，从学生学的角度，根据学生不同层次的水平，精心设计各种任务。任务的选择和设计是该模式得以顺利进行的关键，其具体设计应把握下列要求：

1. 任务涵盖的范畴应广泛

任务涉及的领域应从传统的文学作品翻译扩展至经贸、科技、外交、军事翻译等。同时，任务的范畴还应囊括翻译理论与技巧的学习，即教师应根据专业特点、社会需求和学生的认知现状选择一些理论和技巧引导学生学习，让学生有意识地运用理论指导实践。另外，任务的设计还应注意语言形式与意义的结合。

2. 任务的内容应具真实性或类似真实性

任务的内容应贴近学生生活和学习经历，与现实世界有某种联系。这种联系不应是笼统的而是具体的，能引起学生的共鸣和兴趣，激发学生积极参与的欲望。所涉及的情境和语言形式等要符合实际的功能和规律，使学生在一种自然、真实或类似真实的情境中体会翻译知识和技巧的应用。

3．任务的难度应根据学生的实际水平，由易到难，重视个体差异

教师应利用问卷调查、水平测试、座谈交流等多种形式了解学生的实际水平，以此为基础设计学习任务，任务的设计应反映学生的认知规律，由简单到复杂，层层深入，前后相连，形成由初级任务向高级任务以及高级任务涵盖初级任务的循环构成“任务环”，使教学呈阶梯式递进。

4．完成任务的形式应具多样性

学生可采取自主、结对或小组协作等形式完成任务，可通过传统的图片、纸质材料等形式完成任务，也可大量运用现代技术，通过录像、光碟、多媒体课件、网络论坛等电子材料形式完成，还可以通过参与具体的社会实践来完成。

（二）任务导入环节

在任务导入环节中，教师按照任务设计，利用图片、录像、背景材料等创设情景，做一些激发学生学习兴趣的“热身”活动，吸引学生的注意力，让学生在十分活跃、轻松愉快的气氛中进入翻译学习，恰当地呈现完成任务所需的关键性知识和技巧，为学生提供必要的输入，介绍任务要求和实施步骤，为后续环节做好铺垫，主要分以下几个步骤进行：

1．在实施学习任务之前，教师应引导学生复习与任务有关的已掌握知识和技巧。

教师应尽量激活学生与任务相关的背景知识，减轻学生认知加工负担，为学生开展学习任务扫清障碍。教师可采用多种方式引导复习，如课堂提问、经验交流、多媒体课件等。

2．对学生不熟悉的有关学习任务的话题进行提示。

例如，提示任务中所涉及文体的特定翻译技巧、所涉及的某些关键词的翻译等。介绍的内容与任务的完成密切相关，介绍的方式根据教学实际可以是直接、明确的，也可以是间接、含蓄的。

3．教师应组织学生结成对子或划分学习小组，组成学习共同体。

教师向学生布置学习任务，使其理解、明确任务的内容、目标、完成时间及完成后应取得的成果等。教师在布置学习任务时的指令性课堂语言一定要简单明了，学习任务的目标越具体越好。

（三）任务实施环节

任务实施环节强调“做中学”的原则，让学生为特定的学习目的去实施特定的任务，通过完成特定的任务获得和积累翻译知识和技巧。教师可利用国内外的学术会议、记者招待会等活动的同传录像、光碟等模拟翻译现场，引导学生从事互译实践，让学生通过完成任务提高翻译能力。该环节主要由执行任务、准备报告和汇报评价三部分组成。学生之间、师生之间采取不同的交互方式，各自扮演不同的角色。

1．执行任务。

学生以个人、结对或小组的形式执行各项任务。

任务型翻译教学模式要确保每个学生都有事做，每个学生在任务完成中都应有明确的

分工，都应有大量从事翻译实践的机会和充分表现自己的机会，每个学生都应参加具体的任务活动。教师监督、鼓励学生参与学习任务，但并不直接讲授，只是提出思考方向，让学生自己探索，或指出几种可能，由学生自主判断。

2. 准备报告。

学生准备以口头或笔头的方式向全班或小组报告任务完成情况和任务完成结果。

他们可将汇报内容设计为纸质、录音、录像、多媒体课件等形式，以便能更生动形象地向全班或小组进行汇报。教师应使学生明确汇报目的，组织学生积极讨论，集思广益，在学生无法继续任务时，给予适当提示或帮助。

3. 汇报评价。

学生向全班或小组报告任务完成情况和结果。

在此基础上，以学生自评、小组互评、教师总评等多种形式，多层次、多角度地比较、分析、评价、补充学生任务完成的结果，总结翻译知识与技巧，探寻翻译规律。教师可扮演主持人的角色，并挑选发言者，对学生完成任务取得的成绩及时予以肯定，尊重学生的意见，鼓励学生的创造性，并提醒学生注意语言形式与意义的结合。

（四）任务巩固环节

任务活动不能仅限于课堂教学，还应延伸到课堂之外，以巩固旧知、预习新知，这是任务型翻译教学模式的最后环节，即任务巩固环节。该环节是学生完成翻译知识迁移，将所学知识灵活运用于实际生活的关键，主要有课外作业与第二课堂两种形式。课外作业和第二课堂的内容都应与课堂学习任务及学生生活经历有关，既复习和强化学生所学知识，变机械学习为有意义的学习，又为他们提供了展示个性和能力的舞台。

1. 课外作业

根据课堂任务内容及学生生活经历，教师向个人或小组布置课外作业，使课外作业与课堂教学融为一体，作业题材应适量、多样化，遵循学生的认知规律，难易适度，具有针对性和开放性，能对教学起到反馈作用。教师可向学生推荐参考文献，指导他们课外阅读与课堂任务有关的资料，也可选择与课堂任务有关的内容让学生在课外继续巩固练习等。

2. 第二课堂

第二课堂的内容应新颖，但也不是不切实际的凭空安排，而是与课堂任务内容及学生生活经历紧密相关，能巩固课堂任务内容、顺应学生主观愿望、增强学生的思维活力和创造能力。第二课堂的形式应灵活多样，教师可通过组织学生举办翻译竞赛、向报纸杂志投稿、参加各种翻译社会实践等多种形式，为学生提供和创造广阔的学习、实践环境。

第四节 合作学习法

20世纪中叶，许多学者提出以学生为核心的教学新理念，建立在该理念之上的“合作学习”方法作为一种全新教学模式，被应用于多种课程教学中，并取得了良好的效果。合作学习理论主张将不同能力和特点的学生划分为若干小组，通过开展多种学习活动，促进学生对所学科目的理解。在合作学习中，教师与学生的角色作用与传统翻译教学有所不同，是以学生为中心，教师起辅助与管理引导作用。只有当所有小组成员都达到了预期的学习目的，才能算是真正完成了学习任务。将合作学习形式运用于翻译教学中，极大地提高了学生学习的积极性。

一、合作学习法概述

合作学习法是一种以团体形式组织起来的集体学习方法。它是一种系统的小组合作工作方法。Nunan 将这种学习方法归于经验语言学习模式（experiential language learning）。合作性学习策略强调团体合作，以学生为中心来组织教学活动，强调学生的自我及互相指导、个性发展、内在的动机及合作意识。成员之间的合作动机和信息差距（information gap）是合作得以进行的基础，合作学习的目的是使各方在合作过程中获取有价值的信息，以弥补自身在信息、知识和能力等方面的不足，并获得心理上的满足和快乐。合作者要遵循一定的原则：即合作各方为取得共同的学习目标而进行多方面的配合。合作式学习必须具备以下五个特点：第一，学生之间有与他人合作以完成任务的心理需求。第二，学生有能力总结、提供和接受各种解释性信息并通过以往的学习经验来完成互动活动和口头交流。第三，学生必须能各自学习语言材料和帮助他人学习语言材料。第四，学生必须练习社交技能，如鼓励他人，如何在不挫伤对方感情的前提下表示自己的不同意见，轮流参加活动以及解决冲突等社交技巧。第五，必须给予学生机会去分析自己的小组如何更好地运作以及如何运用社交技巧。合作学习法源于早期的希腊，在西方教育界，大多数教师采用这种模式来组织课堂学习。采取合作学习法基于以下五个理由：(1) 积极的彼此独立性；(2) 保证学生的参与；(3) 促进学生—教师—学生之间的互动；(4) 有助于培养社交技能；(5) 有利于探索和实施小组活动运行模式。近年来，我国也有一些外语教师将合作学习法引入课堂，取得了良好的效果。

二、合作学习对学生所起的作用

合作学习打破了传统的教学模式，在教学中营造一种协作式的温馨轻松的学习氛围，有利于激发学生求知的本性，发挥学生自身的潜能、共同学习、互相激励、相互促进。合作学习的好处可以归纳为以下五点：增加学生使用目的语的总量；提高学生使用目的语的质量；提供更多个别指导的机会；拥有学习语言的轻松环境；提高学习的积极性。

笔者结合自己的教学实际，将合作学习对学生的作用概括为以下四点：

（一）增强学生的自信和自尊

在合作学习中，使学生学会互相依赖、互相鼓励，感到安全、放松，克服学习中的焦虑感。让学生在练习和对自己“译法”的自圆其说中建立起自信。通过教师的不断鼓励以及小组成员间的相互激励与通力协作，合作学习更容易使学生在竞争环境中保持自信和自尊，从而更愿意尝试新的任务并取得更优异的成绩。

（二）激发学生的学习热情

孔子曰："三人行，必有我师。"学生不仅可以从教师的教学中汲取知识，也可以通过合作学习通过同伴获得知识。在合作小组中，学生相互支持和配合，实现的是互动式、协作式的学习，为不同层次的学生提供了更多参与学习的机会，促进了学生之间的交流和沟通，增强了他们的学习自主性。成员间的相互支持和鼓励对缺乏学习兴趣或安全感的学生来说无疑是一种强大的动力，能够促使他们努力学习，配合小组完成相应的学习任务。

（三）提高学生的人际交往能力

人际交往能力是指在一个团体内部与他人和谐相处的能力。培养学生的人际交往能力是高等教育的一个重要目标。现代社会离不开开放的社会人际交往。一个团队就是一个微观的社会。良好的人际交往能力和人际关系是生存和发展的必要条件。合作学习能为学生提供广阔的交际空间，对交际能力的培养具有极大的促进作用。团队成员之间通过互动协作可以加强彼此思想、感情、信息的交流和沟通，学会正确处理人与人之间的关系，提高合作共事的能力，通过与人合作达到互赢互利。

（四）培养学生的团队合作精神

在 21 世纪的信息社会，全球性的各种相互依赖的活动更加频繁，对学生来说，学会积极的相互依存、面对面的合作显得尤为重要。合作学习在教学中强调培养学生的团队合作精神。团队合作精神是一个优秀团队的灵魂，是成功的基础。团队成员要有对团队目标的认同感，有对实现团队共同目标的责任感，有认可自己是团队一员的强烈归属感，有愿意合作并善于合作的意识。在合作学习中，每位团队成员要信任和尊重他人，学会欣赏和包容，不仅要有个人能力和责任心，更要有协调合作的能力，有整体意识、全局观念，并不遗余力地为实现整个团队的目标而共同努力。

三、合作学习理论在英语专业翻译教学中的运用

合作学习在教学中强调学生个体之间的相互支持和配合，实现的是互动式、协作式的学习，为层次不同的学生提供了参与学习的机会，促进了师生之间、生生之间的交流和沟通，并培养了学生的自主学习能力和团队合作精神。翻译教学中的合作学习应包括以下几个步骤：

1. 教师精讲

教师要把握翻译课的教学目的和学习要点，精要地讲解翻译教学内容中的重点、难点和技巧，为合作学习做好准备。

2. 学生参与

教师把班上同学分成几个组，以 6～7 人为宜，选出一名组长，确定组长和成员的职责，由组长组织本组成员按教师的要求开展工作。

3. 小组讨论

各小组领到任务后，组织组员就主题内容进行交流和讨论，发表自己的见解，互相交流信息和思想，选出最佳答案，教师可做适当的引导和帮助。

4．小组报告

经过大家的讨论后，由组长或选派出的某个组员代表小组发言，在班上汇报本组讨论的结果。

5．分析评价

教师要客观公正地对小组报告进行分析与评价，采用科学的检测指标和评分标准来检验学生的合作学习成果，既要发挥合作学习的效果，也要体现个人努力的过程。

合作学习在教学中处处可寻，贯穿在整个翻译教学过程中。教师积极倡导学生参与到课堂的学习和讨论中来；学生也喜欢这种团结合作、参与竞争的学习方式。

合作学习在翻译教学中可以通过以下几种方式进行：

（一）课前的合作学习（pre-cooperation）

教师在上第一堂课之前，可让学生谈谈对翻译的初步认识和了解，比如希望在翻译课上学到什么内容、想让自己在翻译水平上达到哪个层次、对翻译课有何具体要求与疑问、在哪些文体上需要加强训练等，让学生分组讨论后以书面形式上交教师。教师可根据学生反映的较为普遍的问题，结合自己的教学经验和该学期的教学目标确定教学进度计划和内容。教师有时可将某些教学内容在上课之前先发给学生下去做预习的准备，让学生分组下去讨论，注意翻译中的英汉两种语言表达的不同，完成从读者到译者的过程。在翻译过程中遇到的问题可及时记录下来，带着问题来上课。教师还可让学生在课前以个人形式完成翻译材料中好词佳句的摘录工作，包括名人名言、谚语、格言、警句、小说、散文或诗歌中的片段等，然后分小组在课前进行介绍交流，选出小组中的最佳代表与作品参加课内陈述报告（Presentation）的表演。

（二）课内的合作学习（classroom cooperation）

1．陈述报告（presentation）

教师可以让学生在翻译课堂上做 presentation，这是一种锻炼学生综合能力的重要形式。可根据具体情况确定做 presentation 的次数。笔者的做法是将班上学生按 6～7 人分成几个组（从性别、学习层次及性格等方面进行搭配），每组由一名组长负责，按组次轮流在每次翻译课上做一次。教师对这样的小组活动要有说明要求、指导方法及注意事项等，杜绝学生偷懒，走进学习的误区。课堂上的 presentation 是学生在课前选出的最佳的代表和作品，学生在推出翻译材料之前可适当介绍一下背景知识，然后就材料本身请同学们进行分组讨论，提交自己的译文。这种训练方式既培养了学生的听说能力，又提高了翻译能力，还让学生在教师技能上得到了锻炼。

2．小组讨论（group discussion）

合作学习不但需要小组成员之间互相交流思想和信息，还需要互相合作后确定一个或多个讨论结果。小组讨论这种活动方式比较有利于培养学生对教师、同学及翻译材料的正确认识，在交流中体会到与同学合作的乐趣，促进交际水平的提高。在这一环节中，教师确定讨论的内容，可讨论某次翻译作业、某个话题、某个语篇等，要求组内成员有分工也有合作，先完成自己该承担的部分，再与其他成员对接，积极参与到讨论、提问和回答问题中来。教师要给予一定的时间限制，在控制时间范围内一般不要中途打断学生的发言，以免挫伤学生的学习积极性，但如果一旦发现讨论偏离了主题，教师就要及时介入。夺回话语权，保证小组讨论的有效性。

3．小组练习（group exercise）

翻译教学是一门理论与实践相结合的学科，在教师讲完一些翻译理论和技巧后，就要有意识地给学生布置一些翻译练习让他们在课堂上完成。教师可结合学生实际，选择一些既能吸引学生兴趣又能达到练习目的的课内外材料，如具有代表性的一些段落或篇章等，要求学生经历人人准备、共同讨论、集体修改、汇总定稿的过程，让学生真正做到相互学习、取长补短、集思广益。在练习过程中，教师还要指导他们正确地使用工具书，提高翻译速度，训练全译、摘译及编译等方面的能力。

4．小组评价（group comment）

评价是学习过程中的一个十分重要的环节，让学生参与评价，不仅可以改变他们在传统教学中的被动地位，还可以使其从评价中得到启发，找出改进的方法，提高翻译能力。小组评价就是让同学们相互交换翻译练习或作品并提出修改意见和建议的小组活动。在评价和批改中加深学生对错误的认识，增进同学之间相互学习和交流的机会，锻炼发现和解决问题的能力。小组评价还能使学生由被动接受知识转变为主动学习知识，有助于发挥学习的积极性和创造性，在不断完善译文质量的同时，也可以适当地减轻教师逐个批改作业的负担。

5．讲评总结（summary）

教师对每组学生的翻译练习要给予讲评，把练习中出现的普遍性问题在课堂上重点讲评，讲评时指出问题出现的原因之所在，不断总结规律，寻求解决问题的最佳策略。教师既要帮助学生发现错误、纠正错误，又要肯定和保留学生译文的可取之处，还可印发优秀的翻译作品，供学生借鉴和学习。教师要让学生在正确地理解英汉语在语言表达上的各自特点与差异，多给予学生鼓励和诱导，帮助其树立自信心，提高翻译能力。教师在讲评中还要不断总结学生每次合作学习的优势和不足，制定合理的“合作原则”，提高合作学习的效率。

（三）课后的合作学习（post-cooperation）

课堂上的时间十分有限，有时对一些在课堂内处理不完的翻译材料可以在课后解决，课后的合作学习是课内合作学习的延伸和发展。在课后的合作学习中教师可让学生完成以下几方面的内容：

1．理论学习

教师发放翻译理论的基础知识、翻译界的最新动态、翻译研究的发展与方向等材料给学生，让学生分组讨论老师提出的问题，写成书面报告，上交老师审阅。学生可从中了解到一些与翻译相关的知识，从而拓宽翻译学习的视野。

2．佳作赏析

给每个小组推荐翻译名家的作品，如小说、戏剧的片段、散文、诗歌等，让学生阅读和鉴赏译文佳作，体会翻译的“美”，从文学素养上提高语言表达能力，为进一步学好翻译奠定语言基础。

3. 小组辩论

辩论是一种极具挑战性和竞争性的活动，在一定范围内开展小组之间的辩论可以锻炼学生的思辨能力与语言表达能力。教师利用课余时间在每两个小组间进行翻译辩论，其他组的同学当听众和评判员，使全体学生受益匪浅。

4. 竞赛活动

开展翻译小组之间的比赛能激发学生的学习兴趣，使学生通过对比来发现问题，提高合作学习的效果。教师要给胜出的小组一定的奖励，让其体验成功的喜悦，对失败的小组也要鼓励，希望他们在失败中总结经验，为下一次竞赛的成功做好准备。

第五节　项目导向教学法

“项目导向教学法”是把整个学习过程分解为一个个具体的工程或事件，设计出一个个项目导向教学方案，按行动回路设计教学思路，不仅传授给学生理论知识和操作技能，更重要的是培养他们的职业能力，这里的能力已不仅是知识能力或者专业能力，而是涵盖了如何解决问题的能力：方法能力、接纳新知识的学习能力以及与人协作和进行项目合作的社会能力等。当前在我国的高等教育和职业教育的体系中，已经有不少学校和不少专业利用“项目导向教学法”的模式进行了课程改革，并取得了良好的效果。

一、语言学领域的“项目导向教学法”

“项目导向教学法”的概念和意义：“项目导向教学法”（Project Teaching）最早起源于美国，是由美国著名教育家凯兹教授和加拿大教育家查理教授共同推出的一种以学生为本的教学方法，它是师生通过共同实施一个完整的“项目”而进行的教学活动，是职业教育领域非常典型的行动导向教学组织形式，盛行于德国企业的职业教育领域，并对德国的职业教育产生了巨大影响。在大学教育中，“项目”主要是指以生产具体的、具有实际应用价值的产品为目的的一种任务，它旨在把学生融入有意义的任务完成的过程中，让学生积极地进行学习，自主地进行知识的构建。它应该满足以下条件：该工作过程用于学习一定的教学内容，具有一定的应用价值；能将某一教学课题的理论知识和实际技能结合起来；与企业实际生产过程或现实商业经营活动有直接的关系；学生有独立制订计划并实施的机会，在一定时间范围内可以自行组织、安排自己的学习行为；有明确而具体的成果展示；学生自己克服、处理在项目工作中出现的困难和问题（项目工作具有一定的难度，要求学生运用新学习的知识、技能，解决过去从未遇到过的实际问题）；学习结束时，师生共同评价项目工作成果。

根据布里基斯（Bridges）和豪林格·格兰特的定义，项目导向教学体现了以学生为学习主体的教育思想，基本特征是为学生提供可以对有价值的课题进行深入研究的机会，让学生身体力行地进行科学研究，在研究工作中体验完整的科学研究过程，形成科学研究意识和获得初步独立进行科学研究的能力。实行“项目导向教学法”需满足以下几点要求：(1) 项目必须是一个有步骤的系统过程；(2) 项目所涉及的内容和学生所学专业紧密相关；(3) 项目目标预期明确，有实施计划；(4) 项目在教师的指导下进行；(5) 学生实施项目的情况可以被跟踪观察；(6) 项目的最终结果应该是可以评估的；(7) 项目应该凸显合作意识。这种项目导向教育思想在西方学校教育中得到了广泛的应用，特别是在理工科专业中已成为美国教育的主流。

项目导向教学在我国基础教育和高校专业教学中也得到了尝试性的应用。有些大学的英语专业教学（如南开大学外国语学院的英语专业）也在开展这种基于项目的教学实践，但在大学英语教学中却不多见。从项目内容方面讲，以语言研究为内容的项目导向教学活动更为少见。这主要有两个方面的原因：一是认为语言研究是语言学专业教学的事，和语言学专业外的教学无关；二是认为人们对自身的语言太熟悉了，不知道有什么可以研究的，故而看不到语言研究在科学研究通识教育中的价值。其实语言研究对于项目导向教学非常重要，首先，语言中的各种现象和事实本身就是最便捷的、唾手可得的研究材料，任何研究者都可以用探索的科研心态获得；其次，语言本身就是一个奇妙而复杂的有机系统，有其自身的法则和规律，有许多可以研究的地方；最后，研究语言不必通过复杂的实验工具就可以直接感知和观察。按照项目导向教学关于研究重点不在成果而在过程的要求，语言研究十分适合作为大学英语项目导向教学的内容。

在项目导向教学中，学习过程成为一个人人参与的创造实践活动，注重的不是最终的结果，而是完成项目的过程。在这个过程中，学生学到的不仅是理论知识和操作技能，更重要的是获得一定的职业能力，这里的能力涵盖了如何解决问题的能力、接纳新知识的学习能力以及与人协作的社会能力等几个方面，而这些能力正是社会对大学毕业生的要求，所以，在大学教育中推行“项目导向教学法”具有十分重要的意义。

二、“项目导向教学法”对我国传统翻译教学的影响

（一）学生学习兴趣

“项目导向教学法”能够改变原有翻译课程的传统教学中教师“一言堂”的教学模式，将所开设课程的教学内容设计成具体技能的训练项目，根据项目组织实施教学与考核，重点体现翻译的趣味性与应用性，从而提高学生对翻译课程的兴趣和主动性。

（二）课堂学习效果

“项目导向教学法”能够使学生从被动地接受翻译到主动地翻译，从根本上改变学生的学习及思维习惯，培养学生的主动性、创造性。学生从此不再是被动地学习所谓的翻译技巧，而是主动思考、研究并进行翻译实战，从实战中学习技巧、巩固技巧、熟练掌握技巧，学习效果会事半功倍。

（三）学生未来发展

“项目导向教学法”由于在实践的过程中引用的都是真实的翻译项目，学生在真正踏入翻译行业之前就已经充分了解并能够驾驭翻译实践。更为重要的是，由于翻译项目都是与当今时代充分接轨的材料，体现了当今社会下真实的文化差异，学生能够在不断实践的过程中了解这些信息，真正掌握处理文化差异的翻译方法，使学生成为不但具有过硬的专业知识和技能，而且能够促进国际文化交流的全方位的应用型人才。

（四）翻译专业课程教学长远发展

建立一套全新的、实用的、科学的、系统的翻译教学模式，是翻译专业教学改革的基础，有利于培养大批创新性、技术技能应用型翻译人才，为翻译专业的长远发展奠定坚实的基础。

三、“项目导向教学法”在大学英语翻译教学中应用的可行性

“项目导向教学法”是一种围绕一个具有很强实践性的和接近生活实际的工作活动进行教学过程设计的教学方法，在完成工作活动的过程中，特别强调学生要尽可能自主完成。从中可以看出，“项目导向教学法”不仅突出教学内容的“实践性”和“职业性”，而且强调学生的自我反思能力。与传统的教学方法相比，“项目导向教学法”打破了传统的知识本位和学科本位，实现了从以教师为中心到以学生发展为中心的转变，有利于培养学生的职业能力。项目导向教学一般可以分成以下四个教学阶段：明确项目任务；制订项目计划；实施项目计划；项目成果展示和评估。学生在教师的引导下，从工作活动中或类似工作情景中确定要解决的问题或任务，并为此共同制订切实可行的解决计划，通过小组的共同努力实施项目计划，解决问题或完成任务；最后，展示各小组的成果，并检查评估项目计划及其成果。“项目导向教学法”被引进国内后广泛应用于各个学科的教学中，在大学教育中也被广泛应用。这一教学法要求尽力从工作活动中选取典型项目，着眼于学生未来职业能力的培养，非常有利于解决我国大学教育面临的学制短、要求高、学生基础薄弱等一系列问题，有利于提高大学教育的质量。翻译课作为大学商务英语的一门重要核心课程，“项目导向教学法”的合理应用也必将进一步提高翻译教学的效果，促进学生翻译能力的发展。

四、“项目导向教学法”的实施过程

“项目导向教学法”在教学过程中要以学生为中心，充分发挥学生的主动性和创新性，而教师起着指导和协助的作用，负责整个教学的设计和组织，一个完整的项目导向教学的过程一般有以下四个阶段：项目设计期、项目实施期、项目展示期和项目总结期。

（一）项目设计期

好项目可以充分调动学生学习的积极性，所以项目的选取非常关键。项目设计最重要的原则就是可实践性，以保证学生可操作并有所收获。因此，项目设计应采用结构化的方法，自上而下、逐步细化，应注意以下事项：（1）从本校的教学资源实际状况出发，项目

要可行；(2) 项目由易到难，逐步提高难度；(3) 项目设计要注意分散重点、难点，要考虑“任务”的大小、知识点的含量、前后的联系等多方面因素；(4) 项目设计要符合学生的特点，充分考虑学生现有的文化知识、认知能力、年龄、兴趣等特点，做到因材施教；(5) 以“项目”的方式（即以“布置任务→介绍完成任务的方法→归纳结论”的顺序）引入有关概念，展开教学内容。“项目导向教学法”的着眼点在“项目”，而项目的选择要以教学内容为依据。

项目设计以国际商务情景下（接待、陪同、洽谈等）商务翻译员或商务助理员的工作任务为线索来进行。设计的项目活动载体以一个大学毕业生新入公司后所经历的一系列翻译涉外活动为主线，使用各种对应知识点和技能点的案例，覆盖所有16个工作项目，合成完整、真实的商务译员或助理岗位工作任务。

（二）项目实施期

项目制定好后，学生要根据项目细分任务，制订工作计划和步骤，并分组实施，项目的实施采用自下而上、由易到难、逐步完善的原则进行。此时，教师应充分相信学生的能力，让他们自己动手，面对学生计划中的欠缺或不完善处，教师可适当地加以点拨或指导，然后师生合作，共同完善它，在实施项目的时候，要根据不同的项目采用不同的方法。

对于一些比较简单的操作步骤，学生自己可以从书上或者其他渠道（网络、实地调查）找方法，自己根据理论知识进行操作；对于一些操作比较复杂的项目，教师要及时给出相关资料，还应适当提醒学生先做什么、后做什么，必要的时候做一下示范，这样做既可以避免接受能力较差的学生面对较为复杂的项目时束手无策，又能避免学生走不必要的弯路。例如，在公司简介翻译环节中，可以通过公司模拟法将全班学生分成四组，以组为单位模拟成立外贸公司，让学生为自己的公司取名，注册国籍和业务范围，设立法人代表，成立董事会，制作公司简介。在此基础上，根据教材内容和项目要求，做成演示文稿，在多媒体教室展示，学生相互评价。这样，学生通过进行相应的商务模拟实践活动而熟悉了商务活动环节。

（三）项目展示期

这一阶段是以学生作品展示为主、教师点评为辅，其特点是集思广益，开拓思路，鼓励创新。可以进行作品欣赏或方法交流，可以开展一些热门问题的讨论，让学生在思路上得到一些启发，取人之长，补己之短，提高创作水平。这一阶段可以在教学节奏上给学生一个放松的时间，同时教师可以查漏补缺，讲解一些共同的难点和重点，并触类旁通地给出大量应用实例，加深学生对所学知识的理解。

（四）项目总结期

由于学生学习能力不同，对知识的吸收和掌握程度也不同，容易造成学生成绩的两极分化和教学知识点的疏漏。针对这些问题，教师在采用项目导向教学模式的时候，要加强课堂小结和对知识点的回顾，使学习能力差的同学或操作有疏漏的同学能通过教师的总结和回顾跟上教学进度，全面掌握知识点，达到教学要求。

“项目导向教学法”设计案例：实地搜集苏州市区著名商标、品牌及商号的英语译文，并分析或纠错（课堂演讲）。

【步骤一】宣布教学内容、目的（时间 5 分钟）

新课导入项目任务：苏州天成体育用品有限公司市场部经理将赴欧洲寻求合作伙伴，要求其助理根据公司简介整理材料，将公司名称和产品名称等翻译成英文。

【步骤二】知识归纳和操作示范（时间 40 分钟）

（1）商标、品牌及商号的概念和特征；（2）商标、品牌及商号的翻译方法；（3）商标、品牌及商号的翻译纠错示范。

【步骤三】学生项目实施和展示（课堂演讲）（时间 40 分钟）

任务 1：为苏州市区著名商标、品牌和商号及其英语译文分析或纠错。

任务 2：设计中英文商标（品牌）和商号（公司名称）各一个，并阐述理由。

【步骤四】总结和作业布置（时间 5 分钟）

五、项目导向教学法对翻译教学的启示

（一）积极开展师资培训，提升教师的课堂监控能力

把“项目导向教学法”推广应用到学生职业能力的培养中，需要做好师资培训，给教师接触实际职业岗位的机会，例如，安排英语教师定期到基层企业实习锻炼，或到校外做外销员、导游、翻译等兼职工作，学院利用寒暑假对英语教师进行职业培训，采用集体备课形式来优化设计项目等。

（二）加强“项目导向教学法”中的有效输入，提高学生的项目参与度

在“项目导向教学法”的实施中，教师应灵活融入不同文化背景知识，例如，在西餐餐桌礼仪、筹备庆祝晚会等项目中，应考虑到西方国家的风俗习惯，提高学生的参与度。另外，采用多种途径进行输入，如电影、网络资源、图书馆书籍等，增加英语学习的趣味性，充分发挥学生的主观能动性。

（三）促进“项目导向教学法”中的有效输出，积极培养学生的职业能力

鼓励学生以创造性的方式展现项目成果，如英语演讲、英语报告、短剧、采访、辩论赛等，充分挖掘学生的创造潜能，培养学生的创新能力。同时，教师应既重视对合作成果的评价，又重视对合作过程的评价，帮助学生提高听说和交际能力，发挥创意，并增强团结协作。

第六节 过程教学法

以过程为取向的翻译教学（process-oriented translation teaching）是指翻译教师在翻译教学中引导学生积极主动地关注翻译过程，围绕翻译过程开展教学。以过程为取向的翻译教学相对传统的以译品为取向的翻译教学（product-oriented translation teaching）具有

很多优点，其中最显著的优点是使翻译任课教师和学生摆脱对于个别词语好坏标准的纠缠，避免打击学生学习翻译的积极性，从而把教学的重点更多地集中在对学生翻译观念及翻译策略的培养上。

一、翻译过程教学法

“过程教学法”重在描写和解释学生的翻译过程，强调学生反复修改译文的重要性，并且提倡教师在教学过程中取消或延迟给学生评分的行为。常见的训练方法有“集思”(brainstorming)，写日志（journal writing)，小组讨论、班级讨论、师生讨论等。

“过程教学法”有两个突出特点。第一，该教学法以学生为主体，重在激发学生的自我意识和培养学生的综合翻译能力。一方面，它通过让学生记录自己的思维活动和操作过程，以及取消或延迟教师评分来鼓励学生发挥主观能动性，在翻译过程中自己去发现问题、分析问题和解决问题；另一方面，它将学生的注意力由翻译结果转向“翻译过程、思维过程、决策过程”，有利于培养学生的“认知能力、策略能力、专业操作能力和心理素质”，使学生“在翻译实践的同时，体会认识自己运用的知识、采取的方法技巧、发挥的创造力，即综合获得的翻译能力”。第二，“过程教学法”在教学操作中加入了反复评价、修改译文这一环节，有利于提高学生的参与度和培养学生的协作能力。学生可以自己修改所译文本，然后和同学讨论后互相修改译文，也可以在教师的指导下修改译文，或者针对客户的反馈信息进行修改。翻译不再是一个线性的一次性的过程，而是一个循环反复、穿插进行的过程，这也有利于学生不断开拓思路、提高认知能力。

二、过程教学法模式

（一）教学原则

以过程为中心的大学翻译教学新模式遵循的教学原则是鼓励主动探求，提倡经验互动。建构主义学习理论认为，意义建构是学习的目的，只有靠学生自觉、主动去实践才能完成，而教师和外界环境的作用只是帮助和促进这种意义建构。因此，教学过程要充分展示知识的形成过程、能力的发展过程以及思想的内化过程。学生有自己的经验世界，从而能对同一问题形成不同的假设和推论。学生在沟通和交流中，可看到问题的各个侧面及其解决途径，学生通过经验的互动来充实、丰富和改造自己的知识体系。

（二）教学重点

以体验翻译过程为重点，而不以获得翻译结果为重点。翻译没有绝对的或者唯一的标准答案，只有译文相对于原文适合程度的高低。因此，翻译过程的重点在于对译文与原文切合度的把握和权衡翻译教学的重点是教师通过练习例文启发学生如何翻译，如何在以后的实际翻译过程中应对课堂上出现过的类似问题，这些问题不仅仅局限于词的选择、句的理解等语言范畴，而是涉及更宽的范畴——文化，同时通过练习例文，培养学生的创造性、批判性的思维能力，构建自己的翻译思想。教师要在翻译教学中有意识地引导学生进行思考和思维方式的训练，帮助学生逐渐超越语言对应，养成思维对应的习惯，实现从源语思维到译语思维的自动化，从根本上提高翻译能力和翻译水平，这里还需补充一点，参考答案可以是从书本或网络上转载的他人译文，也可以是教师自己的译文。在实际翻译教学中选用教师译文作为参考答案，好处在于教师可以用语言将答案的解答过程陈述给学生以供比较，同时教师可以更好地把握学生所遇到的难点。

（三）教学目标

高校翻译教学的最终目标是向翻译市场输出合格的职业译员。在欧洲各国，培养职业译员已是翻译培训/教学的主流，在国内也体现这一发展趋势。目前，国内外对职业翻译能力仍未有具体的定义。宏观而言，职业翻译能力主要涉及在翻译过程中的各种人际交往和社会互动关系等因素，即翻译活动是一项以满足译文读者为目标、以客户为导向、以学生译者为主体、以教师为辅助的活动。微观而言，职业翻译能力涉及翻译市场因素（如市场价格、译文的功能及目标读者的文化水平等），译者的职业行为因素（如译者的职业道德等）及使用翻译工具方面的因素（如使用词典、网络、记忆软件等翻译工具的能力）。

（四）教学内容

以教学目标为指导原则，教学内容的设置应包括以下几点：第一，在教学中选择合适的翻译文本。翻译文本作为知识的载体，是实现特定教学目标的重要保证。除了适当采用部分文学类的文本来培养学生的语言美感之外，翻译文本应尽可能地采用真实翻译项目中的翻译素材，如当地的旅游、新闻、科技、经贸、法律、教育文本等。这些文本在社会生活中具有较强的实践性，更为贴近翻译市场的需求，因而学生在翻译此类文本时能更加真切地体会到职业译者的翻译过程，积累翻译经验。第二，合理利用各种翻译资源。具体而言，翻译资源主要包括文本资源（如词典、术语表、参考书籍等）、电子资源（如网络资源和翻译软件等）和人力资源（如学科专家等）。教师可以引导学生有效地使用双语词典，引导学生搜寻、总结并编制术语词汇表，引导学生学习、利用平行文本，向学生介绍可提供咨询服务的某些职业译者、学科专家、译者协会，等等。同时，教师可以让学生将待译文本带出课堂去翻译，以便他们能够更充分地利用各种翻译资源。第三，适当的职业行为指导。鉴于中国国情，大部分高校学生从未参加过真实的翻译项目，社会实践经验匮乏，因而适当的职业行为指导能够帮助学生了解译者所应具备的观念和素质，使之顺利地融入未来的职业生活。教师可在每节课内安排5～10分钟讲授译者的职业道德，译者在工作场所时个人的穿着、言谈举止，怎样与客户/同事建立良好的合作关系等。若条件允许，也可以请职业译者举办专题讲座与学生一起分享相关经验与感受。

（五）教学步骤

确定教学目标和教学内容之后，即可进入教学操作阶段，具体步骤如下：

第一步，寻找翻译项目源。

在缺乏统一的翻译教材的前提下，教师可带领学生了解本地的翻译市场，寻找符合学生需求和能力水平的真实翻译项目。若条件允许，教师可将自己手头上的翻译项目分配一部分给学生，自己充当组织者和质量审核者的角色。

第二步，译前的准备工作。

这一阶段教师的主要任务是根据待译文本内容，引导学生去搜索与翻译项目相关的背景资料。具体操作包括：收集翻译情景信息（即交付译文的时间、地点、方式，预期目标读者的文化水平如何，译文所需实现的文本功能是什么等），并据此确定翻译策略；收集相关主题的平行文本，了解源文和译文的风格和语言规范差异；预测在翻译过程中可能会发生的不确定因素等。

第三步，学生分组进行翻译。

具体开展形式为个人单独翻译、日志撰写、小组讨论、班级讨论、师生讨论和问卷调查等。教师可以根据源语文本的内容和翻译工作量的大小将学生分为若干组，各组指定一名小组长。首先，让学生以小组为单位研读原文后进行个人独立翻译，小组讨论并统一译文风格和规范术语，消灭拼写和语法错误，初步修改译文；接着开展班级讨论和师生讨论，修改译文；同时努力寻求客户的参与、配合，向客户征求译文反馈信息，集中译文错误的共性，最后经过班级讨论之后再一次修改译文。当然，分组后首先要明确小组成员的分工问题，以免因为个人能力差异而使得翻译能力较差的组员过度依赖同伴的帮助。在讨论过程中，教师切记不要带有一种“纠错”的心态，而要采取诱导的方式来引导和监控课堂，为学生创造一个轻松、自由、平等的学习和思考空间，提高学生的积极性。

同时，要求学生及时记录翻译日志，描述和解释自己在翻译过程中的思维活动，记录的重点在于“如何译”和“为何如此译”。此外，还可以要求学生记录讨论时所争议的问题以及每次讨论之后译文的改动情况。这一阶段的重点在于锻炼学生自我监控、自我反思的能力以及独立思考和与人协作的能力。

学生在翻译过程中的日志记录提供了大量真实可靠的自省性信息，教师可从中发现每个学生的不足和错误，因材施教地引导学生解决问题。如果学生的日志记录信息有所缺失和偏差，教师可以通过问卷调查来补遗。

第四步，对学生的翻译能力水平进行评估。

翻译能力评估是翻译能力研究不可或缺的一部分，它直接反映了翻译能力培养的实际效果，同时也有利于规范学生的翻译行为，使学生在培养翻译能力时具有明确的导向性和主动性。在教学中，自我评估和被动评估的结合可以增强能力评估的客观性，可综合考虑客户评估、教师评估和学生自我评估三方面的因素。为便于直观统计，建议采用计分的方式进行评估。译文成功与否在很大程度上取决于客户对译文的满意度，客户对译文的客观评价往往对学生的能力发展方向也具有直接的引导作用。目的论认为：所有的翻译都有目的性。首先，目的性已经包含在行为这个概念的定义之中，因而翻译行为本身就含有目的性；其次，译者在翻译过程中，总是会自觉或不自觉地以某个特定的译文接受群体（客户）为对象。因此，教师和学生可对客户进行问卷调查，具体内容包括：译文的可接受性，术语的准确性、连贯性，学生的工作态度及表现出的职业化水准等；教师评估学生的翻译能力大致有三点依据：一是直接观察学生在翻译过程中的行为，根据学生参与讨论的活跃度以及发言的深度等做出评价；二是研究学生记录的翻译日志，系统地对学生的译文进行纵向分析，从而发现其自我提高的轨迹；学生的自我评价主要包括自身的翻译意识变化程度、利用翻译资源和翻译操作的熟练程度、译文的准确程度等。自评学习成效亦可帮助学生养成自我反省的习惯，使学生在自我检讨的基础上不断改善自我。

第七节　互动教学法

学习就是一种互动过程，是一种协作习得的过程，建立翻译课程互动教学模式，符合人类对事物的认知。这种教学模式一旦建立，至少将会产生以下效果：(1) 学生真正成为学习的主体和中心，有利于激发学生的兴趣和动机；(2) 学生全程参与互动，在此过程中，有利于鼓励学生进行批判型思维，更易于形成个体的学习风格；(3) 在互相协助的过程中，有利于学生消除学习中的紧张焦虑情绪，提高学习效率；(4) 教师在互动中是协调者、促进者、资源顾问，在互动的过程中帮助学生构建翻译能力，也就是说，教师最终让学生收获的，不仅仅是翻译的理论知识和具体的翻译技巧，也是独立工作能力和翻译能力。

一、互动教学法概述

互动教学思想源于社会学中的互动理论。众所周知，欧洲是人类历史文明发展的摇篮，20 世纪的欧洲更是当时社会学研究的故乡，在此也理所当然地萌发出许多影响重大而深远的理论，如较早的结构功能主义及其对立的冲突理论和社会学的分支研究相关理论（实证主义社会学、心理主义社会学、社会学主义）等。这些理论和思想都深刻地影响着社会学的构建与完善，同时广为流传、影响深远，互动理论正是在这样的历史社会大背景之下应运而生。世界和人是实用主义的两大主题，世界具有不稳定性、选择性、创新性和可能性；人之所以为“人”，主要是通过人与自然、人与社会、人与人之间的相互共同作用而形成的。符号互动论又被称之为象征互动论，他们认为社会不是独立存在的，而是由个体间互动而构成的，当然，要了解、探寻社会中存在的各种社会现象也只有从这些互动行为中来寻找，其关注点在于社会互动过程与社会关系。

米德（Mead）被公认为互动理论中最有影响的创始人，他的互动理论的基本思想是：个人、自我、社会均产生持续不断的对话与交往，人类的交往是通过有意义的动作，即有别于非人类的自觉意识的影响而实现的，动作被行为者赋予了意义，手势也就变成了符号，符号的互动正是人类行为的本质特点。米德的互动论认为互动存在以下两种不同类型的对话的倾向：首先是“外部世界的对话”，即人与外界（社会、自然、他人）之间的一种互动；其次是“内部世界的对话”，即人自身内在不同面间的一种互动。但“符号互动论”一词最早在米德的学生——布鲁默（Blumer）名为《米德思想的社会学意义》的著作中提出，他认为只有“符号互动论”最能体现概括米德关于互动论的主要思想。

自布鲁默之后，互动论开始在米德和布鲁默研究的基础上展开，并形成了以下几个倾向：(1) 遵循相对纯粹的“布鲁默主义”的理论立场，坚持解释的意义并对直接的开放的互动做进一步的研究；（2）继续坚持外部环境对行动的意义；（3）进一步发展米德的自我理论；（4）在超越社会与自我之间的障碍方面做出努力。通过对社会学中互动理论的分析，对当今我国教学论的研究至少有以下几点值得借鉴的地方：第一，将研究视角放在具体的人与人之间的互动上，可以使教学论研究进入具体的课堂环境，可以使我们关注师生的具体行为和具体教学情景，为教师的教学提供切合实际的帮助；第二，就学生的发展而言，传统的教学论总是强调学生的发展是教师行为的结果，忽略了学生本身的知识建构问题，忽略了学生行为的习得和各方面的转化取决于学生自身对外部环境的影响、解释与反思，即取决于学生的自我意识；第三，互动理论强调互动是人与环境的作用；第四，互动教学要求不仅要关注教师单方面的进步，而且更为重要的是通过与其他人、事、境互动，来促进学生的内在发展和教师自身的可持续发展。

二、多元互动教学的特点

（一）教学因素的互动交融性

在大学英语多元互动教学模式中，各种教学要素不是孤立的，它与其他教学因素紧密相关。它将教学主体、教学手段、教学方法、教学材料、教学环境、教学组织形式、教育政策等多因素交织为互动的一体并协调其发展。从互动主体上来讲，教学主体（师生）之间、教学环境（教学政策、教学资源——多媒体网络等）与教学主体之间、教学场地（课堂内外）、教学结果与教学过程之间都产生了积极的互动。从互动形式上看，本模式中既有显性互动（如师生互动、生生互动、生机互动等），也有隐性互动（如教学政策与教学过程之间的互动、学生活动中的文化互动以及课堂上下教师与学生的情感互动、认知互动等）。可见，大学英语多维互动教学模式是认知与情感、形式与意义的统一。互动的交融性是该模式的核心特征。

（二）互动的层次性与自主性

多元互动教学模式对学生的学习内容、学习方法、学习过程与进度、网络媒体的使用等不做统一的规定和要求、而是以师生共同制订的“自学—指导”计划为风向标、以互动任务为驱动，充分尊重学生个性的互动教学，以满足不同层次学生的需要。同时，多元互动教学要求师生在课前课后必须做好充分的准备工作，包括课前学生自身目前的认知水平与以往有关的认知结构进行互动以形成新的认知结构，学生与学习材料之间的互动，学生与学生之间的合作互动，学生与信息网络之间的互动，师师互动等；生生、师生的情感互动、认知互动，知识与实践之间的互动，学生与计算机的在线学习监控、测评措施等的互动等；课上师生的行为互动，人机互动，人本互动，生生互动，情感互动，认知互动，师生与教学环境、文化氛围等之间的互动等都离不开学生充分发挥自己的主观能动性，并在很大程度上培养了学生自主探索、互动协作和实践创新的精神。总之，在互动过程中，重视学生的思维和主动性成为互动教学关注的焦点。

（三）教学形式的多样开放性

多元互动教学从实质上而言就是要放手让学生干，还课堂于学生，赋予学生学习的自主权与主动权，这就需要学生积极地参与到教学活动中来，促进多元教学要素的有效互动。在此过程中，教师应当转变角色，为学生提供开放的互动环境，采取多样的互动形式，提供全方位的互动内容，引导多层次的互动主体，等等。多元互动教学采取“一纲多本”的教材，在全国统一的教学纲领下，根据地区差异、学校的差异、学生的差异进行多样化的教学，教材不是一成不变的；教学也不再是一言堂的灌输式教学，而是赋予学生自主权，强调学生自身内部的互动与学生之间的合作探究学习，师生协助引导，注重学生的主观能动性的培养和对自己的学习负责，引导学生学会学习、自主学习和终身学习，为实现学生的全面发展和可持续发展做准备。教学活动形式的多样性与开放性不仅可以使学生积极参与到教学设计中，而且能调动学生的学习兴趣与热情，同时能为学生提供更多的展示机会。

（四）互动结果的互补互惠性

没有互动的教学不能称之为真正的教学。互动主体间之所以需要互动是因为互动的双方本身由于本质、能力、环境、性格、背景、思维方式、需求等都存在一定的个体差异性，这就为双方的互动提供了充分的必要条件，同时这样的互动行为必定会带来相应的互动结果。互动的结果应当是互动双方通过互补互惠、实现双赢而形成一种强大的合力，这种合力无疑高效地提高了互动教学的教学效果，同时互动类型的多样化也使得互动结果的互惠互补更加丰富多彩。“以教促学，以学促教”“教学相长”“生生互助共进”就是我们在教学活动中体现互动互惠互补的最鲜活的例子，总之，以牺牲互动一方的利益而得到的教学效果不是真正的互动，互动的目的和结果是为了互动各方因多元互动而实现互动多方多赢的教学成效。

三、翻译课程互动教学模式

那么，怎样来实施互动教学模式呢？如何才能真正做到“任务型”教学呢？如何才能真正做到以学生为中心呢？如何让学生在实践和思索中、在交流和探讨中发现、运用双语转换的规律，从而最终提高翻译能力呢？这就需要在整个教学活动中全程贯彻互动教学，通过教学过程中的师生互动、生生互动、课内互动以及课外互动达到翻译课程的真正目的，现将这一教学模式介绍如下：

（一）课内互动

1. 开学初的课程互动

开学的第一堂翻译课，教师并不急于向学生灌输翻译史或翻译理论等方面的知识，而是与学生交流，了解学生对翻译的认识和理解，了解学生对翻译课程的期待。一般说来，此时学生对翻译难免存在一些误解，比如会把翻译简单化，对翻译课程的期待过高，或者将翻译课程当作提高语言的后续课程等。这时，教师就需要做一些必要的解释，引导学生一开始就树立对翻译的正确认识，为后面的课程教学奠定良好的基础。当然，也可以和学生共同商讨课程的要求、作业量以及完成方法。第二学期开学初，则可以让学生以书面形式告知教师对哪种文体感兴趣、想尝试译哪种文体甚至具体的哪些篇章，说明选择的理由，教师则综合学生的意见、自己的教学经验以及本学期的教学目标进行筛选，最后给出翻译练习的篇目，并给予充分的解释。让学生自己选择翻译的原文，有利于学生形成自己的翻译风格。因为教师的职责不是拿一些满是“陷阱”的文章难倒学生，使学生产生对翻译的畏惧感，而是指导学生认识到任何一篇始发语文章都可以有各种各样不同的译文，给他们指出各种不同的路径，使他们能够离开教师的扶持而独立工作。

2. 课堂汇报互动

在第一学期介绍翻译流派、翻译技巧等理论知识时，不是由老师唱主角，而是将任务分配给学生，要求学生以小组为单位收集相关内容，学生课前讨论之后，产生相对统一的见解，每个小组在课堂上派出1名代表进行5～10分钟的陈述，组内其他成员可以进行补充和说明。遇到有分歧的问题，小组之间也可以进行一些交流和争论。这种做法不仅可以让学生感受到教师的信任感，增强自我学习和探究的自信心，同时也便于教师了解学生对知识点掌握的情况，进行具有针对性的讲解，有利于学生对知识的消化吸收，从而大大提高学习效率。

3. 现场模拟互动

在课堂上，选择英文名著对学生的翻译能力加以培养。比如，在《简·爱》两个译本评析课堂上，在导入部分选取书中男女主人公一段经典的对白。利用多媒体将英文对话部分显示在屏幕上，先让两个学生分角色有感情地朗读，然后让另外两个学生分角色译成英文，随后让2～3个学生点评，最后老师做点评，与学生一起探讨翻译的得失，肯定学生的表现，同时指出需要注意的地方。在口译课程训练中，模拟宴会、记者招待会、商务洽谈会等真实场景，学生在真实的场景中体味翻译的快乐和痛苦，品尝了译者的成功和失败，学会了琢磨、推敲、应变，不仅激发了学生的学习热情，克服了学生“等靠要”的思想，而且，促进了学生的消化和吸收，在“悟”中培养了学生的翻译意识。

（二）课外互动

1. 课前互动

由老师将课堂上要讨论的主题事先布置给学生，并给予指导性意见和具体要求，要求学生以小组为单位收集相关的内容，各小组组长将组员的任务细化，并上报老师。学生课前就各自收集的资料进行讨论，并充分利用网络课堂，课前在网络课堂的聊天室里交流，也可以将不能解答或者感到迷惑的问题在网络课堂的笔记上以及答疑栏中提出。课前在讨论中产生相对统一的见解，课堂上进行小组汇报，这种互动让学生在老师的指导下进行探究式学习，不仅能让学生在过程中真正领悟翻译，而且有利于初步培养学生的科研能力，为其今后的论文写作以及深造奠定一定的基础。

2. 译前互动

在布置篇章翻译作业时，先告知原文的出处，让学生分析原文的文体、功能，并提醒学生在翻译时注意考虑译文读者的接受情况，恰当地处理译文功能，要求学生查询相关的背景资料。同时，也可以和学生一起讨论文章理解的难点和翻译的难点。通过这样的译前互动，可以部分避免学生翻译中的语言错误，改变传统教学中的“纠错”教法，把学生的注意力引导到翻译技巧的实践中去，引导学生发挥自己的优势，产生高质量的译文，有效地提高其翻译能力。

3. 译后互动

学生独立完成翻译作业以后，并不急于让他们上交，而要求学生以小组为单位，对翻译作业进行互评，在翻译本上写出评阅意见，然后分组讨论，最后每组上交一份自认为比较满意的译文，作为最终成绩。同时，每个学生也上交自己的译文修改本，便于老师把握学生的翻译进展情况。这样做的目的在于：（1）让学生了解要想产生出满意的译文，一定要反复地修改、推敲，有利于学生养成良好的翻译习惯；（2）有利于培养学生分析、评判译文的能力；（3）小组讨论可以在学生之间形成互帮互助的氛围，有利于培养团队精神；（4）改变教师批改翻译作业费时不讨好的局面，因为学生在讨论的过程中基本上可以消除拼写错误、语法错误等，便于让老师集中精力对学生的语篇、文体等方面进行翻译方面的指导，提高教学效果。

4. 译文评析前互动

这个环节主要指的是学生完成译后互动行为之后，在规定的网络互动时间内进入翻译网络课堂的聊天室进行师生、生生、组内、组际互动。互动的内容包括翻译过程中的得失、翻译策略选择以及具体的翻译词句探讨等，这样做的优势在于：（1）通过进一步的交流，有利于学生之间取长补短，更好地感悟翻译；（2）给性格内向的学生提供一个表达自己见解的机会和空间；（3）便于教师更好地把握学生的情况，在课堂上进行有针对性的讲解。

（三）互动评估

评估是教学中一个不可或缺的环节，有效的评估体制不仅可以正确评价学生的学习情况，更有利于教师了解学生的学习动态，把握自己的教学现状，从而进行教学方式的调整，不断提高教学质量。翻译课程评估将形成性评估和互动评估有机地结合起来。

1. 作业互评

作业互评要求学生在译文中留下修改的痕迹，写下评阅意见，并签上评阅者的姓名。教师收上翻译本子后，不仅可以看到学生的学习情况，同时也可以了解评阅的学生的译文评判能力。教师根据译文情况以及评阅情况同时给两个学生打分。这一环节主要根据学生的学习态度打分，其目的在于培养学生良好的翻译习惯和认真负责的翻译态度。

2. 网络互动

网络互动的所有内容会被自动保存下来，评分主要根据学生的参与情况来进行，其目的在于鼓励学生积极思考翻译问题，不断进步。

3. 课堂汇报

课堂汇报评分主要由两部分组成：一个是学生评分，另一个是老师评分。学生评分包括自我评分和他组评分。在所有评分中去掉一个最高分、去掉一个最低分，以最后的平均分作为成绩。评估的标准包括：内容（50%）、逻辑（20%）、语音语调（10%）、应变能力（20%）。

4. 翻译作业

翻译作业的批改可以采取以下两种形式：(1) 在一学期中，教师逐个批阅所有学生的作业3次，即学生的第一次作业、期中作业以及期末作业。第一次翻译作业批改可以使老师从整体上把握学生的现有水平，便于实施相应的教学策略。期中一次作业批阅可以使老师了解学生的进展情况，便于针对出现的情况适当调整教学方法。期末一次作业批阅便于老师了解学生一学期的收获，总结自己的翻译教学。(2) 学生小组讨论后产生一篇自己比较满意的译文，通过网络课堂上交；老师课前评阅，课堂上讲解分析译文后给出评分标准，匿名展示每个小组的译文，让学生根据讲评要点和评分标准进行公开打分，并说明理由；最后教师综合情况给出分数。这种评分办法公开透明，有利于发挥老师的引导作用，将理论化、条文化的翻译知识和翻译实践结合起来，从而培养学生的翻译意识和批判性思维能力，提高学生的翻译实践能力。

5. 期末考试

在期末考试中，除了传统翻译题型以外，还可以设计20%的译文评析题，要求学生利用所学的翻译理论知识和翻译技能，认真研读所给的原文和2～3个译文，对译文进行评析，判断优劣，做到观点鲜明，有充分的例证，条理清楚，逻辑性强，能够自圆其说。这种考核方式也是评估阶段师生之间的一个互动，这种方式能更全面地评估学生对教学内容的掌握情况和综合运用所学知识的能力。

第四章　翻译教学的新模式

第一节　国内外地区大学翻译教学模式研究

随着经济全球化的进一步发展以及中国成功加入 WTO，中国与世界的交往日益频繁，对外交流的范围日益广泛。因此，社会需要更多的翻译人才，对翻译的要求也越来越高。这对大学英语翻译教学提出了更高的要求。因此，必须不断地吸取其他国家翻译教学的经验和教训，改革目前的翻译教学模式。在发扬传统翻译教学模式优势的同时，与时俱进，根据时代和社会发展的特点，积极探索和尝试新的教学模式。

近几十年来，欧美不少国家极为关注翻译教学的研究和发展，培养了大批专业人才，提出了不少有关的理论和实践问题，翻译教学体系不断发展并逐渐走向完善。然而，由于种种原因，我国的翻译教学发展并未得到应有的重视和足够的研究，仍存在许多问题：课程设置随意性强，教学计划较为混乱，很难达到既定的教学目的等。如果想尽快地弥补这些差距，就有必要借鉴一些先进的理论和方法，博采众长，以期建立一个严谨的翻译教学体系。这里以翻译教学开展较好的英国和法国两个国家作为例子进行介绍。

一、英国翻译教学现状

英国的翻译研究在世界翻译研究领域中占有重要的地位，无论是纯理论研究还是应用性研究，其成就都极为辉煌，是世界翻译史上的一面光辉旗帜。近些年来，翻译教学作为一门独立学科发展迅猛，表现出其特有的教育理念，值得研究和借鉴。

（一）翻译教学思想和教学体制

从翻译教学的思想来看，在 20 世纪 50 年代以前，翻译基本上被看成一种技能，缺乏明确的理论指导。正如汉斯·弗米尔（Hans Vermeer）所言："翻译教学实际上传授自下而上的语言技能（bottom-up skills），即学生学习单词、词组、句子，理解文章的意义，然后再用母语表达所理解的意义。"教授方式也十分单一，只是靠老师的言传身教，缺乏系统性和科学性。从 20 世纪 50 年代早期到整个 60 年代，翻译被认为是"应用语言学的一个分支"，语言学的研究成果确实给翻译研究注入了生命活力。在这个时期，翻译教学的任务是让学生学会根据上下文来确定待译文本中语言要素的意义，然后在目标文本中寻求最恰当的对等语言单位。20 世纪 70—80 年代以来，翻译研究从其他学科的理论框架和方法论中吸取了更多的营养，如心理学、交际理论、文学理论、人类学、哲学、文化研究等，功能主义的翻译教学方法因此逐渐兴起。翻译不仅是不同语言之间语言单位的转换，还是跨文化交际。翻译教学的目的是培养能够进行跨文化交际的人才，译文必须在目标文化中产生预期的作用，发挥相应的文化功能。从翻译教学的体制结构来看，20世纪70年代以前，译者培训机构形形色色，有政府机构、国际组织、职业协会，甚至大型企业或私立学校，当然也包括大学的系和独立的学院。20世纪80年代至90年代初，职业培训和学校教育之间原来森严的壁垒逐渐消除，许多职业学校、技术学院、培训机构逐渐合并于国家正规大学的教育体制，原来独立的翻译培训机构基本上不复存在；大多数翻译培训项目转而设在大学原有的语言学系、文化研究中心，或成为大学中跨学科研究学科。大多数的培训项目学习时间并不太长，目的是在学生原有本科教育基础上提高特定的翻译能力。学校授予的翻译学士学位和硕士学位使翻译教育在高等学府中的存在更具有学术性和合法性。许多大学还设立了翻译研究博士学位，翻译研究从此摆脱了纯粹经验性的对比研究，开始与传统的语言学、比较文学和社会文化研究融为一体，成为全方位的理论与教学方法的研究对象。另外，由于实证主义思想的影响，高等教育人才培养模式开始逐步“走向市场”，传统高校陆续开设实用性强的翻译教学项目，其翻译教学体现出面向社会的特色。

（二）翻译教学模式

英国本科阶段开设翻译专业的大学不多，大约只占1/3。研究生层面的翻译教学比重偏大，教学培养模式呈多元化趋势，而且不同类型的翻译教学由于培养目标和培养方式的差异，在课程设置和师资配置上不太一样。纵观近几十年翻译教学的发展，英国的翻译教学可粗略地划分为下面四种培养模式：

（1）以会议翻译（口译）培训为主的职业培训。培养模式是各大学举办的翻译培训班，学习结业后发给翻译证书或翻译文凭。这类学校继承了法国巴黎高等翻译学校的培训模式，培养对象以口译或会议翻译人才为主。这类教学积极应用达尼卡·塞莱斯柯维奇（D. Seleskovitch）的释意理论，将翻译视为交际行为而不是交际结果，注重翻译中译员的心理过程。此外，译者被看成画家而不是摄影师，译者必须传译的是原作的思想而不是词句和语言结构，也就是说，翻译的单位是篇章，是话语，而不是词或句子。这类学校注重技能训练，强调训练程序与方法。教学中重视培训译员听懂篇章的意义、分析内容，利用形象化等手段记忆信息内容，归类、听懂并记住数字，复活大脑的被动记忆，并学会一边听，一边译，使语言表达清楚准确。教授翻译的人员大多是职业会议译员或译者，同时懂得教学法；要求学生的第一外语或第二外语达到理解无特殊困难，母语表达准确、贴切、娴熟的程度，其智力和分析综合能力及文化修养应达到较高水平。课程设置除了即席翻译和同声传译外，还讲授经济、法律、语言学、翻译理论等课程。为保证学生熟悉未来职业，学校常邀请一线的口笔译工作者来校讲学以保证学生与该行业职业者接触，并常在毕业前安排学员赴校外相关机构或国际组织进行实习。

（2）以德国翻译教育家W.威尔斯（W. Wils）的语言学理论模式为基础的教学方法。这种模式主张将专业知识的翻译视为应用语言学的范畴。在四年的翻译教育中将语言的学习与翻译技巧的训练结合起来，以培养复合型翻译人才。其培养模式以海里奥特·瓦特大学（Heriot-Watt University）语言学院苏格兰口笔译研究中心为代表。其培养目标、课程设置和教学方法充分体现出翻译语言行为的理论思想与特点。口笔译研究的培养目标是使语言学的毕业生掌握宽泛的口笔译特殊技能，以适应多种职业的要求。其博士学位的主要研究方向是口笔译研究、话语语言学和交际学。口笔译研究中心开设的主要课程有对比语言学，翻译理论，准备和现场翻译，笔译研究，会议与联络翻译，改写、编辑、摘要与校对，科技与翻译，双语社会与文化研究等。

然而，口笔译研究中心的教学内容并不严格地局限于狭隘的翻译，除了语言教学、应用语言研究之外，还要求学生学习社会、文化、政治和经济方面的知识。口笔译专业的研究方向也十分广泛，如技术翻译、机器翻译、文学翻译、媒体翻译、会议翻译、联络翻译和翻译理论等。

（3）功能主义理论的培训模式。以弗米尔为代表的翻译功能学派主张考虑译者的翻译环境，不能将翻译局限于语言学或文学的狭隘层面。译者应在跨文化的交际中发挥相应的功能。采用此理论的教学机构在翻译领域或语言学领域的学术实力较强，往往采用学院式培养模式培养专家学者型的翻译研究人才。沃里克大学（Warwick University）英语与比较文化研究中心是这类培养模式的代表。沃里克大学始建于20世纪60年代中期，该校的英语与比较文化研究中心始建于1977年，如今已是英国最大的翻译研究与教学基地，能够授予翻译研究的学士、硕士和博士学位。从中心的名称可以看出，该校的翻译教学与文化的研究紧密联系在一起，教师都是翻译家，其研究兴趣几乎涵盖了文学和文化的各个方面：翻译理论与实践、翻译史、后现代主义批评、马克思主义批评、美国文学、文艺复兴时期的诗歌、英国黑人文学与文化、妇女文学、加勒比海地区研究、后殖民主义文学、爱尔兰研究、英伦三岛比较文学等。课程设置包括核心必修课、选修课和论文写作。翻译研究生的核心必修课包括“翻译与接受研究”和“翻译理论史”。前者将翻译视为“文学变化与发展的塑造力量”，分析考察“不同文化之间文本的传播过程”，考察翻译在文学系统中引进新观念、新形式、新类型的方式，并且考察不同文化的读者接受文本的方式；后者旨在考察翻译理论的起源、翻译态度的变化，以及翻译评价标准的变化和翻译实践模式的变化。翻译研究的选修课程极其广泛，主要有以下几门：诗歌与翻译、戏剧翻译、翻译与性别、翻译与后殖民主义、学习方法论与研究技巧等。学生通常要求具有相关领域的知识与经历，并具有相应的学位。可以看出，沃里克大学主要采用学院式的培养模式，培养学术型的翻译人才。翻译类型侧重于笔译，特别是人文和社会科学的翻译，自始至终强调翻译的文化功能、社会影响与接受文化的态度与作用。

（4）计算机辅助教学模式。计算机辅助教学已经在越来越多的学科和课程中得到应用，尤其是计算机智能辅助外语教学，从理论到实践都有令人兴奋的效果。这里以曼彻斯特大学理工学院为典型来研究其教学特点。该校的翻译教学设在语言工程系，是现代高科技、计算机、语言教学、翻译等学科的综合性教学。该系不仅授予翻译研究的科学学士、硕士、博士学位，而且授予机器翻译的硕士学位。曼彻斯特大学理工学院的语言工程系与其他大学的语言学系或现代语言系的区别在于，该校不仅重视学生的语言技巧、翻译能力，而且强调语言知识的作用，强调对不同语言的学习与训练，掌握语言学习的规律。他们认为，纯粹的语言能力在漫长而多变的市场需求和个人的工作经历中很难使学生永远立于不败之地。学生只有牢固地掌握语言学习的规律、方法与使用技巧，才能更好地迎接挑战。以该系开设的术语学课程为例，学生要求掌握术语学的理论框架，利用计算机对术语语料进行分析研究，建立概念结构，认识不同使用者对术语的不同要求，以及术语对信息处理系统的重大作用。

所以，该系的毕业生深受市场欢迎，许多人成为术语学的专家、词汇学专家、词典编纂者和文献学专家。该系有关翻译的课程十分丰富，而且富有特色：翻译语言学、翻译方法论、译者信息技术、口译研究、机器翻译、机器翻译评估、计算机辅助翻译、翻译理论、理论语言学、形式语义学、计算词汇学、语料语言学、术语学、言语与语言处理、人工智能以及自然语言处理等。更值得一提的是该系是英国最大的计算机辅助语言学习基地，研究领域涵盖了语言学习、语言学和计算机语言学等纯理论研究和应用研究，主要研究课题包括语言工程、理论语言学和翻译研究。

（三）翻译教学特点

（1）英国在教学中注重实际，各个学校都比较注重外语能力、母语能力、翻译能力、实际技能、计算机操作技能和专业知识的培训。各个学校善于根据学生的实际情况和国际上对翻译人才的需求，探索有效的翻译教学模式，教师对翻译教学的研究多有创新，较少跟在其他欧洲国家后面亦步亦趋，较少照抄其他国家的研究文献。例如，纽马克的《翻译教程》及其翻译教学的经验就包含了许多实用的观点、事实和例证，以及通俗易懂的方法原则。

（2）英国翻译教学比较注重理论的指导作用。这与英国在世界翻译研究中占有重要地位有关。在当今各个翻译理论流派中，英国都有举世闻名的翻译理论家，如萨瓦里、卡特福德、斯坦纳、纽马克、巴斯奈特、哈特姆、贝克等。英国在翻译研究方面的突出成就和理论创见自然而然地成为翻译教学的重要内容。在有权授予翻译学位和文凭的大学中，2/3 以上的大学专门开设了“翻译理论”或“翻译研究”课程。

（3）英国翻译教学培养模式多元化。这既可以适合不同学生的能力及需要，扩大学生选择学习的范围，使学生有宽广的发展路径，又能为翻译学学科的发展注入永久的活力和生机。英国翻译教学没有一个统一的模式，教学时间长短不一，教学目的各有侧重，教学方法多元互补，教育思想百家争鸣，因此各校的翻译教学各具特色，极大地活跃了学术探索的气氛。

（4）培养模式多途径化。绝大多数大学都将时间较长的学位培养计划分解成时间更短的翻译文凭和证书课程模块。英国硕士培养时间通常为一年，而文凭和证书培养时间更短，不足 10 个月，学费也相应较低。这样灵活多元的培养模式不但较好地满足了社会对各类翻译教学的需求，也在一定程度上实现了教育的普及化和大众化。此外，授课方式灵活多样，除远程教育外，还有全日制、非全日制，甚至“三明治式”课程（指课程学习与工作交替进行，从事新职业的人员可以视其为职前训练以适应新的工作；在职人员则视其为继续深造提升的途径，利用工作闲暇接受训练）。以布里斯托大学（University of Bristol）为例，它所设置的翻译（法英翻译）文凭/硕士课程均在周末开班，非常适合上班族提升自己的职业技能。在教学评估环节上体现“订单制”也是英国翻译教学的一大特色，各高校除根据不同的培养目标，让学生除撰写毕业论文之外，还可以选择多种方式以完成具体翻译作品或项目来毕业。以英国的 University College London 为例，学校开设与翻译研究、翻译技巧、电子交际与出版、翻译技术相关的大量课程，并根据不同培养路径从中挑选课程进行模块组合。学生通过选修不同的课程模块，可以有 5 种途径（理论与实践途径、电子出版途径、理论途径、翻译实践途径、技术途径）来获取该校的翻译理论与实践硕士学位。不过在这方面学校必须在教学评估环节上严格把关，使社会真正得到所需的不同层次的翻译人才。

（5）英国的翻译教学紧跟社会需求，不少高校从社会需求和学校办学条件出发，开设了不少新的翻译专业方向的课程，并随之针对培养目标具体安排教学内容，如法律翻译、商务翻译、科技翻译、视听翻译、翻译与写作或专业性笔译、交替传译、同声传译和对话传译等。同时，各高校还通过讲座、中期测试评估等方式让学生了解本身的能力及潜能，并根据就业兴趣及时调整自己的专业方向和培养途径，从而为未来学业及就业做出计划。这样，翻译教学就做到了教学重点突出，实用性强并紧跟市场需求。从英国翻译教学情况来看，可以得到一些启发：英国多元化翻译教学较为成功的一个重要原因是其教学定位清晰，导向明确。一般大学的翻译课往往只是作为语言学习的辅助课程，而不是职业培训。翻译院系又有各自不同的教学目标，每一层次都严格制定，因此才能有针对性地制定教学大纲、开设课程进而选择书目、实施教学。国内目前的翻译教学在人才培养类型、层次等方面与社会需求之间存在较大矛盾。由于翻译人才的培养规格和模式比较单一，长期遵循学术导向的单轨制教学模式已不能与社会需求接轨。另外，翻译教学的学科专业特色并不突出，许多中国大学的翻译课程极少与翻译紧密相关，即使开设了一两门翻译课程，也未必覆盖翻译方面学生必须掌握的基本内容，不能适应市场或学术研究对高级翻译人才知识结构和能力的要求。对此，英国翻译教学为人们提供了一个多层次、多类型的培养模式实例，对我国翻译教学有重要的启示意义。翻译学在中国作为一门新型学科正在起步发展之中，应当在翻译教学领域进行大胆改革，使之紧跟社会步伐。

二、法国翻译教学现状

在法国的文化生活中，翻译有着举足轻重的地位。随着社会的发展与国际交流的日益频繁，翻译将占有越来越重要的地位。在法国，直接或间接从事各种翻译的人员也越来越多。培养译员是一项重要的任务，法国在翻译人才的培养方面，积累了相当多的经验，翻译教学比较受重视。

法国有专门培养国际会议译员和职业翻译的学校，例如巴黎高等翻译学校和高等翻译学院。也有不少综合大学、文科院校有翻译系或开设翻译课程，如东方语言学院、巴黎第七大学等，但院系名称有所不同，有的称“翻译系”或“文学翻译系”，有的称“语言与技术系”或“翻译与交际系”，还有的隶属于文学、语言学、社会人文科学、经济法律等专业，或归属于“外国语言应用”或“跨文化研究”专业。除此之外，更多的是教授语言的学校，他们沿袭传统的做法，在语言学习期间开设翻译课程。由此可以看出，接受翻译训练的不仅有语言专业的学生，还包括部分人文和理工科专业的学生，从大学一年级到硕士和博士，层次不等，其中部分学校获得了授予翻译学硕士和博士学位的资格，另一些学校则授予相关专业职业文凭，对在职人员进行口笔译实践培训，或指导学员从事翻译理论研究。

（一）翻译教学培养模式

法国的翻译教学可以分为职业翻译培训、与其他专业方向配合的翻译教学和以教授语言为主要目的的翻译教学。按照心理教学法理论，“教学目的、目标、方法和手段不能从一个专业照搬到另一个专业，而应该对其进行思考，以使其适应当前教育遇到的新形势”。培养目标不同，教学内容、方法和手段必然各异。

1. 以职业培训为目标的翻译教学

（1）巴黎高等翻译学校。该校专门为联合国教科文组织、北大西洋公约组织等国际机构培养国际会议译员和笔译人才，学生来自全球的各个国家，涉及四十多种语言。该校招收对象为文、理、法、社会学各科大学毕业生，新生没有数量限制，但入学考试十分严格，除对翻译需要的相关能力的考查外，还对其未来将适用的工作语言水平要求很高。学校下设三个系：口译系、笔译系和研究生系。口译系学制两年，第一年学习即席翻译，第二年学习同声传译，同时开设经济、法律、语言学、翻译理论、术语学等课程，每周总课时大约 24 小时。笔译系学制一般为三年，第一年开设基础翻译课，第二年开设经济翻译课，第三年开设科技翻译课，同时开设口译系翻译除外的其他课程。两个系还同时开设母语及外语进修课（每门 1. 5 小时/周）。两年或三年学业期满，考试及格或论文获得通过者分别发给“会议口译人员高等专家毕业文凭”和“笔译人员高等专家毕业文凭”。学生毕业后，大部分投考各国际机构的翻译部门，也有一部分毕业生为了工作自由不投考国际机构而分别向各国有关机构申请自由译员的工作执照。70 多年来，该校为联合国、欧盟以及西方各国的外事部门培养了一批又一批的高级翻译人员。

巴黎高等翻译学校以塞莱斯科维奇的释意理论为翻译教学的理论基础，该派理论运用语言学、逻辑学、心理学的成就来阐释翻译的理解和表达过程。其核心思想正是对穆南、贝尔尼埃和阿尔比的语言学译论的继承。这一核心思想就是：翻译的主要目的是译意，而不是原语的语言外壳；提倡在翻译中进行“文化转换”。释意理论提出的翻译程序是：理解、脱离原语语言外壳和重新表达。不可否认，这一翻译理论体系在培养高级口译人才方面是十分有效的。巴黎高等翻译学校的一个重要特色，就是极为重视翻译教学理论的研究，推出了一系列翻译教学研究专著。在翻译教学理论研究方面，针对翻译教学的性质、特点、目标、方法，进行了较为系统的探索，提出了许多富有启迪意义的观点，总结了可资借鉴的经验。比较有代表性的成果有杜里厄的《科技翻译教学法基础》、拉沃的《翻译在语言教学法中的作用》、巴拉尔的《翻译——从理论到教学》《大学中的翻译：翻译教学研究与建议》、勒菲阿尔的《笔译推理教学法》等。

（2）雷纳第二大学。该校颁发多语种多媒体交际工程学职业文凭。用十年左右时间发展起来的“语言和技术”专业主要为翻译机构或公司培养英法德笔译人员。这所学校的培养模式同布鲁塞尔玛丽·哈蒲斯自由学院接近，但不培养口译人员。学生毕业后以担任翻译、审校、译审、项目负责人等为主。该校的特点是把翻译教学同计算机的使用和专业术语研究及企业需求紧密结合，例如，该校于 2004 年 8 月出版了《奥林匹克英法实用词典》。该专业指导教师出版了翻译理论研究专著十几部，研究成果丰硕。雷纳第二大学教授瓜岱克在他撰写的《描述翻译和概要翻译》中根据职业翻译特点和程序提出了渐进式的翻译教学模式。描述翻译旨在寻找文件所有重要线索，说明理解阐释文本的环境和条件，找出并翻译关键词，说明主题或主要议题；概要翻译在于使用与文件语言不同的语言提供简要明快的主要内容和情况。按照瓜岱克的说法，描述和概要翻译是所有翻译不可或缺的基本能力，是职业翻译的最经济模式。从教学法的角度讲，这是尊重学习进度的理智方法，可以帮助理解要翻译的文件，建立合理的术语库。译者通过资料查询进行跨文化、跨语言实践和审校实践。翻译教学的渐进式模式如表 4—1 所示。

表 4—1 翻译教学的渐进式模式

1. 基础翻译 1. 1描述翻译			
1. 2基础翻译 1. 3概要翻译	2. 经济翻译 2. 1描述翻译		
1. 4基础文件翻译	2. 2经济翻译 2. 3概要翻译	3. 技术翻译 3. 1描述翻译	
1. 5日常文件基础翻译	2. 4经济文件翻译	3. 2技术翻译 3. 3概要翻译	4. 专业翻译 4. 1描述翻译
1. 6基础翻译	2. 5日常经济翻译	3. 4技术文件翻译	4. 2法律翻译 4. 3概要翻译
	2. 6经济翻译	3. 5日常技术翻译	4. 4法律文件翻译
		3. 6技术翻译	4. 5日常法律翻译
			4. 6法律翻译

该校翻译专业确定的培养目标是：毕业后能在翻译公司或类似机构承担职业翻译、译稿审校、专业术语研究、信息管理、项目管理等工作。该校“多语言多媒体交际工程学”，把翻译培训同广泛意义上的交际和信息传输结合起来，把翻译训练同术语研究结合在一起。换句话说，每一专业翻译训练结束后，学生都要将该领域术语输入计算机进行处理，以供有关企业和个人使用，或编辑成字典出版。

随着因特网的广泛应用，不少大公司希望随时从全球各地的网站上了解行业信息，因此对翻译有了新的需求，他们通常不是让翻译公司完整翻译网上的内容，而是要求译者采用“描述”或“概要”形式对原文进行适当的压缩和摘编，即编译、摘译或译述等，然后视信息情况决定是否需要翻译全文。这也是“描述”和“概要”翻译训练进入培训内容的原因之一。

2. 专业翻译研究与翻译培训

(1) 里昂第二大学。该校的语言学和应用语言学专业将语言学同术语研究紧密结合，术语研究重点是医学（以医药学为主）和环保专业。硕士生在学习相关专业的同时在导师指导下从事以法英、法阿、法德为主的双语术语翻译研究。该校与国家科研中心合作和下属的二十多所研究教学单位在以上两个领域的术语研究成果在国内外都享有盛誉。毕业生可以直接进入相关领域从事教学、翻译或其他工作。里昂第二大学为语言学系或商务及法律系的研究生开设了专业口笔译课程。其授课方法为职业翻译培训，强调翻译思维能力的训练和方法论的应用。

(2) 卡昂大学。该校开设法律、人文、语言、自然科学等专业，颁发硕士和博士文凭。人文科学下设的跨学科人文科学研究中心培养硕士和博士生。课程以心理语言学、生理学、口译心理和认知科学为主，最具特点的是从跨学科角度研究语言、认知和非语言因素对儿童语言发展及对交际的影响，近几年对会议口译程序的认知和心理语言学研究取得了初步成果，在翻译界和心理语言学界产生了一定的影响。

3. 教学翻译——语言教学的一种手段

法国另一些学校也开设翻译课程，但其目标并非培养职业翻译人员。参加培训的学员毕业后可从事职业笔译，也可从事与翻译没有直接关系的工作。里昂第二大学的外语语言应用专业、拉罗歇尔大学亚洲商务专业、蒙彼利埃第三大学外语语言应用专业、里昂第三大学外语语言应用专业、埃克斯·昂·普罗旺斯语言学及外语语言应用专业与东方语言学院语言和文化专业等均属于这种情况。翻译在语言教学中只是一种教学手段，目的是帮助学生理解原文的语法、词法等，逐渐用准确的外语表达思想。随着翻译学研究的不断深入，语言教学更多地引进交际法，课堂上出现了“模拟”交际场景，原来的单词翻译扩展到句子，句子翻译扩展到连贯的短文翻译，而且教师也在翻译前提供与交际场景相关的信息，更多地注意翻译过程，改善教学环境，学生在交际中学习和掌握外语的速度加快。

（二）翻译研究和翻译教学的特点

1. 翻译研究的跨学科现象

研究显示，法国各个高校的翻译教学和翻译研究已经远远超出经验论阶段。如果说翻译也是交际，而交际的目的是交流思想，那么翻译的对象自然是思想和意义。问题是意义又是如何形成的？语言学研究成果对翻译学研究有很大帮助，但不能完全解释翻译中出现的问题和现象。心理语言学研究成果揭示了译者在翻译过程中言语初迹的形成和言语表述的过程。认知科学告诉人们，“意义的形成并不只是言语成分的简单组合结果”，人们还必须了解人类表述的不同方式。由此而论，语言只是意义构成的一个成分。翻译研究不可能停留在简单的语言分析层面，还要关注交际中人与人、语言与其他因素的关系，而想研究这些关系必须走跨学科的道路。巴黎高等翻译学校的释意派理论率先超越语言学研究范畴研究职业翻译，卡昂大学则借助心理语言学研究成果从跨学科的角度深入研究会议口译程序，他们的一位在读美国博士正在从心理语言学的角度研究手势对国际会议译员理解的影响，试图说明语言、韵律和手势三者在交际中的关系。应该说，无论是巴黎高等翻译学校的职业口笔译训练，还是雷纳大学的职业多语言多媒体交际工程培训，或是里昂第二大学的硕士生口笔译教学，甚至是一些学校的教学翻译，在解决语言问题的同时，大家都对认知知识的准备、获取和在翻译中的激活给予了越来越多的重视。

2. 翻译研究和教学与其他专业结合的倾向

随着经济全球化，经济、政治、法律、文化、体育、卫生等各领域对相关专业的翻译需求在快速增长。正是这个原因，法国的一些高校开设了专业翻译课，目标是培养既懂专业又接受文化和语言训练的翻译或专业人员。翻译教学与术语研究的结合可以说是法国大学翻译教学的一个特点，凡有意从事专业翻译的各类人文学科和理工科的学生都能在进行专业学习的同时接受翻译培训。法国里昂第二大学的医学和环保专业、卡昂大学的心理语言学和认知心理学专业的翻译教学便是很好的例子。

此外，翻译研究的发展还逐渐呈国际化合作趋势，主要表现在：一是通过越来越多的国际研讨会集中探讨翻译研究方方面面的问题；二是通过合作实验方法，针对某种具体问题从不同角度对该问题进行分析和阐述。这种跨越国界、跨越学科领域的学术交流必将促进翻译研究的快速发展。

法国翻译教学和研究的成果和发展趋势值得人们思考。在严格区别教学翻译和翻译教学的基础上，国内的翻译教学机构应该深入研究如何更好和有效地培养翻译专门人才，同时研究在理工科和人文学科的教学中适当安排职业翻译技能教学，这样做不仅可以尽快提高国内的翻译教学质量，为市场培养更多的专门翻译人才，而且能让更多的有一技之长的青年承担不同领域的翻译工作，让更多的人直接参与到中国与其他国家之间的交流当中，为中国走向世界和世界走向中国搭好交际之桥。

三、德国翻译教学现状

德国有着良好的翻译理论传统。德国功能学派的研究对后续的理论研究，以及翻译教学都有深远的影响。

（一）基于现实生活的文本翻译的翻译教学模式

与英国相比，德国的大学一直是注重翻译专业人才的培养，并认为每个人都应该享受大学层面的教育。这种专业的教育使得学生要在学校里花上很长的时间。例如，一个想要接受培训后成为教师的学生要在学校里花上四年半的时间，这还要看学校类型以及学生走完整套教学体系所花的时间，实习教师要在学校里实习两年，才能成为合格的教师。然而，大学所提供的这种学术训练并不见得是为将来的专业需要所设计的。英语教授实际上是英国文学教授，而文学作品的选择也是因教授的个人研究喜好而定的，并没有考虑课程要求。一般认为，学生的语言能力在入学前就已经获得。在这种情况下，学生语言技能的提高或被视为蹩脚文人，或是无用的装饰。在1981年做的一项有关语言课程的调查显示，大概有三分之一都是翻译——译出或译入，而学生的语言能力并没有得到提高。考试通常采用改写与翻译的方法，考试用的文章可能是从某一文学作品中抽取。整个考试不允许用字典。改写是考查学生运用外语的能力；翻译是考查学生对外语的理解力和改写成母语文章的能力。但这种考试并不能考查翻译能力。

随着经济全球化的进一步发展，国际的交流与合作不断加强，德国的翻译教学也开始与之前的那种翻译模式、纯文学翻译的外语教学分离，转为基于现实需要的文本翻译的教学模式。这种翻译教学模式并不是要培养专业的翻译者或口译者，而是为了使所有专业语言研究人员能够具有处理日常的或非正式的翻译的能力，并能够监督公共的或正式的文本翻译的质量。对于在训练时翻译文本的选择，也要是那些在真实生活中可以或应该被翻译的文本，比方说某个特殊的客户所需要的，某个特殊目的所需要的，或是要对某个特殊观众所说的文本，这样一来学生就可以处理真实的翻译任务了。在翻译课上，教师可以和学生共同探讨所选择的文本，以及其被翻译的必要性；它的可能读者；为适应目标读者需要，译者要对该文本做哪些调整等。任务可以由小组成员合作完成。那些在翻译中可能遇到的问题，比如数字、数据的处理，特定时间，人名、地名，文章修改，文化内容等都可以加到翻译教学中。德国的杜伊斯堡大学也采用了这种基于现实生活的文本翻译的翻译教学模式。这里的学生只有外语专业水平达到一定高度才可以开始翻译工作。第一学期是翻译基础课程，学习翻译的各个方面。比如对不同词汇项的翻译，如何合理使用字典和其他材料资源，对文化因素的翻译，如何调整文本以适应特定读者，语域分析，文本类型，相同文本的不同翻译等。之后的两个学期要学习德译英和英译德。最后一学期是选修课程——学生翻译工作组。这个课程的教师一般都是目的语的本族语者。学生可以在翻译过程中发现很多专业翻译所遇到的问题，并且可以学习如何使用参考资料以及如何加快翻译速度等。

基于现实生活的文本翻译的教学模式也是值得我国大学英语翻译教学学习的。文学翻译对于大学外语系的学生来说难度较大，并且对于未来职业需求意义不大。在我国进行大学英语翻译教学时，可以根据学生所学专业和未来职业需求设计翻译教材，翻译的文本可以是科技、商务、旅游和法律等内容。

（二）基于培养文学翻译的翻译学院——杜塞尔多夫大学

以上提到的基于现实生活的文本翻译的翻译教学模式是为了培养更多的具备一定翻译素养的专业人才。在德国，由于所处地理位置、地缘政治和历史等原因，德语和德国民族文学的形成与发展在很大程度上得益于外国文学的翻译，因此文学翻译也占有一定的市场。德语文学史上的许多著名诗人、作家，从歌德、席勒到霍夫曼斯塔尔、里尔克、格奥尔格，到第二次世界大战后的埃里希·弗里德、伯尔、汉特克和恩岑斯贝格尔，都曾翻译过外国文学作品，为外国文学在德语区的传播做出了贡献。按翻译作品数量计算，德国远远超过英、法等国，但是翻译作品的质量不尽如人意。受传统观念影响，译事不为学界看重，译者的社会地位较低，报酬也偏低，多数情况下不能靠翻译稿酬维持生计。截至1987

年，在正规的高等教育中没有设置专门培养文学翻译人才的专业，对外国文学作品的书评也很少涉及翻译本身的问题。

针对上述情况，杜塞尔多夫大学文学院以法国文学专家尼斯教授为首，汇聚了对跨国界跨文化的语言与文学交流及翻译理论感兴趣的一批教师，深感有必要成立一个新的专业，制订完备的教学计划，更科学、更系统地培养文学翻译人才。他们认为，面对不断扩大的职业需求，传统的、通过自学摸索的方式造就文学翻译人才的办法，无论对译者、出版社和读者都是事倍功半，不能再继续下去了，这一重要的跨文化传播工作的职业化已刻不容缓。

杜塞尔多夫大学文学翻译专业教学计划规定，学制（包括毕业考试）为 4 年 3 个月，达到毕业要求须完成的课时为 160 个学期周课时（修读一门一学期、每周 2 课时的课程可获 2 个学期周课时）。其中必修课和限制性选修课计 148 个学期周课时，与其他文科专业相比，任选课比例稍低一些。完成教学要求、通过毕业考试者获“硕士翻译”学位。可供选择的外语为英、法、西、意，因为这四种语言的译本占全部翻译作品的五分之四。学生须从这四种外语中选择一门主修专业方向和一门辅修专业方向（英法两种语言中必选一门），另外还必须辅修德语（目的语），作为第二门辅修专业方向。主修外语占总课时的一半，即 80 个学期周课时，两个辅修语种各占 40 个学期周课时。这就是说，学生至少须掌握两门外语，能翻译两种语言的文学作品。文学翻译专业十分注重理论与实践的结合。教学计划规定，每个专业方向（包括主修和辅修）的教学都包括理论性课程与实践性课程两方面。以主修专业方向为例，学术性、理论性课程必须修满 36 个学期周课时（必修课），其中语言学和文学各占 16 课时，具体课程有语言学导论、语言史、20 世纪语言、词汇学、语义学、句法、语言变体、文学导论、文学史、20 世纪文学、语篇分析基础、文学的接受、类别文学专题等，翻译比较占 4 课时。语言与翻译实践课必修课与限选课共须修满 32 课时，具体课程有语法对比、词汇对比、成语对比和大量的文学翻译实践课，以外译德为主。这里，文学的概念比较宽泛，既包括严肃文学和消遣文学，也包括讲究文笔的人文科学文章。在翻译实践课中，学生要练习翻译各种文学门类和体裁的文章，如散文、小说、随笔、韵文、戏剧、舞台剧、广播剧、影视作品以及论说文等。到高年级时，每个学生都须选择一个重点领域，深化提高。另外还有跨语种的、以翻译学中普遍的共同问题为内容的课程（占 8 课时），如翻译导论、翻译理论、翻译史和翻译工作者职业概貌。特别要指出的是，该专业在传授理论知识中，力求避免为理论而理论的经验式教学，注重从实践中总结出来，又能反过来指导翻译实践和翻译批评的理论。正像负责文学翻译专业的院长代表尼斯教授强调指出的那样：“大学学习不能代替实践，但我们力求给学生贴近实际的理论，传授技能和背景知识。”培养学生的独立工作能力，提高他们在劳动市场上的竞争力，使他们尽快适应毕业后的职业工作，把所学理论知识应用到实践中去，是该专业办学的指导思想之一。

四、奥地利翻译教学现状

奥地利翻译教学最有代表性的是维也纳大学翻译学院，该学院始创于1943年，其教学大纲描述道：口译和笔译是翻译活动的两种完全不同的形式，它们要求未来的专家应具备相应的能力、良好的听力以及清晰的发音、敏锐的反应力、特殊的记忆力，这种记忆力有助于在短时间内捕捉到谈话中的一段（有时是相当长的一段）并且能在翻译完这一段之后马上去理解另一段话。笔译者则要求具备高度发达的语感、洞察最细微修辞色彩差异的能力，能找到传达这些色彩的最贴切的字眼。同时，还应精通原语和译语的特殊性和表达手段。笔译者应既是个有创造能力的人，又是一个一丝不苟的人。正是基于这种视口译和笔译为两种形式的观点，翻译学院的教学课程设置也是不一样的。它把整个教学分为两个阶段。

第一阶段4个学期，注重整体培养，把主要注意力投放到对第一外语和第二外语的研究、完善和加深母语知识、锤炼口译和笔译技能以及国情知识上。

教学第一阶段利用4个学期开设必修课，包括第一外语（1个学期至少28学时）、第二外语（18学时）、国情学。除此之外，学生还应该听完一系列理论课，包括翻译的科学原理和专业实践的原理、法学和经济学原理。普通语言学、实用语言学、语言和言语心理学这三门课可任选其一。每学期要有不少于14学时是要用来学习翻译课的。

语言教学大纲包括语音室教学、视听教学、口语实习课、语音学、正音法、语法词法、句法、对比语法、成语学、修辞学、词汇学。后四门课或以实践课，或以讲座形式来进行。科学与技术语言这门课也可以按讲座形式上，它包含如下分支：人文科学语言、自然科学语言、技术语言、医学语言、公文语言。学生还要练习写作文、做记录、起草报告。他们可以选择所有这些课程（共60～100学时），也可以选上其中的一些课程但不少于14学时。教学第一阶段的翻译课包括德译外和外译德的练习、双向翻译实习课、德译外或外译德的翻译讲习课、报刊文章翻译、经济和法律文章翻译、公文翻译。学生可自愿选上他们喜欢的课程，但上课不能少于14学时（规定为40～60学时）。第二外语的教学大纲大致也可按这一模式来制定，不过课时数要少安排一些。第一阶段的国情学课包括所学语言国家的文化、地理、经济、社会制度、国家与法律、现代史、报刊及文学实习课。有关普通语言学和实用语言学及言语心理学的课程有如下一些：语言学原理、普通语言学导论、语法理论、音位学理论、语义学、篇章语言学、社会语言学、语言纯洁性、心理语言学和言语心理学、外语研究方法、术语学研究等。不过这些课程中只有两门是必听的。由于学生们选的课程不尽相同，因而经常是只有两三个人上课。不过，开设大量符合学生多种兴趣和爱好的选修课和实践课，还是颇有成效的，或者至少是理应受到重视的。教学第一阶段学生宜选修科学工作技术讲座、所学语言的历史讲座、德语修辞学实践课、所学语言的文学史讲座和实践课、声带卫生和言语矫正法讲座、自发言语技巧实践课、教育心理学讲座、国际关系讲座或实践课、国际法讲座以及其他一些课程。

在教学的第二阶段，实行口译和笔译分开教学。考试课程还是那些，只不过教学时数有所变更，语言和翻译增加 6 学时，而国情学减少 4 学时，增加国际组织讲座课作为考查课。整个学期中，不论是笔译还是口译，语言课每周分配 2 个小时，笔译 2 小时，口译 4 小时，随译和同声传译各 2 小时。第一外语、第二外语及口译、笔译课程的安排大致与教学的第一阶段相同，只是教学时数和教材的繁简有所不同。在第二阶段国情学课的选题应明显拓宽。譬如，学生应涉猎所学语言国家人民的精神发展史、现代哲学思想趋向、艺术史、绘画和建筑史、现代音乐、所学语言国家的文学和文学研究、现代戏剧等。

笔译和口译的共性问题及个别问题课包括一些专题的讲座笔译理论、口译理论、翻译语言学理论，以及评论分析已发表译文的实践课、辞典编纂实践课等。选修课的课程安排与第一阶段相同，但是学生应选前 4 个学期即第一阶段没学过的课程。

维也纳翻译学院旨在培养高度专业化的翻译人才，注重强化语言研究、下苦功夫练习、深入钻研所学语言国家的社会文化、经济和政治特色。这种扎实的教学理念是值得我国翻译教学界学习的。

五、我国香港地区翻译教学现状

从 20 世纪 80 年代初到 90 年代末，香港的翻译与口译教学经历了前所未有的发展、巩固。香港是进行英汉翻译教学与研究最理想的地方。由于历史的原因，香港的翻译行业一直都很发达，翻译学系早在 20 世纪 70 年代初就已出现。目前在香港 9 所大专院校中，有 7 所设立了翻译学系或专业，开设翻译荣誉文学士学位课程以及研究生、博士生课程。这 7 所大专院校是中文大学、浸会大学、岭南大学、理工大学、城市大学、香港大学和香港公开大学。澳门大学也一直在借鉴香港的经验。因此这里介绍的与其说是港澳翻译教学的课程特色，还不如直接说是香港的翻译课程的设置特色。香港翻译教学的蓬勃发展有其历史和现实社会原因。第一，香港是双语社会，1974 年港英政府曾制定语言条例，规定中文和英文同为香港的法定语言。第二，1990 年 4 月通过香港特别行政区基本法之后，中国语文在香港的政治与社会地位显著提高，而且日益重要。第三，随着中国实行改革开放政策，国际交流日渐频繁，尤其是经济与贸易的往来。这些交流虽然是以经贸为主，但是也带动了文化与学术的对话。在英中和中英翻译的领域里，无论是在实际经验还是学术探讨上，香港都占有特殊的地位。

上述七所大学的翻译与口译课程，大致可分为下列四种：

第一类为香港大学的翻译课程，可以说是最坚持传统“汉学”的翻译教学，从 20 世纪 20 年代开始以来，以古典名著、文史哲著作为教材，以打好学生的中、英文化和写作基础。这种理念到 80 年代末 90 年代初才有所改变。1956 年的《香港大学概况》一书中对翻译课程描述如下：“此课程包括两个部分：一部分是中译英和英译中的实践，另一部分是二、三年级的中国文化导论。整个课程包括中国文学、历史、地理、考古与艺术等方面的代表著作的英译以及分析研究权威性的中译英著作，为现代汉学研究提供基础培养与训练。”在 1968 年版的《香港大学概况》里，更开宗明义地注明“学术著作的翻译，特别着重汉学翻译”。这两段文字说明了香港大学中文系早期的翻译课程，是为了培养英式的

“汉学家”，而这种翻译教育扎根于香港大学中文系的宗旨：培养对中国文学与艺术的鉴赏能力；发挥学生的中文写作能力；通过科学和历史分析使学生了解中国文明的发展过程、中国文明发展所基于的原则、中国文明在现代世界上的地位。目前，中文系为二、三年级学生提供四类主修科目：中国语言与文学、中国历史、翻译和中国文化（Chinese studies）。翻译课程包括翻译导论，翻译与语言，翻译批评，翻译的理论与实践，专题翻译——传媒、政府文件、法律、商业，长篇翻译和口译等。

第二类为中文大学、岭南大学、城市大学、理工大学。第二类大学的翻译与口译课程模式，事实上左右着目前香港的翻译与口译教学——无论在教师和学生的人数上还是在教师研究效率和成绩上，都远远超过其他三所大学，直接和间接地影响课程的设计和教学工作。这四所大学的课程设置包括翻译理论、翻译实践、英语、中文以及文化科目等。刘靖之教授在 2001 年“第五届口笔译教学研讨会”上发表的文章《香港的翻译与口译》中表明，岭南大学与理工大学均相当注重文化背景课程（culture background），如设有文学与中国社会、语言与资讯和资讯科技等。理大仅有一科——中国与西方思想模式（Chinese and Western Patten of Thought），中大与城大则缺上述科目。

第三类为香港浸会大学，其特色是四年制课程里有一年全职实习，然后回校修读最后一年。香港浸会大学的翻译课程原文称“program”，设立在文学院的英语系里，于 1990 年 9 月获英国国家学术评审局 CNAA 的认可。这所大学文学院请翻译学者纽马克教授担任顾问，协助修订课程的设计和内容，于 1996 年再次获得英国国家学术评审局的认可。香港浸会大学的翻译课程最具有特色之处是在三年翻译学荣誉文学士课程里，加一年实际工作，使学生在四年里既学习理论和技巧，又在第三年到外面全职实习，仍和校内教师保持联络，一年后再回到大学完成最后一年的学习。他们称这种设计为“夹心式”课程。课程的另一个特点是：修读翻译课程的学生自组“翻译工作坊”（translation workshop），协助翻译外来的委约工作，作为实训的一个部分，包括《牛津儿童百科全书》的中译、研讨会的传译、组织翻译研讨会等。翻译学生还每年访问清华大学，参加夏令班并与清华大学教授和学生交流等。香港浸会大学另设有翻译学研究中心，在为学生提供翻译理论支持和翻译实践机会上贡献良多。

第四类是香港公开大学，属远程教学。香港公开大学与英国的公开大学一类的大学相似，为在职人士提供进修深造的机会，成立于 1989 年。这所大学的“科目”有别于其他大学的“课程”，因为学员多是在职的成年人士，因此无法像其他大学生那样日间上课。这所大学是香港第一所以远程教学方式为主的高等学府，通过函授、电话问答、QQ 及每月一次面对面的小组讨论等方式来进行教学活动。因此，“科目资料”是学习过程中的核心，这种学习方式较一般大学需要更强烈的动机和更高度的自律，否则难以完成整个学位课程。根据香港公开大学的课程资料，文学士课程的宗旨有 6 项：

（1）掌握中英语文的沟通能力。

（2）对中文结构有基本认识。

（3）对英文结构有基本认识。

（4）具有中译英、英译中的能力。

（5）运用翻译批评原则来编纂自己的英中、中英翻译。

（6）理解中英互译原理。

根据这6项宗旨，公开大学特别注重学员基础语言能力的培养和训练，他们按部就班地修读基础语言科目如大学英语写作技巧、应用文、语文通论、英语分析、现代英语结构等，然后才可以修读翻译学和语言学科目。

第二节　以学生为中心的英语翻译教学

一、“以学生为中心”教学的概念

“以学生为中心”的教学是由于翻译教师仅作为知识的传授者和指导者的角色已远不能满足教学的需求[①]，因此教师应通过多种途径突出学生的中心地位，形成课堂上的新型师生关系的一种教学模式。这种教学模式认为翻译是对两种语言的创造性运用，因此翻译活动应涵盖在交际框架下的语言活动、文化活动、心理活动等内容。这种教学模式重视英语翻译教育的发展趋势，特别重视翻译教学环境和学生作为教学主体这两个因素。由于翻译教学环境趋向于建立一种交际性的课堂教学形式，也就是要努力创建一种能培养学生独立开展创造性语言转换以及语言交际的环境，因此也就应该特别重视社会背景和文化迁移在翻译教学中的作用。此外，这种教学模式认为教师不应再被认为是翻译操练中的带头人、翻译材料的介绍人或译文好坏的评判者，而应在翻译教学的过程中，明确学生才是积极的创造者，而不是消极的接受者；要重视学生的不同个性、学习风格、学习策略以及在学习过程和学习内容上的学生智力因素。总而言之，以学生为中心的翻译教学就是要充分重视学生在学习过程中的积极作用，充分调动学生学习的积极性和自信心，要尽量让学生自己控制学习内容和方法，鼓励学生参与到教学活动的各个环节中来，鼓励学生更多地对自己的学习负责。

二、“以学生为中心”教学的特点

（一）教师引导，学生为主体

在传统翻译教学模式中，教师通常会处于相对的权威地位，所以人们常常可以看到教师在台上一板一眼地讲，学生在台下不停地记笔记，这也是一种“填鸭式”的教学方法。而“以学生为中心”的教学模式则要求实现教师角色的转移，也就是要将教师角色由主演转变为导演，从而更好地引导、辅助学生学习翻译；而将学生转变为主演，将翻译知识掌握并付诸实践。

---

① 唐伟清．教师在英语课堂教学中的主导作用［J］．天津：天津职业院校联合学报，2006（3）：116—118．

（二）教师和学生融洽合作，教学突出实践

“与传统翻译教学模式‘以教师为中心’不同，‘以学生为中心’的翻译教学模式强调翻译教学过程中学生的主体性。认知理论认为，教学不是知识的‘传递’，而是学生积极主动地‘获得’①。”在“以学生为中心”的翻译教学模式中，教师与学生应形成积极的合作关系，也就是说双方应扮演翻译教学中的合作者。

实行“以学生为中心”的教学模式并不代表教师失去权威性，而是仍要以教师作为课堂活动的引导者，采用多种途径突出学生的中心地位。传统的教学法一般是“以教师为中心”的教学方式，这种教学方式通常“将改错作为教学手段，将教师提供的参考译文作为翻译课的终极目标，不符合真实情况下翻译的本质特点，在一定程度上扼杀了学生学习翻译的主动性与创造性②”。可见，传统的翻译教学方式由于过分依赖教师的主导地位，从而在很大程度上忽视了学生的主体地位，也就很难激发学生的积极性，学生不仅没有选择回答问题的权利，而且教师也很难把握及满足学生的真实需求。

“以学生为中心”的翻译教学模式，首先便是让学生在“译”中学习技能。同时，翻译是一门理论与实践相结合的课程，王鸣妹在自己的论文《如何改进英语翻译教学》中提出了“好的理论以实践中获得的材料为依据，好的实践又以严谨推断出来的理论为指导的观点……③”。他认为学生在学习英语翻译的过程中要以理论为基础指导，通过大量的实践练习和与参考译文对比来使他们更好地掌握所学的翻译技巧，从而进一步提高翻译能力。

正如黄青云在其论文《翻译观念与教学模式也应“与时俱进”》中所说的一样：“新的现代教学理念认为，在翻译课上，是先鼓励学生去译，在‘译’中学习。也正是因为学生在译的过程中，需综合运用原有的知识经验，查阅工具书以及其他相关资料④。”所以，学生可以从新的角度去思考和考虑已学过的内容，并能有时间去理解这些理论和翻译技巧或方法，最终达到掌握相应知识和积累经验的目的。例如：

But I was also struck by something else：that among all those decades worth of family documents my parents had looked through，the delivery bill was the only thing they thought of sufficient interest to pass along.

几十年来，我们家积累下那么多的单据，仔细看过之后，我父母的唯一有保存意义的就是那张接生费用账单。

在刚开始翻译时，大多数的学生会将 document 译作“文件、资料、票据”等，但经过认真查阅词典才发现 document 在英语里的意思是 a writing that conveys information。结合这里的语境分析，准确的翻译应为“单据”。

---

① 朱山军．关于专业英语翻译教学模式改革的思考［J］．北京：教育与职业，2006（5）：110—112.

② 林克难．翻译教学在国外［J］．北京：中国翻译，2000（2）：56—59.

③ 王鸣妹．如何改进英语翻译教学［J］．太原：太原城市职业技术学院学报，2006（2）：100—101.

④ 黄青云．翻译观念与教学模式也应“与时俱进”［J］．周口：周口师范学院学报，2007（7）：147—149.

（三）共同参与评价

“以学生为中心”的教学方式要求改变传统的以教师为主体的评价方式，并要实现评价主体多元化，组织学生间、师生间的自评和互评相结合的多层面评价方式。至于如何将评价权利充分赋予学生的问题，则应通过以下几个步骤来实现：

（1）教师应先将学生分成若干个小组。

（2）在完成一种翻译方法或技巧详解和示例后，教师应给学生们布置课前选定的相应翻译练习。

（3）学生完成练习之后，可以考虑进行小组讨论进而评选出能够获得小组成员共同认可的较好译文。

（4）教师检查完各小组译文之后，应对其分别加以评价，并指出这些译文中的翻译较好的部分和不妥之处。

（5）最后教师还应为学生提供参考译文，并鼓励学生指出其中可能存在的不足之处，进而实现师生共同探讨某种译法的效果。例如：

Rocket research has confirmed a strange fact which had already been suspected there is a high temperature belt in the atmosphere，with its center roughly thirty miles above the ground.

教师应给出“通过火箭研究已经证实了人们早就怀疑的大气层中有一个中心在距地面约 30 英里的高空的‘高温带’的这种奇怪的事实”的参考译文。

学生可以根据英汉长句转换原则，将英语的“树状形”结构转换成汉语的“波浪形”结构，也就是将英语长句译成汉语的若干短句的方法，认为参考译文翻译得比较拗口，通过探讨，可以得出较佳译文：

（1）利用火箭研究，人们证实了早就怀疑的一个奇怪事实，即大气层中有一个“高温带”，其中心在距离地面约 30 英里的高空。

（2）人们早就怀疑，大气层中有一个“高温带”，其中心在距离地面约 30 英里的高空。利用火箭进行研究后，这一奇异的事实已得到证实。

（四）重视学生独立翻译能力的培养

“以学生为中心”的翻译教学模式的目的是培养学生独立的翻译能力，而不是只教学生学会翻译某些句子或文章。这种教学模式重视翻译过程，旨在通过教师的指导，帮助学生学会如何理解原文，并且通过恰当的技巧来表达自己的译文。此外，为了树立学生的自信心，教师必须对学生的作业持积极的批改态度。

三、“以学生为中心”教学的活动安排

（一）开列阅读书单

由于翻译是一项实践性较强的活动，所以在翻译教学的所有阶段都必须重视实践练习环节，翻译课程安排则应以实践活动为主线。但也要重视理论指导实践的重要作用，应当清楚的是，如果离开了科学的理论指导，也就没有办法采取高效的实践活动。所以，为了

帮助学生在较短的时间内掌握科学的翻译理论知识，教师向学生推荐阅读书单是一个很好的办法，教师可为学生开列如《翻译简史》《翻译理论与技巧》《中英文化习俗比较》等方面的书籍，学生们可以通过这种方式学会用普遍的原理来处理个别的实例，之后再经过老师的指点，学生就可以将实例接通到理论上去，做到真正的融会贯通。

（二）多进行笔译、口译练习，消除文化障碍

学习口笔译的学生不仅要具备坚实的双语素养、文化知识和运用翻译策略的技巧，还要有良好的跨文化沟通认知。特别是在口译教学中，跨文化沟通认知对学习口译的学生十分重要。许多口译初学者在翻译过程中出现错译或误译，并非是因为他的语言能力欠缺，而是因为他遇到了无法解决的文化障碍。所以，只有进行不断的翻译实践，才能消除可能出现的文化障碍。

（三）采用多媒体教学手段

由于语言运用是一种多感官的体验，可以通过不同的媒体或者不同的感官渠道传输语言信息，所以很有必要采用现有的多媒体技术进行英语翻译教学。目前很多的学术讨论会、记者招待会或者国际之间的互访宴会等都会采用同声翻译录像、光碟，在翻译教学中就可以利用这些录像、光碟，来创造模拟的现场效果，从而进行英汉或其他语言的互译实践。

四、“以学生为中心”教学的不足

“以学生为中心”的翻译教学模式并不是十全十美的，它同样存在以下局限性：

（1）如果同一组学生在一起讨论问题时间过长，一些学生的精力就会逐渐开始分散，有时候他们会讨论某些个人的事情，忘记了正在进行的问题。

（2）这种方式会助长部分学生的惰性，特别是那些经常处于中下水平的学生，他们会依赖小组成员，而不去思考，他们常常只会等待其他人来回答，也就是说会造成“窃取他人成果”的现象。

（3）这种教学模式会让部分学生感到困惑，尤其是那些处理语言解码和语言编码能力较差的学生，这种教学方式会使他们对自己的翻译能力感到自卑。

第三节　翻译教学中跨文化意识的培养

一、跨文化意识的概念

跨文化指的是不同民族文化之间的交流与对话。随着经济全球化、政治一体化及社会活动的全面发展，世界各国之间的跨文化交流也越来越频繁，很多有着不同文化背景的人们之间相互交流的趋势也在不断加强，而在这个过程中，语言就成了他们进行交流和沟通所必需的交流工具。由于语言和文化的关系通常是密不可分的，而语言又是文化的重要组

成部分和突出的表现形式，因此可以说语言就是文化的载体。反过来，各民族的不同文化又深深地植根于不同的语言之中。

人类的文化交流有着悠久的历史，它从语言的产生到现在，一直通过语言来进行。而不同的文化之间进行交流（跨文化交流）就必须通过翻译来实现。著名作家于冠两先生说过："人类文化从整体来说，是各国、各民族文化汇聚、交流的产物。"可见，如果没有翻译，跨文化交流也就不可能实现。作为跨文化的桥梁，翻译在信息传递的过程中起着非常重要的衔接作用，这也就使得翻译人员的重要性得到充分展现。

跨文化意识（Cross-Cultural Awareness）作为跨文化交际研究的重要内容之一，是指外语学习者对于所学习的目的语文化具有较好的知识掌握和较强的适应能力与交际能力，能像目的语本族人一样来思考问题并做出反应，以及进行各种交往活动。或者说，跨文化意识指的是外语学习者在跨文化交际中所特有的思维方式、判断能力以及对交际过程中不同文化因素的敏感性。在交际过程中，参与者具备这种意识就会受到启发和指导，而不受文化差异的负面影响。在无具体交际事务时，它仍然能够对学习者的学习和思考起着引导作用。

虽然翻译人员非常重要，但是如果译者对语言所承载的文化不甚了解，也就不能准确无误地表达出原句所要表达的意思。因此，多数的译者会在跨文化的交际中促使自己自觉或不自觉地形成一种认知的标准和调节方法，也就是形成一种跨文化意识。也就是说，跨文化意识是译者所特有的判断能力、思维方式以及在交际过程中对文化因素的敏感性。

还有学者认为跨文化意识是人们在进行文化交际中，参与者对文化因素的敏感性认知，他们通常认为跨文化意识分为以下四个层次：

（1）对那些被认作怪异的表面文化现象的认知。

（2）对那些与母语文化相反而又被认为是不可思议又缺乏理念的显著的文化特征的认知。

（3）通过理性分析从而取得对文化特征的认知。

（4）从异文化持有者角度感知异文化。这个层次是跨文化意识的最高境界，参与者必须具备"移情"（empathy）和"文化融入"（transposition）这两种能力。移情就是说译者不但要克服语言上的障碍，还要克服文化上的障碍，要能够设身处地地体味别人的际遇。文化融入指的是译者要在充分认识文化差异的基础上，全面了解与原文有关的历史、社会、文化、地理及其他相关知识，进而可以让原文所承载的社会、文化信息等在翻译中得到恰当的体现，也就是要从对方的文化背景上观察和思考问题。从这一点来说，译者是否具有跨文化意识或者这种意识的强弱将直接影响到译文的质量。

考虑到不同文化背景的人所习惯的表达方式各有差异，译者除了要具备扎实的基本功之外，还要努力提高自己对文化差异的敏感性，结合自身的判断理解，正确、恰当、忠实地表达出原文所要传达的意图。这种能力和意识的培养对于译者是十分重要的。

跨文化意识的有无或程度的强弱直接影响着交际的质量。众所周知，英语目前已基本上成为一种跨国界的通用标准语言，然而，不同民族文化的交际者在使用英语进行交际时，在语用习惯上仍存在很大差别。因此，参与交际的英语学习者在具体的场合应做到“量体裁衣”。例如，对于坦率、自信的美国人，与其交流的英语学习者的言语中应尽量避免用 might 等词语；对于办事讲计划、节奏不快的北欧人，与他们交谈时应放慢语速，用清晰详细的字句效果最佳；对日本人，面对不同级别的人时应注意使用不同的称谓；对重修养、讲礼仪的英国人应主动采用礼貌用语等。这些均为在跨文化交际中交际者应有的跨文化意识。可见，对文化差异具有敏感性对跨文化交际有着重要的意义。

二、在翻译教学中培养学生跨文化意识的方法

为培养学生的跨文化意识，教师应在训练学生掌握语言基本功的同时，帮助他们熟悉交际文化因素，并能够深入了解和掌握知识文化的内容。通常在翻译教学中会采用以下几种策略来处理翻译中的文化因素：

（一）重视文化知识

教师在进行翻译教学时，不应忽略文化知识要点的教学，要注意语言和文化知识的结合。课程结束时，教师要对语言知识和文化知识进行一个小结归纳，使学生的语言文化知识系统化。尤其应该注意的是，在期中和期末考试的试题中文化知识的考核应占有相当的比例。

（二）运用灵活的教学手段

在进行英语翻译教学时，教师要灵活地运用教学手段，可采用英语实景电影纪录片、VCD 或多媒体等直观教具进行教学，在教学结束后还要组织学生进行讨论。应提醒学生在看纪录片或 VCD 的时候，注意片中西方人日常生活的情景。例如，餐馆服务员和顾客对话、打电话时的习惯俚语、大街上相遇时的交谈等。看过之后，教师可以和学生交换意见，并通过追忆片景，相互提醒，补充片中的对白、旁白、独白等。这样的教学方式对学生获取基本交际文化知识十分有效。

（三）提高学生的阅读量

教师应根据各年级学生的英语学习程度，在教学中有选择性地、适当地引入一些英语国家出版的涉及这些国家文化内容的书籍、报刊等，将其作为学生的阅读材料，来扩大他们文化知识的宽广度，增加他们对英语国家知识文化了解的深度。也可以通过让学生阅读短篇故事或剧本的方式，要求他们记下其中有意义的文化细节等。事实上，在西方国家，以现实生活为题材的小说、剧本等材料中都包含了大量西方文化方面的内容，对于学生加深对其国家文化的了解很有帮助。同时，提倡学生阅读有关历史、人类学以及社会学方面的书籍，不仅可以帮助学生了解能够体现其他国家文化的具体实例，还能使其掌握一些与文化有关的概念与指导原则，而通常情况下，概念与指导原则往往比实例更为重要，因为他们会给学生提供一个合理的结构，借助这个结构，学生可以更加细致、深入地对本国及别国的文化进行仔细考察。这样一来，学生也就可以用一种比较灵活的态度来尊重、对待这些文化差异，也就不会一味地按本国文化的模式看待其他文化。除此之外，一些跨文化交际学方面的书籍可以帮助学生加深对文化差异的理解与认识，这些书籍如《跨文化交际

学概论》(胡文仲)、《超越语言》(胡文仲)、《中英(英语国家)文化习俗比较》(杜学增)、《英语习语与英美文化》(平洪、张国扬)、《跨文化非语言交际》(毕继万)、《从翻译史看文化差异》(王克非)等。

(四)合理运用外籍人士资源

合理运用外籍人士资源是指英语的外籍教师作为短期讲学者给学生讲课，或定期请外教、外国专家作相关文化的主题或系列讲座的行为。部分学校常常会举办一些关于社会组织、价值观念、思维模式等有关于西方文化方面的报告或讲座，这些活动常常被学生认为实例新颖、生动幽默、趣味盎然，在学生中受到广泛的欢迎，同时也因为这一做法投资少、效果佳，现在已经被证实了是非常适合我国现阶段大部分地区高校实际的优选教学法之一。除此之外，大多数学校都十分鼓励学生与母语是英语的外国人进行个人交往，其原因在于轻松的个人间的交往有助于学生学到许多课堂上学不到的东西。但到目前为止，这样的交往在很大程度上受到各方面条件的限制，因此开展得不够普遍。

(五)将教学内容融入相关的文化

在教学中，教师应结合具体情境将教学内容融入相关的文化知识之中，教师可以利用课前几分钟，讲解英、美国家的有关知识，特别是文化差异方面的知识。例如，在4月1日，教师可以给学生介绍西方 April Fool's Day 的相关知识，同时也要告诉学生，节日的目的是彼此开心而不是恶作剧。在介绍 Thanks Giving Day 之前，教师可引导学生将自己了解到的感恩节内容与中国中秋节进行对比；然后，也要指出尽管我们国家没有感恩节，可是我们也要对父母、朋友心存一份感恩之心。Christmas Day 是英语国家最重要的一个节日，就像春节是中国人心目中最重要的节日一样，而且两者存在着许多共通之处，如圣诞大餐和除夕团圆饭，接送圣诞礼物和收受压岁钱等。在师生的热烈交流中，学生得以兴致勃勃地重温相应的一些单词、词组，例如 Merry Christmas，Santa Claus，Christmas tree，jingle bells，make cards，wrap presents，get presents，give presents，eat turkey，see grandma and grandpa，the Spring Festival，lucky money 等。

由于培养学生跨文化意识的方法多种多样，不同的执教者所采用的方法也不尽相同，所以取得的效果也就存在着差别。长期以来，国内外研究者对培养跨文化意识有效方法的探讨一直没有停止过。相信随着跨文化交际学、人类学、社会学、社会心理学和教学法等学科研究的发展，人们会探索出越来越好的培养跨文化意识的方法。

第四节　翻译教学中应注意的环节

一、技巧知识传授与理论知识讲解相结合

大学英语的翻译教学大都以教授翻译技巧和翻译知识为主要内容。但是，如果教师能把翻译理论融会贯通在技巧和知识的传授中，则会有助于学生在翻译实践中学会独立解决

问题，通过理论分析克服实践中遇到的困难，认识翻译活动的基本规律，尽快提高自己的翻译实践能力。就非英语专业课程而言，大学英语精读课中的单句或段落翻译练习是基础阶段综合训练的一个非常重要的组成部分。大学生有一定的英语基础，又有较高的汉语修养，如果教师能在授课中增加一定的翻译理论指导，对学生稍作点拨，便会收到事半功倍的效果。

二、翻译能力与其他能力的提高相结合

翻译教学是包括理解与表达的教学，涉及英语的理解能力和汉语的表达能力。对学生翻译能力的培养，不应只依赖单方面的翻译理论及相关知识的传授和技巧的训练。听、说、读、写、译五种语言基本技能不是孤立的，而是相辅相成的。所以在语言教学中，培养翻译能力还要从诸多方面入手，通过加强词汇和语法教学，夯实学生语言学习基础；通过精听、泛听、精读、泛读训练增加学生的语言输入，为语言输出做好质量上的前提准备；通过加强中、西方文化的对比分析，培养学生语言学习和运用中的文化意识，提高文化素养。

三、阅读的“面”式教学与翻译的“点”式教学相结合

翻译教学与阅读教学有着紧密的联系。阅读和翻译对理解的要求不尽一致，对阅读的要求是理解准确率不低于70%，而对翻译准确率的要求则是100%。因此翻译教学是以阅读教学为基础，翻译教学经常融于阅读教学中。在阅读教学中进行点式翻译教学，对于阅读教学的深化大有裨益。阅读教学中一部分学生不求甚解，对难句、关键句或难度较大的段落含义不甚清楚，因而要通过翻译表达的反作用，加深学生对原文的理解，进而完全消化吸收。翻译教学有机地融于阅读教学过程中，作为阅读教学过程的一个环节，也将传统的语法翻译教学法与现代的交际教学法有机结合起来，使之相得益彰又各取所需。

四、英语理解的准确性与汉语表达的审美性相结合

尽管大学英语翻译的教学和测试标准主要是考查学生的准确理解力，但表达的问题也不可忽略。表达水平直接反映对原文理解的程度和翻译的质量。理解的程度只有凭借表达，才能得以显现。虽然大学英语教学对翻译教学在语言形式上要求并不很高，但翻译作为一种语言活动必然涉及审美问题。在翻译过程中，审美意识是一种积极主动的心理活动。对翻译语言作美学上的评价和欣赏，必须把语言所表达的思想感情内容与语言形式统一起来，把语言表达与交际语境统一起来，才能对文本语言做出恰当的审美判断并获得美感。语言审美包括语音、文法、修辞等方面。在翻译教学实践中，学生自身因忙于做抽象的词义及语法分析而忽视语言审美，教师需要在讲授翻译知识和技巧时，注意唤醒学生的审美意识，引导学生在理智分析语义的同时，联系具体语境中的语言形式、交际场合、交际目的等诸多因素，进行具体或整体的感性理解。要说明的是，大学英语翻译教学毕竟不

同于其他类型的翻译教学，审美意识的渗透和培养要适时适量，不可喧宾夺主。翻译教学作为大学英语教学的一个重要组成部分，应当予以充分重视。另外，教师应更深入地钻研教材，更合理地设计教学方法，学生也应端正对翻译的学习态度，积极配合教师，扎实、勤谨地进行翻译练习和实践，以达到教学互动、教学相长之境界，使学生的实际翻译能力和水平得到实质性提高。

第五节 翻译理论在翻译教学中的实践应用

翻译理论的重要性更体现在它对翻译实践的指导意义上。古人云：凡事须由其途，得其法，方能终其果。英汉互译自然也需要科学理论的指导，此处的理论其实就是翻译实践的必由之路和原则法度。“翻译实践水平的提高，不能依靠提高劳动强度，只能依靠与自然科学和社会科学水平相适应的理论指导。”翻译理论的启蒙性、实践性与指导性不容人们忽视对其基本理论的传播。另外，翻译理论也能促进翻译教学水平的提高。深刻参透新的翻译理论，必然会扩大教师的专业视野，丰富教师的专业知识。这些新的理论经由教师的筛选，融入翻译教学，进而指导学生的翻译实践，必将更快、更有效地为国家培养翻译人才。

一、关联理论与翻译

1. 关联理论

语用学家斯伯博（Sperber）和威尔森（Wilson）综合认知科学、语言哲学和人类行为学的研究成果创立了关联理论，不仅在语用学界反响强烈，对语言学、文学、心理学、哲学等领域也产生了一定影响，对翻译研究也同样具有积极的意义。他们的学生格特（Gutt）运用关联理论对翻译进行了专门研究，并在《翻译与关联：认知与语境》一书中进一步发展了关联理论，阐述了他对翻译研究的启示，提出了一种全新的关联翻译理论，为翻译研究开辟了新的领域。

关联理论认为，若文本话语的内在关联性很强，则读者在阅读中无须付出太多推理努力，就能取得好的语境效果（语境含义或假设）；反之，若文本话语的内在关联性很弱，则读者在阅读过程中需付出较多推理努力，才能取得好的语境效果。从文本的创作或翻译看，好的文本或译本并不是要向读者提供最大的内在关联性，而是要提供最佳的内在关联性。从文本或译本的解读看，读者理解话语的标准就是在文本话语与自己的认知语境之间寻求最佳关联，而不是最大关联。这里的最佳关联就是用最小的推理努力，取得最大的语境效果。文本的内在关联性往往与文本的创作意图、社会功能、写作风格和文体色彩等有关。例如，以信息功能为主、含义单一明确的实用文体，往往提供较清楚的内在关联性，读者很容易直达其意；而意境深远、蕴含丰富的文学作品，其内在关联性较为含蓄，为读者留下丰富的想象和推理空间。但无论文本的文体、风格或功能如何，都应该设想为读者提供最佳的内在关联性，才能使读者从文本话语中获得最大语境效果。

关联理论是以认知和交际为基础的。在关联理论中，关联性被看作输入到认知过程中的话语、思想记忆、行为、声音、情景、气味等的一种特性。语境则是一个心理结构体（psychological construct），它存在于听话者头脑中的一系列假设（a set of assumptions），包括：

（1）上下文，即在话语推进过程中明白表达出来的一组假设。

（2）会话含意（conversational implicature），即按照语用原则推导出来的一组假设。

（3）百科知识，即涉及上述两类假设中相关概念的知识或经验。

任何一个交际行为都是明示—推理的过程。听话人为了理解说话人的意图，必须根据关联理论把对方具有最佳关联性的言语刺激以及当时的交际情景当作信息输入，并从记忆中提取相关的百科知识与之匹配（即做出语境假设），在大脑中枢系统中采用演绎规则对它们进行综合加工（付出一定的努力），最终获得语境效果。因此，话语理解的过程就是通过语境进行推理的过程。翻译的本质也是一种言语交际活动，原作作者与译者构成交际双方，译者和译语读者（接受者）又构成交际双方。原作中的每一个语句、每一段话语对译者而言即是明示刺激（ostensive stimuli），这种明示刺激或明示性话语就是一组语境线索，译者在这种言语刺激作用下，就会激活其认知语境，利用词汇知识、逻辑知识及百科知识寻找关联，进行推理，推导出作者的意图，进而理解原文；另外，译者要将自己的理解传达给接受者，就要调用译入语方面的认知语境，尽量将原作内容和形式忠实地表达出来，使译文符合接受者的期待。因此，关联理论框架下的翻译就是一种对原语进行语内或语际阐释的明示—推理活动（an act of ostensive-inferential intralingual or interlingual interpretation of a source text），这种明示—推理活动要依靠语境实现。

关联理论认为语境不是在话语生成之前预先确定的（contexts not seen as fixed in advance of the utterance），而是听话者在话语理解过程中不断选择的结果，它会随着交际过程的发展而不断发展和变更。语境是一系列假设，是一个大范围的概念。在话语理解的过程中也使那些最为相关的语境被激活，通过推理作出判断。要使交际成功，就要寻找话语与语境之间的最佳关联，也就是要找到对方话语同语境假设的最佳关联，通过推理推断出语境暗含，最终获得语境效果。制约相关性的两大因素就是语境效果与推理努力。语境效果大，推理时所付出的努力小，关联性就强，反之亦然。由于认知语境是因人而异的，对同一话语的推理往往也有不同的暗含结果。比如在朋友家聊了一段时间后，起身准备离开，这时天正下着雨，朋友说："在下雨呢。"如果朋友是坐着说这句话，根据已有的认知语境，即下雨时主人常留客人。结合朋友的话便可以得出结论：主人要留客人。但是，如果朋友一边递给客人一把伞，一边开门说这句话，客人就要调整认知语境，搜索有关的信息：朋友大概有事，主人为客人开门常有送客之意，下雨出门可以打伞。根据这一组信息，结合朋友的话，就可以推出结论：朋友至少不反对客人离开。因此，话语理解的过程实际上就是不断激活相关语境，寻找关联，进行推理的过程。

翻译的本质是一种交际活动，译者扮演着信息输入（对原作的理解）和输出（言语产出）的双重角色。不同的译者有着不同的认知语境，同一个译者处在不同的时间、地点也会有不同的认知语境。在翻译过程中，译者必须依赖语境，从原作的言语或语句的刺激中寻找最佳关联，再把这种关联传递给译语读者，也就是说译者把自己的理解传递给译语读者。由于译者的认知语境是动态的，加上不同语言构成的语篇或文本受不同语义、文化等诸多因素的制约，译文不可能完全对等于原文。也就是说，翻译是动态的、波动的。那么，是否说翻译的这种动态和波动性就使译文无章可循了呢？不是的。Chesterman 认为，翻译的成功取决于相关因素间的趋同（Translational success is relative to the degree of convergence between the relevant factors)。趋同与趋异是相对的两个概念。“翻译的成功”指的是翻译的效度（validity)，它与趋同度成正比，与趋异度成反比。即趋同度越高，则趋异度越低，翻译的效度就高；反之，趋同度越低，则趋异度越高，翻译的效度就低。所以，要提高翻译的效度，必须尽量使译文向原文趋同，以提高翻译的信度（fidelity）和质量。

翻译的本质是一种交际活动。译者必须从原作的语句刺激中寻找最大关联，通过认知语境进行演绎推理，识别作者的交际意图，进而用正确的语码传递给接受者。译者只有在原语和译语之间找到它们最大的语义和语用关联时，才能使译文最大限度地趋同于原文。因而，人们认为翻译的趋同可分为语义趋同和语用趋同。

语义趋同指在语言形式和规约意义（conventional meaning）上的趋同，语用趋同则指在内容和隐含意义（implicature）上的趋同。规约意义的识别受语境的干扰较小，而隐含意义的识别必须借助语境进行推理才能实现。翻译中，译者必须依赖语境，寻找关联，通过推理识别作者的交际意图，并对接受者的认知语境做出正确的假设，选择适当的译语，努力使原作作者的意图与译语读者的期待相吻合。翻译的本质是交际的、语用的。因此，质量好的译文必须兼有语义趋同和语用趋同，仅有语义趋同，有时译文可能传达不出原作的意图，变成“曲译”或“死译”，当然，在无法兼顾语义趋同和语用趋同时，就应该想方设法做到译文的语用趋同，以传达出作者的意图。

2．关联理论在翻译教学中的作用

关联理论对翻译教学有很大启示，它首先告诉人们，要翻译，先要理解原文。根据关联理论，要准确无误地理解原文的语境，根据语境做出认知假设，找出原文与认知假设间的最佳关联，从而理解原文语境效果。寻找关联要靠译者的百科知识，原文语言提供的逻辑信息和词语信息。因此，寻找关联就是认识推理的理解过程。更为重要的是，翻译是作者—译者—读者三元关系，原文作者和译者的认知环境不同，作者力图实现的语境效果同译者从原文和语境中寻找关联而获得的语境毕竟是两回事。这样一来，原文信息和译文传达的信息就不可能完全对等，翻译只能做到“达义”“对体”“求形”。所谓“达义”，就是正确地表达原文的意义，意义是交际的核心内容，意义的篡改、歪曲，谈不上是在翻译，只有准确无误地表达原文的意义才是翻译的首要任务。无论是明说还是暗含，意义的语码转换是可行的。“对体”是指文体和体裁。在翻译中，两种语言的体裁要相吻合，诗歌绝不可译成散文，戏剧绝不可译成小说。也应该注重语体和文体，Martin Joos 的“五只时钟”理论对翻译很有参考价值。所谓的“求形”，是指两国的文化具有差异，语言表达的形式不可能全部一致，只能做到有者同形，无者异形，译文应符合本国语言的习惯。例如，英语的习语 One boy is a boy，two boys half a boy，three boys no boy 可译成汉语相同的形式“一个和尚挑水吃，两个和尚抬水吃，三个和尚没水吃”，但 He was like a drowned rat 不可译成“他湿得像老鼠”，而应译成“他湿得像落汤鸡”。

综上所述，关联理论对外语教材的编写、词汇的记忆、阅读理解教学、翻译等有着十分重要的借鉴作用，语言教师应知晓语言学，改进教学方法，掌握教学技巧，培养更好的人才。

二、认知语言学意义观与翻译教学

1. 认知语言学意义观

传统的意义观主要包括指称论、使用论、行为主义论、真值条件论、概念论、成分论等。这些意义观是四种主要语言学范式的意义观的具体体现，即传统哲学、对比语言学、结构主义语言学和转换深层语法。这四种语言学范式虽有其不足之处，但都属于客观主义语言学范畴。Lakoff 曾严厉地批判了这一语言学范畴。他们指出客观主义语言学对于意义的核心观点是语言是对现实世界的直接的镜像反映，意义来自语言本身，现实世界可以通过语言的意义得到准确的理解。由此得出描述同一场景的不同表达具有相同的意义，因为他们反映的是同一场景，如同一源语表达“玛丽把杯子打破了”既可以翻译为“Mary broke the cup”，也可以译为“The cup is broken by Mary”，因为两种译文反映的是同一场景“玛丽把杯子打破了”。

然而，认知语言学则与客观主义语言学持明显不同的观点，它认为意义不是来自语言本身而是来自对体验的理解。语言仅仅是起激活意义的作用，语言与意义之间是导引与被导引关系。而意义就是概念化。具体地说，意义存在于人们的大脑中，而不是语言中，语言的作用只是激活意义和其所属的概念框架。意义或概念化存在于现实世界和概念结构之间的人类认知过程的结果，而认知过程是指人类识解现实世界的过程，因此，意义或概念化是人类用识解方式感知体验现实世界过程的识解结果，每一层意义不仅包括具体的概念内容，还含有相应的识解方式。正如 Langacker 所指出的，语言意义应该由概念内容和识解构成，一种有挑战性的意义观尤其不能忽视后者。由此可知，能够激活相应概念框架中的某一意义的表达必定反映隐含在意义中的某一识解方式。换句话说，某一具体语言构造的使用事实上赋予了所构造的场景某一具体的意象。因此，根据认知语言学的意义观，可断定上段中所给出的例子中的论断是不合理的，尽管“玛丽把杯子打破了”的两种英文翻译可以激活同一杯子摔破的概念内容，但是译文“The cup is broken by Mary”不能激活与原语表达一致的识解方式，因此改变了原语表达的意义。

另外，为了说明认知语言学的意义观，句子尤其是被动句常常用来作为说明例子。在此，必须指出这一做法大大局限了普通读者对认知语言学语义观的理解，甚至会使其误认为认知语言学语义观只适用于句法层面。事实上，词汇和句法都可用来例示这一意义观，因为两者之间没有明显的区分。Langacker指出词和句子形成了一个符号元素的连续体。这就意味着词和句法都是语言构造，都可以构造该概念或场景，赋予概念或场景识解方式。名词属于词的范畴，由此可推导出指称每一个指称概念的名词实际上都体现了相应的识解方式，以下将以认知语言学意义观为指导具体探讨名词的翻译教学问题。

2. 认知语言学意义观对名词翻译教学的启示

在具体名词翻译教学过程中，教师首先需结合认知语言学意义观探索出具体的名词翻译原则，然后在此原则的指导下以引导的方式与学生探讨具体名词的翻译。

如上所述，意义由概念内容和识解方式构成，译者在用某一名词激活某一意义的同时也是在选择某一意象、构建某一场景，而翻译的性质又是在目的语中再现源语的意义。据此，可以认定翻译名词的原则，即名词翻译应该以认知意义为导向，即意义的概念内容和识解方式都应该在目的语中再现。然而，词本身所具有的特点使得这一名词翻译准则的具体实施困难重重。首先，与句子相比，词虽与句子构成一个连续体，两者没有明确的界限，但是词在结构上比句子稳定，而句子较灵活，更具有兼容性以及词无法可及的优点，比如英语句子“His disappointed feelings became the object of her compassion”，孙致礼就充分利用句子的灵活性，把其译为“他的沮丧情绪也引起了她的同情”。显然，原句的意义在译文中得到了很好的再现，因为原句的识解方式和概念内容在目的语中得到实现。然而，如果根据本文所提出的翻译原则把名词paperclips直接译为“纸针”的话，其后果可想而知，虽然原词的识解方式在目的词中得到再现，但是人们无法理解“纸针”为何物。另外，人们所涉及的名词都已经深深扎根于汉英两种语言中，因为这些名词所指称的名词性概念主要来自人类所共有的基本领域，如衣食住行等，这就意味着这些概念汉英两种语言都存在并且都有自己约定俗成的词汇表征。因此，如果按照上述翻译原则把汉语名词直接翻译到英语里，结果就会是：虽然原词所激活的概念内容和识解方式在英语里得到体现，但有可能在英语里无法激活与在汉语里一样的概念，甚至会导致误解，反之亦然。因为汉英两种语言在概念化同一实体时所采用的识解方式完全不同，自然无法激活同一概念，如“床头柜”，如果根据上述翻译原则把其译为bed-head cabinet，就很有可能在英语读者头脑里激活的是像衣柜那样的实体，而不是摆在床边的小桌子。因此，以上提出的名词翻译原则只是描述了一种理想状态，考虑到原语意义的成功传递和目的语读者的理解两个因素，名词翻译原则应进一步修正为：在翻译名词时，译者首先应该尽量在目的语中再现源名词的概念内容和识解方式，若无法达到两者的同时再现，译者应该舍弃源名词的识解方式，而选择与目的语一致的识解方式。基于以上观点，以下将探讨概念共享情况下的名词翻译教学及概念缺失情况下的名词翻译教学。

（1）概念共享下的名词翻译教学。汉英在词汇表征同一名词性概念时存在两种情况。第一种情况是同一名词性概念在汉英两种语言中都有词汇表征，且汉英词汇表征体现相同的识解方式。这种情况的名词翻译策略为：如果源名词所表征的概念为汉英两种语言所共有，且在目的语中由体现相同识解方式的词来表征，那么源名词所激活的概念内容和识解方式都应在译文中体现出来，如概念BOOKSHELF在汉语里词汇表征为“书架”，该词体现了功能视角识解方式，即该词所表征的实体是用来放书的。而在英语里，该概念词汇表征为“bookshelf”，其所激活的识解方式与“书架”一样。因此，英译“书架”时，其所激活的概念内容和识解方式都应在英语中得到再现，翻译为“bookshelf”。由于这种名词翻译方法沿用了源名词的识解方式，因此笔者把其命名为传承法。第二种情况则是名词所表征的概念为汉英两种语言所共有，但在两种语言中分别由其约定俗成的词汇表征，即源名词所表征的概念为两种语言所共有，但目的语中表征此概念的名词体现不同的识解方式。由于两种语言采用了不同的识解方式，如果硬要在目的语中再现源名词的概念内容和识解方式，其结果只会是在目的语读者头脑中无法激活同一概念内容。因此，为了激活同一概念内容，只有舍弃源名词的识解方式以适应目的语中已经存在的识解方式，如一种发型在英语中表征为“Afro”，其体现了转喻的识解方式，即整个范畴被用来指代这一范畴所特用的特征。而在汉语中此概念表征为“爆炸头”，其体现的是隐喻识解方式，即头发的形状与爆炸时的情景很相似。当汉译 Afro 时，如果其所包含的识解方式保留在汉译译文中而把其译为“非洲”，那么很有可能无法在汉语读者头脑中激活“发型”这一概念。因此，汉译 Afro 时，应该在汉语目的语中选择体现相同识解方式的词，如“爆炸头”“蜂窝头”以及其他体现类似的隐喻识解方式的词。鉴于此种翻译方法涉及参照目的语中的识解方式，把其命名为参照法。

（2）概念缺失下的名词翻译教学。以上主要在阐释翻译性质和认知语言学意义观的基础上提出了名词翻译原则，并在此原则的基础上提出概念共享下的名词翻译策略，即传承法和参照法。本小节主要运用这两种翻译策略来探讨概念缺失情况下的名词翻译，以期能为以后相关名词翻译提供翻译依据，并为评价已有的名词翻译提供评估标准。概念缺失是指源名词所表征的概念是源语所独有的，在目的语中不存在这一概念。对这种情况下的名词翻译方法则为传承法和参照法的结合，即参照与原概念所在的原框架相似的目的框架中相关概念的识解方式，然后决定是否传承源名词所激活的识解方式。例如“毛笔”所表征的概念是汉语所独有的，英语则无此概念，但是英语有这些概念如 QUILL PEN（羽毛笔）、STEEL PEN（钢笔）和 LEAD PEN（铅笔），其与源名词所表征的概念处在同一框架下，即 PEN（笔）框架。那么翻译“毛笔”时，就需参照原概念的识解方式。如果原概念的识解方式与相关目的概念的识解方式一致，那么原概念的识解方式就在目的语中得到传承。例如概念 QUILL PEN（羽毛笔）、STEEL PEN（钢笔）和 LEAD PEN（铅笔）分别表征为 quill pen、steel pen 和 lead pen。这些名词表征表明英语是从质地材料视角来概念化相关实体的。而汉语表达“毛笔”也反映了相同的质地材料视角识解方式。因此，“毛笔”可翻译为“hair pen”。这样，不仅原概念中的识解方式在目的语中得到再现，而且也便于目的语读者的理解，因为目的语读者可以通过人类普遍存在的识解方式即类比思维方式来理解 hair pen。通过类比，目的语读者可推导出 hair pen 与 quill pen、steel pen，lead pen 一样，也是一种笔，与其不同的是前者的笔尖是用毛做的，后者的笔尖则分别是以羽毛、钢、铅做的。鉴于此，可试做评价，即前人把“毛笔”英译为 brush pen 这一做法是值得商榷的。此外，如果原概念的识解方式与目的语相同概念的识解方式不一致，那么其应该适应目的语中的识解方式。例如 contact lens 所表征的概念起初是英语所专有的，英语里突显的是眼睛和镜片之间的距离。在汉语里，同处 LENS 框架下的概念词汇表征为“眼镜”“墨镜”等。从这些词汇表征可知汉语主要从镜片位置或颜色来识解这一实体。为此，可以参照这两种视角识解方式把 contact lens 翻译为“眼内镜”或“隐形眼镜”。与此同时，还存在另一种情况，即目的语中不存在与源语所特有的概念处在相同或相似框架下的概念，也就是不存在参照的可能性。例如英语中就没有概念与汉语概念“阴”和“阳”处在同一框架下。对于这种情况，只能在目的语中完完全全地再现原语的识解方式，从而英译为“yin”和“yang”。

综上所述，翻译则是指在目的语中再现源语的意义。根据认知语言学的意义观，意义就是概念化，由概念内容和识解方式构成。在此基础上，人们提出了名词翻译原则：在翻译名词时，译者首先应该尽量在目的语中再现源名词的概念内容和识解方式，如无法达到两者的同时再现，译者应该舍弃源名词的识解方式，而选择与目的语一致的识解方式。在该翻译原则的指导下，人们提出了名词翻译的三种策略，即传承法、参照法以及传承参照结合法。传承性翻译策略是指源语名词所表征的概念为两种语言所共有且此概念在目的语中也体现相同识解方式的词汇，翻译时源语名词所表达的概念与体现的识解方式在目的语中同时获得再现。参照性翻译策略则指源语名词所表征的概念为两种语言所有，但源语名词表达的概念在目的语中是以不同识解方式得以表征的，翻译时则采用符合目的语识解方式的词语。传承参照结合法则指参照与原概念所在的框架相似的目的框架中相关概念的识解方式，然后决定是否传承源名词所激活的识解方式。

3. 翻译教学中认知语言学的意义观与译者主体性

传统意义观根植于客观主义，认为意义是客观存在的，每个句子都有一个客观意义，这个意义并不关乎任何一个人，而是独立存在的。而现代意义观的哲学基础是经验现实主义，认为没有独立于人的认知以外的所谓意义，语言符号不是对应于客观外部世界，人的认知参与了语言的意义和推理。因此，人们说意义不能独立于人的认知以外而存在，而这也同样适用于隐喻的意义。王寅在分析隐喻的工作机制时认为，同一种语言和文化中的交际双方共享的语境知识、文化因素、常规模式等因素是隐喻得以实现其交际价值的基础。在这个基础上隐喻意义才得以形成和识别，即双方达成对某隐喻意义的共识，这样隐喻也才获得其存在的可能，才会具有生命力。但是他同时指出人的认知能力是有差别的，这会导致对隐喻理解的偏差。从跨文化交际的翻译角度来说，这种偏差是大量客观存在的。不同文化背景的目的语读者能否通过翻译来感知到源语中作者要表达的隐喻意义，无疑是检验翻译质量的一个重要标准。翻译是一种语际交流，是一种跨文化交际，也是意义通过译者从作者向目的语读者传递的过程。传统翻译观认为译者居于从属地位，是原作者和读者之间的隐形人。解构主义颠覆了这一想法，认为译文不再是原文的附庸，从此，译者在作者和读者间逐渐开始显露其存在和作用。

20 世纪 70 年代翻译界出现文化转向也一定程度上凸显了译者的主体性。“译者从被动、从属的地位中解放出来，享有翻译主体的充分自由，使平等对话与创译成为可能，译者也因此能突显个人的意志，张扬个性，发挥译者的主观能动性。”但是谈译者的主体性并不意味着译者可以任意妄为。译者的主观能动性必须是建立在客观文本的基础之上的，也必须以译者本身的认知结构为依托，并体现作者的认知结构和对目的语读者认知能力的预测。无论译者在翻译过程中体现怎样的个人意志，采取怎样的翻译策略，译者主体性所起到的作用最终还是为传达意义，即为跨文化交际这一目的服务的。也就是说，译者既要面对原作者、原作，又要面对读者，考虑到读者在自身文化中的接受能力。宗教词汇隐喻的翻译对译者提出了较高的要求，译者须以传达意义为目的，力求在源语和目的语以及两种文化之间取得完美的平衡。

三、认知语言学翻译观与翻译教学

1. 认知语言学翻译观

认知语言学的翻译观认为，“翻译是以现实体验为背景的认知主体所参与的多重互动作用为认知基础的，读者兼译者在透彻理解源语语篇所表达的各类意义的基础上，尽量将其在目标语言中表达出来，在译文中应着力勾画出作者所欲描写的现实世界和认知世界”。认知语言学的翻译观强调体验和认知的制约作用，重视作者、作品和读者之间的互动关系，追求实现“解释的合理性”和“翻译的和谐性”。认知语言学建立在体验哲学的基础上，用认知语言学的视角去审视翻译，相比传统的以文本为中心的翻译观和传统语言学的翻译观，它突出了主体认知活动在翻译中的表现。这是有关翻译活动的一个本质现象，却一直以来在翻译研究中未能得到足够的重视。同时，相比解构主义、阐释学和文化学派的翻译观等强调译者（即解构者或阐释者）本身的视域、经验和立场等主体性因素在翻译活动中的发挥，认知语言学的翻译官提出要发挥体验和认知对主体性因素的制约作用。

认知语言学的翻译观一方面承认认知活动对翻译的决定作用，即译文是体验和认知的结果，一方面又指出译者作为认知主体之一应受到其他参与翻译活动的认知主体间互动的制约，翻译时应“创而有度”，而不是“任意发挥”，因而它是一种追求平衡的翻译观。换言之，认知语言学的翻译观承认并描述了认知活动在翻译行为中的客观存在，同时又提出译者必须尽量重现原文所表达的客观世界和认知世界；它既是看待翻译活动的一种新的整合性视角，又从认知的角度提出了翻译活动的标准。鉴于翻译教学的对象是未来的译者，而认知语言学直接关注译者认知活动的过程，强调主体的体验性和创造性，重视认知所产生的结果，人们认为用认知语言学的视角去审视当前的翻译教学，将会有助于翻译研究者和教师在翻译教学相关的一些问题上有新的发现，如课堂教学的具体目标、模式，翻译教材的选择和使用的标准等。认知语言学的翻译观可以为翻译教学提供一种有效的理论模式和支持，以下将以认知语言学翻译观为指导，具体探讨文化意象的翻译教学问题。

2. 认知语言学翻译观对文化意象翻译教学的启示

在具体文化翻译教学过程中，教师首先需结合认知语言学翻译官探索出具体的文化翻译模式和文化意象翻译模式，然后在两种模式的指导下以引导的方式与学生探讨具体文化意象词的翻译。

（1）对文化翻译模式的启示。一个社会的文化是这个社会成员所共有的。它的形成建立在社会成员对客观世界的体验的基础上。为此，它必然与其他文化在某些方面具有相似性，这使得不同文化间的交流和翻译成为可能。在当今跨文化交际中，译者成为文化间的协调者。为此，上文中的翻译的认知语言模式改为如图 4－1 所示。

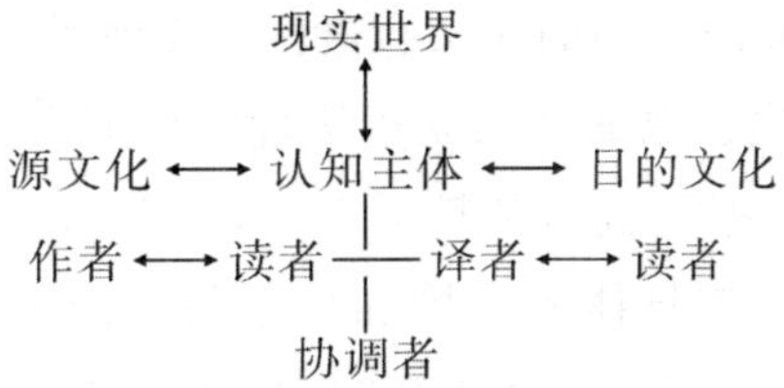

图 4－1　翻译的认知语言模式一

然而，在体验客观世界的过程中，团体成员不是镜像直接反映外部世界，而是与外在世界互动。互动要求人类充分发挥其主观性来识解现实世界。同时，也是由于人的主观性，使得其识解结果存在差异性。也就是说，在感知同一认知对象时，人们由于自身体验的差异性，会有不同的认知结果。文化当中的这种差异性充分体现在文化意象中。以“熊”和“老虎”为例，“熊”在中国文化里就被识解为“可爱”和“和平”，而在西方文化中却被识解成“懒惰”和“肥胖”。“老虎”在中国文化中识解成“虚假”和“丑陋”，但在西方文化中就成了“强大”和“快捷”。为此，模式一可进一步改为如图 4－2 所示。

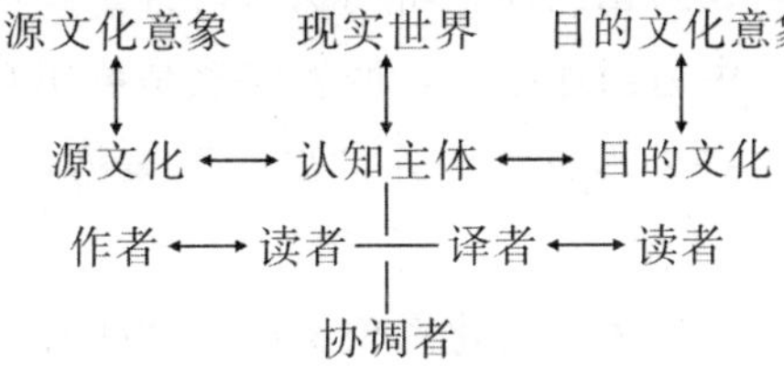

图 4－2　翻译的认知语言模式二

（2）对文化意象翻译的启示。传统上，异化与归化是翻译文化意象的两种主要的翻译策略。韦努蒂认为，异化翻译指通过打破目的语中惯用文化编码以保留外语文本的异域性。这意味着在进行文化意象翻译时，源文化意象应该保留在译文中，尽管这可能违背了目的语的文化编码。显然，异化翻译策略只考虑了源文化或作者的因素，而没有考虑目的语文化或读者的因素。然而，归化策略恰好与异化策略对立，它主张翻译中采用符合目的语表达规范的自然流畅的语言风格，最大限度地淡化原文的陌生感，尽可能使原文所表达的世界与目的语文化读者的世界相近，使作者靠近目的语读者。这种翻译思想在奈达主张的“动态对等”或“功能对等”观点中得到充分体现。奈达指出动态对等翻译旨在达到表达的完全自然性，并试图把接受者与其自身文化语境下的相关行为准则联系起来。在进行文化意象翻译时，就意味着源文化意象应该被消除，因为其对于目的文化来说具有异域性，违背了目的文化的行为准则。显然，归化翻译策略只关注目的语文化或目的语读者的因素。因此，可以说归化和异化翻译策略都具有片面性，它们相互排斥，是两种极端的做法，都不适合当前跨文化交际环境下的文化意象翻译。然而，认知语言学的翻译观在某种程度上克服了这种缺憾，提出了翻译的和谐性。为了实现文化意象翻译的和谐性——文化意象的有效传递和理解，作为文化协调者的译者必须进行翻译中各个因素之间的互动，即要充分考虑源语文化、作者、目的语文化、目的语读者等因素。根据翻译的认知语言模式二，译者以其个人经验或百科知识为基础，首先需要识解源语文化意象。而要感知源语文化意象，作为协调者的译者还必须了解文化意象的基础，即源语文化。但是一个文化意象在一种文化中可能有几个相似或不同的含义。这就需要译者通过与源语语境或作者意图进行互动以推敲出某一具体文化意象的“独立于语境的原型含义”。比如，在中国文化中文化意象“龙”有“神圣”“权威”“高贵的性质”“成功”“能力”“雨水”等相似或不同的文化含义。译者就需要通过识解具体的语境和作者的意图来确定“龙”的具体含义。如“望子成龙”中的“龙”就应该识解为“成功”或“能力”。又如文化意象“竹”，在中国文化中有“事情发展得很快”“正直的性格”“冷静的心态”等文化含义。如中国著名诗人欧阳修的诗句“竹矣君子德，猗猗寒更绿”的“竹”就应识解为“正直的性格”这一文化含义。另外，译者应该与目的语文化或读者互动，必须考虑如何使用符合目的语文化编码和语言规则的语言来表达其识解结果，从而使目的语读者较容易地理解译文。译者作为文化的协调者，应该思考采取什么样的方式既能有效地在译文中传递源语文化意象和含义，又能便于目的语读者的理解，从而促进源语文化与目的语文化之间的有效交流，最终实现翻译的和谐性。

根据上文对异化翻译策略、归化翻译策略和认知语言学翻译观的探讨可知，异化和归化这两种翻译策略应该在翻译中适当地结合，两者应该是可相互兼容的组合关系而不是相互排斥的聚合关系。人们把这种处理方法叫作“融合”策略，即文化意象翻译的“融合”策略。

（3）案例分析。基于以上所论述的文化意象翻译的“融合”策略，教师可结合一些典型的文化意象词来探讨文化意象词的具体翻译。在具体翻译过程中，教师在文化意象翻译模式的指导下，先引导学生去分析该文化意象词在源语文化中的文化含义，然后引导学生去分析目的语文化中在表达同一含义时是否使用相似的手段，如果不是，就要提示学生采用“融合”策略思想思考出既能体现源语文化含义又能便于目的语读者理解的具体翻译方法。

例 4－1：她是我们学校的林妹妹。

众所周知，“林妹妹”是中国四大名著之一《红楼梦》中的女主角。这一人物以其多愁善感和精致的美而出名。在中国文化中，提到“林妹妹”这一文化意象，人们就自然会联想到多愁善感和精致美的特质。但是英语文化环境中没有这一意象，如果译者根据异化翻译策略直接将例句译为：She，in our school，is called Cousin Lin、目的语文化中的读者将无法理解“Cousin Lin”究竟指的是什么，如果对方不能理解，那么文化传递和促进双方文化交流将无从谈起。如果根据归化翻译策略将其译为：She is famous for her sentimental and delicate beauty in our school. 毫无疑问，这一译文符合目的语的表达习惯，也便于目的语文化读者的理解，但是“林妹妹”这一文化意象在译文中消失殆尽，结果也没有达到传递文化意象和促进文化交流的目的。而根据融合翻译策略，例句则译为：She， in our school，is called Cousin Lin，a sentimental and delicate beauty. 这一翻译策略既达到了传递文化意象“林妹妹”的目的，又便于目的语文化读者的理解。因为译文保留了文化意象“林妹妹”，同时又把其文化含义用适合目的语文化编码和语言习惯的语言在译文中展现出来。这样，目的语读者读到“林妹妹”这一文化意象时可能会感到陌生，难以理解，但当其读到“a sentimental and delicate beauty”时，就自然会把其与“林妹妹”联系起来，从而最大限度地理解“林妹妹”这一文化意象，最终达到促进文化交流的目的。因此，可以说，融合翻译策略比归化或异化翻译策略要更适合当前跨文化交际的形式。另外，人们也看到，这一策略实际上是归化和异化两种翻译策略的有机结合。通过异化策略在译文中保留了源语文化意象，同时通过归化策略使用符合目的语文化编码和语言规则的语言把这一文化意象的含义在译文中表达出来。

以上结合实例对融合策略这一概念及其操作进行了较为详细的阐释，以下将用此策略对一些已经存在关于文化意象的译文进行分析。

例 4—2：

a. Mrs Smith is a perfect cat.

史密斯太太是个地地道道的长舌妇。

b. The planners were busy by passing the Gordian knot.

计划者为躲避戈尔迪结，而忙得不可开交。

例句 a 和 b 是归化和异化翻译的典型例子。在译文 a 中，源文化意象完全消除；而在译文 b 中，源文化意象完全保留下来，但不利于目的语读者的理解。因此，从促进文化有效交流的角度考虑，以上例句应分别译为：

a. 史密斯太太似猫，一个十足的长舌妇。

b. 计划者为躲避棘手的戈尔迪结事件，而忙得不可开交。

结合上面的实例分析，学生可能会产生以下两个疑问：一是为什么融合策略能够确保文化之间的成功交流。通过融合策略翻译的译文，如把 Mrs Smith is a perfect cat 中的 perfect cat 译为“似猫，一个十足的长舌妇”，仍然不能有效地促进文化之间的有效交流，因为目的语（中文）读者不知道 cat 在源文化中有“多嘴”等信息。这种考虑有一定道理，但实属多虑。此时，教师可以在认知推理互明模式的指导下对此问题加以解释。因为融合策略符合人类的认知推理互明模式。Sperber 和 Wilson 认为在交际中交际双方或观众没必要提前知道一些假设，当新信息出现时，他们会根据明示刺激物自行调整语境假设。也就是说，只要假设对对话者是明示的，交际就可以顺利进行。因此，虽然上文中的文化意象 cat 在英语文化中的含义，目的语读者预先不知道，但是通过融合策略，其文化含义已经得到明示，读完译文，目的语读者可能会感叹道：“哦，原来在英语文化中，cat 有‘多嘴’等含义。”然后，根据这一新信息自行调整自己已有的关于 cat 的假设，继续阅读和理解译文。因此，通过融合翻译策略翻译的译文不会给读者带来理解上的困扰，成功的跨文化交际也就得以实现。二是学生还有可能会问这个策略可否用来处理所有相关翻译问题，即融合策略是否具有普适性。教师可告诉学生，每一种理论都有其适用范围，这属于认识论上的问题。融合翻译策略也是一样，其并不企图取代文化意象的其他翻译策略，但主张在当今跨文化交际中翻译文化意象应首选融合策略。全球化环境下，文化间的交流越来越密切，交际中的每种文化都享有平等地位，都应得到应有的尊重。因此，交际中任何一种忽视甚至消除体现他者文化因子的行为都是不明智的。翻译作为不同文化交际的主要手段，是人们了解他者文化最重要的手段之一，也是他者文化容易被忽视的薄弱地带。自17世纪以来，西方翻译史上一直都是归化翻译占主导地位，尤其是在英国，究其原因，就是深藏在背后的民族中心主义的意识形态在作怪。他们在翻译中任意消除不符合其文化模式的他者文化因子，这就是“文化霸权”的具体体现。为了抵制这一现象，韦努蒂提出了异化翻译策略。他认为源文化中异质的东西应该在目的语中保留下来。但是韦努蒂通过异化策略号召外国文化应得到与本国文化平等待遇的同时却走向了另一个极端，即他忽视了目的语读者。显然，这些翻译策略都不符合当今跨文化交际的形势。当今世界，和平与发展成为两大主题，“文化霸权”是当今世界所不能容的。而融合翻译策略顺应了当今国际社会的发展趋势，既考虑了源语文化在译文中的保留，又照顾到了目的语读者对他者文化的接受能力和理解，从而最终实现翻译的和谐性，促进不同文化间的有效交流。

四、言语行为理论与翻译教学

言语行为（speech act）早在20世纪50年代就是语言哲学家的研究对象。所谓言语行为指人们为实现交际目的而在具体的语境中使用语言的行为。言语行为并非“言语的行为”，而是一种交际活动，涉及说话者说话时的意图和他在听话者身上所达到的效果，即言语就是行为。言语行为理论的创始人是英国哲学家Austin。他设想了言语行为的三分说：言内行为（locutionary act），言外行为（illocutionary act）及言后行为（perlocutionary act）。言内行为指的是“说话”这一行为本身，即发出语音，说出单词、短语和句子等。这一行为本身不能构成语言交际。言外行为是通过“说话”这一动作所实施的一种行为，如传递信息、发出命令、问候致意等。言后行为指说话带来的后果，即说话人说出话语后在听话人身上产生了哪些效果。例如，“我饿了”这一言语行为，其言内行为就是说出这三个字；言外行为是实施说话人的一种“请求”行为，请求听话人能提供一些食物；对方提供食物与否就是言后行为。在这三种言语行为中，语用研究最感兴趣的是言外行为，因为它是同说话人的意图一致的。说话人如何使用语言表达自己的意图，听话人如何正确理解说话人的意图是研究语言交际的中心问题。

1. 理解原文的内涵

翻译是一种跨语言、跨文化的交际行为。根据认知语用学的观点，要确定话语意义，就必须充分考虑说话人的意图或语用用意、交际场合以及听话人的背景知识、信念、态度等语境因素，而语境因素往往又不止一个，它“可以是语言语境（上下文），也可以是具体语境（交际场合），也可以是认知语境（记忆和知识结构）”，说话人正是通过这一系列语境信息来传达他意欲表达的话语意义。从言语行为角度论述翻译，就是要求译者正确领会原作者的主观意图，教师要使学习者认识到，翻译绝不仅仅是一种从原作到本族语的转换，根据言语行为理论，译者在翻译过程中，不仅要理解原文的字面意义，更重要的是要弄清原作者的真正意图，同时根据不同的交际情景、文化传统、社会条件、思维方式、语言结构和表达方式等有的放矢，才能译出精品佳作来，如例4—3至例4—5所示。

例4—3：It seems to me what is sauce for the goose is sauce for the gander.

这里译者如果不懂得其内在含义就很有可能译成“我觉得煮鹅用什么酱油，煮公鹅也要用什么酱油”。这样读者就感到莫名其妙不知所云，译者若能透过表层理解深层意义就可译出“我认为该一视同仁”，从而将作者的原意清楚地表达出来。

例4—4：Do you think he has it in him？你认为他干得了吗？

In him/in her/in them 中的 in 常表示“有能力做什么”而不是“有什么”。

例4—5：The study room had a Spartan look.

这句话的理解就涉及了文化背景知识，因为其中包含了一个典故，如果译成“这间书房有斯巴达的景色”对于不熟悉 Sparta 的读者就不知其所云了。Sparta 是古希腊的一座重要城市，在历史上占有重要的地位，Spartan 是斯巴达人、斯巴达式的意思，斯巴达人素以刚勇简朴著称，因此这句话最好译为“这间书房有一种斯巴达式的简朴”，并加注（注：斯巴达人以简朴著称）。

2. 翻译时注意言外之意

翻译最主要、最根本的任务是再现原文的意义。美国翻译理论家奈达说：“翻译就是翻译意义。”可见，意义及语用意义是翻译的出发点和归宿点。由于他设计了两种语言的语用原则，推导出原文所示的言外之意并使译文读者理解这一言外之意，使两种不同的语用意义的差异得到沟通、融合。

例4—6：Out of sight，out of mind.

其言外之意是 persons or things not seen for soon forgotten. 看不见的人或物会很快忘掉，意思是看不见就想不起来，所以可译为：别久情疏（眼不见，心不念）。

例4—7：A miss is as good as a mile (a failure is always a failure, however near it may be to succeed; a narrow escape is the name in effects an escape by a wide margin).

再接近成功的失败也是失败，侥幸逃脱与从容脱身都是保全性命。

错误再小终是错，死里逃生也是生。

例4—8：Lock the stable door after the horse has been stolen.

在这句中汉语中的“亡羊补牢”，只是英语中的 horse 变成了“羊”而已。然而“亡羊补牢”往往还有后半句“为时未晚”，意思是一群羊丢了几只，再修补圈也还来得及，受到损失后想办法补救，免得再受损失，可是，英语的言外之意却是：It is useless to take precautions after something has happened that could have been fore-seen and guarded against .（用来可以预见或防范的事发生了，再采取措施也无济于事了。）仅有的那匹马被人偷走，再去锁马厩的门也没什么意义了，所以英语的言外之意是“来不及”，汉语的言外之意是“来得及”，可见下面的翻译比较得体：亡羊补牢，为时已晚（贼走关门，马后炮）。

例4—9：Given a dog a bad name and hang him.（given a person a bad reputation, slander him, and the bad reputation will remain.)

给某人加上一个坏名声，他就永远洗刷不掉；人言可畏，众口保金（受人诬陷，有口难辩）。

上面的翻译不仅理解英语本族语人的语用意义，还适合汉语读者理解，语用意义一致，相通的译文，使原句的语用意义和译句的语用意义达到契合。

下面的译法就欠妥：

例4—6译为：眼不见，心不烦。

例4—7译为：差之毫厘，谬之千里。

例4—8译为：亡羊补牢，犹未为晚。

例4—9译为：欲加之罪，何患无辞。

所以，教师在教授学生时，要让学生了解不同文化内涵及其言外之意。英语和汉语之间有着由人类共性所决定的语言共性，这是英汉语之间得以互译的前提。但英汉语言分属于两种截然不同的语系，两种语言在语音、词汇、语法、语义等各方面差异很大。尤其是两种语言根据其语法关系的习惯用法表现在句子结构和表达方式上存在很大的差异，正是这种差异给两种语言的顺畅互译带来了障碍。如：American education owes a great debt to Thomas Jefferson. 学生原译为：美国教育大大归功于托马斯·杰弗逊。指导后译为：托马斯·杰弗逊为美国教育事业做出了巨大的贡献。学生缺乏对英汉思维差异的了解，过分拘泥于原句的框架结构，导致汉语译文并不十分通畅。在教学中，教师适时地指导学生对两种语言的异同进行对比，增强他们对英汉语言差异的理性认识，力求引导学生在语言学习中自觉探寻并逐步掌握两种语言相互转换的基本规律，掌握英汉互译的基本原理知识和常用技巧，以便有效地指导自己的翻译实践，提高自己的翻译能力。

3. 英汉语义对比的重要性

翻译即译意，对语义的研究无疑很重要。在很多情况下，处于不同语言文化中的人对同一客观事物的反映是相同的，用以描绘这个事物的语言在语义上也没有差异。中国人所说的电视机和英语中的 television 是完全对应的，没有其他附加的文化色彩，这类表示实体的词比较容易翻译。因为在英汉语言中，这些词的指代十分清楚，没有文化上的差异可言。但有些表示概念或抽象的词，其核心语义在英汉两种语言中没有大的差异，但所附加的文化含义却有很大不同。例如，西方崇尚自由，中国强调纪律性，因而英语中的 freedom 和汉语中的“自由”在文化意义上有很大不同。propaganda 在英语中有贬义，而“宣传”在汉语中却是中性词。有时，英汉两种语言中，词的指代完全一样，文化含义却截然相反。如 Red China 在英文中含有负面意义，汉语中“红色中国”则是褒义。翻译过程中，在不同语言之间找对应词实际上会很困难，即使找到了最接近的词，也不见得是真正意义上的对应。不过人类不得不借助词这个媒介来进行交流，所以用词语的人即使知道所用之语和现实所指并不完全一致，也只能使用那个词。

语义固然复杂，但是，一些学者对语义的划分则会使我们提纲挈领，有章可循。比如，Geoffrey Leech 的七种意义（Conceptual, Connotative, Stylistic, Affective, Reflected，Collocative and Thematic），刘宓庆的六种意义（Conceptive，Contextual，Formal，Stylistic，Figurative and Cultural）以及莫里斯的符号学意义观（Referential，Pragmatic，Intralingual）都对翻译实践有借鉴作用。建议教师在讲授翻译的过程中，选择一种易为学生所理解和接受的分类进行介绍，帮助学生掌握辨别语义的方法，为正确理解源语、借译语之辞达源语之意打下良好基础。英汉语义的对比还将有助于增强学生的预见性。例如，英语词义灵活，含义宽泛；汉语语义固定，严谨精确。那么，语言习得（无论母语还是外语）过程中，就要预先留意英语词义的适应性，把握其精神，而非英汉字典给定的字面意义，唯有如此，才能为日后的汉英翻译打下词汇基础。换言之，只有全面洞察语言的显性意义和隐性意义。在翻译的表达阶段才不至于“词”到用时方恨少，最优化的表达法才能信手拈来，这一点再好的双语字典也望尘莫及。

现以 access 一词为例，略加说明：如果学习者认知该词时，仅仅拘泥于其英汉词典给出的显性意义“通道、入口、享用权”，而未领会其隐性意义“the opportunity or right to use or see some one or something”，在汉译英时，奉汉英字典为圭臬的译者常常倾向于根据汉语原文，到汉英词典中按图索骥，如此一来，一些原本可以使用此词移译的汉语句子，也极有可能因为缺乏与该词的表面联系或字面关联而逃过译者的视野。相反，如果掌握了该词的精神或隐性意义，汉译英中，碰到一些看似与其显性意义风马牛不相及的语句，也有可能借助此词，笔底生辉，巧妙而准确地加以翻译。

例 4—10：卖官鬻爵。

Sell access to offices.

例 4—11：（离婚后的）他能见（他的）孩子吗？

Has he got access to the child?

例 4—12：中国要使更多的人能够接受高等教育。

China is to provide a wider access to higher education.

例 4—13：西安交通便利，四通八达（吸引外商，介绍西安）。

Xi’ an gives easy access from all directions.

以上 4 例中，汉语原句无一与 access 的显性意义或英汉字典给出的意义有字面的关联，若依靠汉英字典，难以找出上述例句中的任何汉语短语对应英文中的 access 一词，然而，对比原语与译文，虽然例 4—10 的译文无“官”、例 4—11 的译文少“见”、例 4—12 的译文乏“人”、例 4—13 则“交通”遁逸，但译文整体还称得上与原文语义相符，功能对等。可见，要做一个好的译者，应该了解英汉语义的差异，致力于探究词语的精神，打破双语词典给定意义的枷锁，这样，翻译时，才不会感到捉襟见肘。

在翻译实践中，为准确把握原语语义开辟新的路径，例如，汉译英时，透过汉语松散的结构，识别语义间的逻辑关系，英译汉时，则可以深刻挖掘英语词序、曲折变化以及功能词所传递的信息；为强化译者的译语意识打下理论基础，在此基础上，译者才会自觉抵制原语影响，选用符合译语表达方式的文辞或句式传译原语信息。

五、语篇分析理论与翻译教学

伯格兰德在其1978年发表的《诗歌译论要素》一书中指出："翻译的基本单位不是单词，也不是单个句子，而是语篇。"这恐怕是明确提出"翻译基本单位是语篇"的最早观点之一了。20世纪70～80年代以来，随着语篇语言学的发展，语篇作为翻译基本单位的主张得到认同，"语篇"这一词语也逐步变得时髦起来。例如，近年来国内出版的许多翻译教材，不论其实际内容如何，往往都冠以"语篇翻译"之名（有趣的是，同时冠于书上的英译名却又回避使用"text"或"discourse"等字样）。

1. 语篇理论

对于语篇的理论研究迄今已十分深入，如刘辰诞的《教学篇章语言学》一书将"语篇"英译为discourse，指"一段有意义、传达一个完整信息、逻辑连贯、语言衔接、具有一定交际目的和功能的语言单位或交际事件"。

胡壮麟的《语篇的衔接与连贯》将语篇描述为："任何不受句子语法约束的在一定语境下表达完整语义的自然语言……目的是通过语言这一媒介实现具体交际任务或完成一定行为。可见，首先语篇是人们在特定语境中听到或说的话、读到或作的文，是语言在使用中的单位；其次语篇能独立实现一定交际目标：再次它是一个语义连贯的整体。"此外，他还在该书中对语篇范畴规定为，"本书中所谈的语篇是广义的，既包括'话语'（discourse），也包括'篇章'（text）"，这里的"篇章"和"话语"都是语篇的组成部分。

另外，王宗炎的《英汉语言学词典》里将"text"和"discourse"做了明确界定：前者指口头或书面的一个单位，后者指语言运用的各种实例。李运兴的《语篇翻译引论》一书将"语篇"定义为："语篇指任何不完全受句子语法约束的在一定语境下表达完整语义的自然语言。"

根据Halliday and Hansan，语篇不是形式单位而是意义单位。Beaugrande and Dressier把语篇定义为"交际事例"，需满足7个条件：衔接性（cohesion）、连贯性（coherence）、意图性（intentionality）、可接受性（acceptability）、信息性（informative）、情景性（situationality）和互文性（intertextality）。Hitim指出"语篇是一个具有一致性和连贯性的单位，由一个或多个相互关联的句子组成，并具有某种特殊的修辞意义"（Text is a coherent and cohesive unit，realized by one or more than one sequence of mutually relevant elements，and serving some overall rhetoric purposes）。由此可见，语篇是一个具有相对独立意义的语言单位，所包括的内容超越语法结构，具有一定的连贯性和一致性。国内目前的一些教材，例如庄绎传编写的《英汉翻译教程》（外语教学与研究出版社）、彭长将等编写的《英汉—汉英翻译教程》（湖南师范大学出版社）、蔡基刚编写的《英汉汉英段落翻译实践》（复旦大学出版社）、南开大学外语学院编写的《英汉翻译教程》（南开大学出版社），都以语篇为单位编辑，给翻译教学提供了新思路。

毫无疑问，从"外部"看，不同语篇在翻译中必须进行不同处理。例如，文学语篇的翻译注重语篇风格的文学性、艺术性；政论语篇的翻译注重语篇风格的严肃性、庄重性；

传媒语篇的翻译注重语篇风格的信息性、可读性；科技语篇的翻译注重语篇风格的专业性、术语性；法律语篇的翻译注重语篇风格的严格性、精确性等。从“内部”看，所有类型的语篇翻译又都必须使目的语篇具有“衔接”“连贯”等各种特征，否则得出的结果将不是“语篇”，而只是伯格兰德所说的“非语篇”(non-text)。

很多句子翻译很好的学生，一旦接触到翻译篇章就感到无从下手，或翻译的每个句子独立地看都符合翻译要求：意义正确，语言流畅。但放到一起读就会语言表达不衔接，语体不连贯，或是出现欠额翻译，如例4—14所示。

例4—14：Most of us have formed an unrealistic picture of life on a desert island. We sometimes imagine a desert island to be a sort of paradise where the sun always shines. Life there is simple and good. Ripe fruit fails from the trees and you never have to work. The other side of the picture is quite the opposite. Life on a desert island is wretched. You either starve to death or live like Robinson Crusoe, waiting for a boat, which never comes. Perhaps there is an element of truth in both these pictures, but few of us have had the opportunity to find out.

第一句的翻译如果不考虑整个篇章的话就可以译为以下三句：

(1) 我们大多数人对荒岛生活的想象是不现实的。

(2) 我们大多数人对荒岛生活都构想过一幅不现实的画面。

(3) 我们大多数人想象中的荒岛生活是不现实的。

然而，下文中又出现了“The other side of the picture is quite the opposite.（画的另一面却截然相反）”及“Perhaps there is an element of truth in both these pictures.（或许这两幅画面都有其真实的成分）”，所以第一句话的译文应出现“画面”二字。

谭载喜在《语篇与翻译：论三大关系》一文中指出：“一是翻译过程是一个上步决定下步、一步决定一步、步步相接、环环相扣的过程；二是在‘翻译本体’范畴里，翻译的基本单位应当是构成语篇的各个‘句子’，而在‘非全译’的‘翻译变体’范畴里，翻译的基本单位则是‘语篇’；三是把‘句子’作为翻译的基本单位，它必须始终受‘衔接’‘连贯’等构成语篇的各个基本要素，即‘谋篇’要素的调节和制约，从而使单句连成整体，构成目的语篇。”由此可见语篇概念在翻译中所起的作用十分关键，将语篇的相关知识引入翻译教学就十分有必要。

2. 语篇意识应用与翻译教学

语篇意识应用于教学，不仅将翻译教学从传统的教学翻译方法提升到一个新的水平，而且会对翻译课的安排产生影响，也给上翻译课的教师提出了更高的要求。具体应体现在翻译文本的选取、翻译的教学模式以及翻译作业的批改等方面。

首先，在语篇当中，任何一个词的出现都离不开它的语言环境。翻译教师可以通过与学生研究词的不同色彩，对比语境，使学生们准确把握词义。请看例4—15。

例4—15：Neil, the new chairman of the Bury St Edmunds branch of the National Front, called me at home from a pay phone in a pub. It looked likely that he would get approval for me to come along to their discoparty. The date for the party had been fixed Saturday, the 14th of April.

英国民族阵线党伯里圣埃德蒙兹支部的新主席叫尼尔。他用啤酒店的公用电话往我家里打电话。看来他能为我争取到许可去参加他们的迪斯科舞会。舞会的日期已定在 4 月 14 日星期六。

英汉两种语言在显示语境上似乎有一个明显的区别。那就是：在上下文语境清楚的情况下间接转述他人的话语时，英语不必加上 he said、he asked 等标记词语，而汉语是必须将情境明确标记出来的。

另外，课堂上可以让学生们互相批改译文，或者做译文对比研究，利用语篇理论，让学生们掌握高质量译文的标准，例如段落、句子之间的连贯、衔接，语篇叙述与描述在整体上的一致性等。请看有关这方面的例 4—16。

例 4—16：他跑来跑去地寻。他想寻一个窟穴，躲了身子。将石子堵了穴口，隐隐地蜕壳。他知道在外面蜕壳是危险的。身子还软，要被别的螃蟹吃去的。这并非空害怕，他实在亲眼见过。

He dashed here and there in search of a cave to hide. He was going to block up the mouth of the cave, so that he could moult in secret. He knew it would be very dangerous to shed his shell in the open because, with his new shell being soft, he might be eaten by other crabs. This fear was not groundless for he himself had really seen it happen to other moulting crabs.

译文使用了多种翻译技巧，如合译、增译、补译、省略成分等。譬如，根据各部分之间的逻辑关系，添加了“so that、because、for”等连接词，最后一句使用 this、it 与上下文形成照应，使译文成为结构衔接、语义连贯的有机整体。如果仅局限于句子的视角，这些技巧就显得毫无必要。

对于初学者来说，片面地在词上追求对应，不如去好好理解整个语篇，根据自己的理解再造一个文本，最后再回过头来修补偏差，这样更容易进步。著名翻译家杨绛在总结翻译经验时这样总结翻译的过程：先对原文概括、缩减基本句意，再润色加工生成译文。

因此，翻译课选材应从不同体裁方面着手，这样可以将翻译实践与语言的各种使用功能相结合。此外，翻译课的选材和练习都应以语篇为单位，在课堂上，翻译教师与学生都应当树立语篇意识，通读整个语段，多方位分析语篇的功能，这样才能够从整体上把握原文实质，使译文在整体上忠实于原文。

第五章　翻译教学问题探索

翻译教学是英语教学的重要组成部分，在实际教学中一直未给予足够重视，本章在探索翻译教学思想的基础上，分析了英语翻译教学中所涉及的笔译教学和口译教学，从而进一步提高学生的翻译水平，这也是每一位外语教育工作者必须正视和探索的问题。

第一节　翻译教学思想

教学思想是全部教学实践和教育计划的指针，或者说“指导原则”。翻译教学思想应体现翻译教学的基本原则，毋庸置疑，没有正确的指导原则，就不可能有富于成果的实践，这时，纵使全力以赴，亦无异于徒劳。教学思想与教学实践的关系正是这样。

在这个新时代，翻译肩负着重要的使命。翻译的教学思想应该反映时代的特征，体现翻译所肩负的重大使命。这是翻译教学最大、最基本的价值观。因此，翻译的教学思想体现如下：①翻译教学必须尽最大努力满足社会需求和目的语文化建设需求；②翻译教学必须尽最大努力适应并指引翻译实务的发展；③翻译教学必须尽最大努力适应素质教育和素质教学的要求。

一、满足社会需求

脱离社会实际的教学形同虚设，中外教育史中都有很多这方面的教训。英美（以及在欧洲不少国家）都进行过多次重大的教育改革，其原因就是教育脱离了社会实际。

翻译和翻译教学之所以不能脱离社会实际，根本的原因是翻译实际上全面参与了语言的社会功能，而且社会要求这种参与既尽可能同步、尽可能不折不扣，又尽可能高瞻远瞩、具有指引性。

根据雅可布森、韩礼德等语言学家的研究，语言具有以下重要的社会功能：①信息传递功能，这里的“信息”主要指语义信息，包括体现和承载意义的语音和语法信息；②情感表达功能，语言除了达意以外，还有传情；③祈使指令功能，语言可以承载说话者的意向，要求对方加以实施，意向赋予意义以语势（force）；④审美传感功能，语言承载审美信息（包括内容和形式两个层面），从而赋予语言以传感效果；⑤寒暄应对功能，语言中大量的问候语（greetings），担负着启动人际接触和交流的任务，也承担中国传统篇章学所谓“启、承、转、合”的话语应接和延续功能；⑥超语言功能，“超语言”（extralinguistic）是指语言（话语、文本）以外的言外之意、言外之音、言外之情、言外之景，一切尽在不言中。如果人们仔细观察就可以看到，翻译全面地参与并伴随着每一项语言的社会功能，因此可以说翻译的社会功能是语言社会功能的“part and parcel”，是语言社会功能在语际中的特殊形态，原则是 SL 怎么说了，TL 就得怎么说。

翻译在目的语多元文化建设中更肩负着不可替代的任务。人们可以在世界各国文化发展史中找到很多例证，说明翻译的这种“不可替代的作用”。佛经翻译在我国唐代文化（尤其是文学，包括文学风格、创作方法、文学样式）发展中“画然辟一新国土”，科技翻译对我国明代以后的生产、技术乃至学术思想进步更是一种启蒙性推动，成了中国资本主义经济萌芽的重要催化剂。在欧洲，史例更多。可以说罗马帝国的文化兴盛，主要得益于翻译。由此可以推导出翻译的多向度文化职能：

（1）翻译反映了目的语文化的渴求，同时又可能反映它的“受侵犯”（being infringed）。翻译是一种文化现象，它既可以是催化目的语文化发展的“激素”，也可以是旨在弱化目的语文化生命力的“干扰素”（interferon），甚至被认为是侵犯目的语文化的“暴力”，从而成为对抗主流文化或本土文化发展的绊脚石。先来谈它占主导地位的积极作用：它反映了目的语文化的需要和诉求，补足了目的语社会文化在发展中有时举足轻重的“缺失”。只要看看严复，透察其执着于翻译西方社会科学经典的“心志”，即可了解严复一生翻译了九部针对“吾国振邦富国之急需”的西方社会学与经济学著作，对清末力图改革维新的激进士大夫来说，无异于雪中送炭，对当时的启蒙运动及后来的民主思潮影响极深。尼采曾经针对翻译家这种“各取所需”地对原文“涤旧翻新”（refurbish）的社会功利观深表慨叹，并讥之为既“天真烂漫”（naively）又“粗暴无礼”（violently）。其实尼采也很清楚，翻译者之所以这样做，正是他们的“历史敏感性”（historical sensibility）使然。自古以来，翻译家的“历史敏感性”就驱动着他们的翻译行为，以完成使命，满足“振邦富国之急需”。可以说，这正是翻译的生命力之所在。实际上，目的语文化建设的需求也就是翻译的基本价值取向。在西方，如果没有翻译家对希腊文化（Hellenic Culture）的传播，就根本不可能有古罗马文化近五个世纪的蓬勃发展。

此外，翻译行为在特定的人文、宗教、历史、政治乃至种族差异的条件下，也可能形成对目的语主流文化的对抗力量，作为“文化暴力”，力图侵害、颠覆目的语本土文化的主流地位。在整个 20 世纪，殖民主义及后殖民主义（post-colonialism）的文化对殖民地或前殖民地的“输入”给其带来的政治文化后遗症更不可忽视。印度曾经有过长期的“反殖民主义文化运动”，在不少阿拉伯国家也有类似情况，其中翻译起了“反社会”的消极作用，实际上是助纣为虐。因此，将翻译看成对目的语文化发展“是百分之百的积极行为”的观点是有片面性的。在任何情况下，教师的翻译教学都应该采取分析态度，让学生建立不脱离历史语境、地缘文化和地缘政治来看待翻译行为的观点。

（2）翻译在技术的层面上有助于社会整体结构的优化和革新。翻译是一种技术手段、一种智能力量，这股“力量”的特点是：①它承载着外域技术、智能基因，具有某种待开发的潜在智能；②这种潜在智能经由翻译的“激活”（activation），从潜隐、潜在状态“转化”为外射的（emissive）能动状态；③被翻译激活的、处于外射能动状态的技术、智能能量对目的语社会的良性发展成了一种不可或缺的推动力，即可以转化为高于原层次的生产技术能力，推动社会发展。日本在过去的发展中吸收西方技术以发展国力，就是很好的例子。

从理论上说，目的语社会结构与被翻译激活的“技术力量”之间可能出现三种关系：一是抗拒（resistance）；二是中立（neutral）；三是融合、亲和（blending and affinity）。在大多数情况下（也可以说是在常规情况下），融合、亲和关系成了主导形态，也就是上面提到的第三种。这中间，关键是翻译的“转化”起着决定性作用，即上面提到的第二种。所谓翻译的“转化”（transform）是指翻译者针对目的语社会结构及技术生产水平的具体情况，对原语文本（包括资讯）进行筛选、甄别、调整与加工，以保证原语文本（包括资讯）对目的语社会结构及技术生产水平的适应性（cultural adaptability）。这样就使翻译这一股文化力量参与了主流文化对社会结构的改造，而或迟或早与主流社会形态融为一体，或重新塑造（reshape），终而聚合为一种新的社会经济形态、新的社会整体结构。明代以前的中国社会经济形态属于生产力极为低下的小农经济。至明代万历年间，以欧洲传教士为先驱，开展了西欧科技经典及教材的翻译。1595 年，利玛窦（Matteo Ricci）来华与徐光启、李之藻等人合作翻译科学书籍约 20 种。徐、李二人力主引进西学，改工、耕旧制，并输入西洋机器以振经济。科技翻译大大促进了明代资本主义经济萌芽的发展。通过翻译引进科技优化、革新社会结构，几乎是 20 世纪各国经济、社会、政治进步的普遍规律，现在的情况是，翻译还远远没有发挥它应有的功能：除了欧洲少数传统上的多语地区或社区（multilingual communities）以外，翻译大抵屈居于弱势文化的格局之中，无缘介入主流文化成为主流社会的基本诉求。这大概是 21 世纪（至少是头 50 年）翻译界（包括专业界、研究界和教学界）必须面对的催人奋发的困局。

二、翻译实务的发展

在这里，适应与指引分属于两个功能层面。适应主要指翻译教学必须服从并服务于翻译实务的需求，这是基础层面；指引是翻译教学更积极、进取的层面。

社会的现实需求往往通过各种手段反映在翻译实践中。因此，教学和社会现实的翻译需要“调和”，就要真正重视翻译实践，加强社会功能的标准和效能。如果翻译教学不侧重于翻译实践，就要把实践教学和需求的素质放在一边，如“皮之不存，毛将焉附”，翻译教学的基本目标和目的不能实现，这是很显然的。

除了这个基本目标和目的以外，翻译教学还有一个更积极、更进取的任务，即对翻译实务起指引、指导作用，这种效应反映在教学内容和计划中，也反映在教师的教学中。在这两个方面，翻译教学应该具有前瞻性和预测性，使教师尽可能了解翻译的发展实践和社会发展趋势，消除“庭院深深”的校园障碍，向社会开放，翻译职业发展的现状和翻译研究的新发展才可以促进翻译教学质量的提高。

新时代，确立这个教学思想的原则具有更实在、更广泛的意义和依据。

（1）翻译标准的发展观和功能观。“翻译标准”一词历来意涵不定，姑且以传统上的意指界定其义。其实不论它的意涵如何，都具有不可忽视的两个前提：①历史前提（historical premise)。任何标准、规范、原则等都是特定历史条件下的产物，不可能恒定守常。翻译标准也一样，“超历史”的翻译标准是不存在的，人们今天不能按唐代的“范文”来写文章；②功能前提（functional premise)。同样，不存在“超功能”的翻译标准。在特定的语言文化环境和历史背景下，某一翻译标准通常比较适用于某一种功能文体，并不一定也适用于其他的或所有的功能文体。例如，文学翻译的标准可能完全不适用于法律公文。即使是译同一种功能文体，如诗歌，由于原文类别（诗品）的多样化，翻译标准也就不可能单一不变。

(2) 翻译标准的发展观和功能观，是今天指引人们观察翻译实务新发展的一把钥匙。

译文类别的多样化。“译文类别”（type 或 genre，即“体式”或“样式”）的多样化是翻译传播功能增强的表现。传统上，翻译只有直译或意译（实际上是直、意兼译)。现在除了以上两种体式以外，还有译写（transwriting)、编译（trans-editing)、改写（re-writing)（当然还有摘译、节译等)。从“直译”到“改写”可以说是逐级放宽了对原语的字面意义或句比字的对应程度（即所谓“忠实”“信”)，以适应不同的社会需要。因此，这种“放宽”是合理的，也是必需的。从翻译的功能观来看，凡是以最佳方式、最高时效、最强效果出于有助社会交流和多元文化发展的考量而进行及完成的翻译行为，都是合理的。事实上，在翻译史上及翻译实际中从来就不存在一成不变的、统一的翻译原则(principle)、翻译标准（standard)、翻译准则（criterion）或翻译规范（norm)。品类也好、体式也好、样式也好，都是非自足的，属于开放系统，在保证最佳功能发挥的前提下，开放系统中一切非自足的形态或形式，使其都有“生存空间”。

(3) 译文预期功能的强化。所谓的“预期功能”是翻译的任务和目的，指的是翻译行为有望实现翻译的效果和完成的角色。在传统观念中，翻译行为的目的通常仅限于个人动机或意图，翻译的个人行为似乎与社会或群体有关，一般通过“书斋式”生产模式出现。进入 20 世纪（特别是后半世纪）后，商品经济规律主宰一切，翻译成为商品生产、科研、文化建设和日常生活的巨大互动网络；社会功能的翻译大大增强，个人经常处于从属地位，只有符合社会福利或功利要求，才能发展成为行动。在这个时候，社会接受度（social acceptability）成了翻译者着重考虑的主要因素。这种考虑直接或间接地影响了“忠实”“信”等传统的翻译对于持续性的价值等，使翻译者必须在社会接受翻译中得到承认，以确定其翻译的预期功能、任务和目的，调整原有语言文化中“忠实”的翻译，以达到成功完成的行为。

(4) 译文取向的非单一化。翻译标准的功能观还表现在所谓“译文取向”（TL-orientation)上。其实我国早就有译论家提出“发挥译文的优势”以适应其社会功能的要求的观点，而且指出“关键在其特定的社会功能”。因此，译文取向很难规定一个单一的“标准”或“规范”。译文取向的非单一化显示出译者对翻译功能不同的侧重面，不同的功能侧重表现出不同的价值标准（文与白、简与繁、忠与顺、美与朴等)，自是必然，这也是文贵适境、文贵适体的科学态度。抛开功能来谈“标准”“规范”和“形式”（体式）是没有意义的。译文可以“以原文为取向”（Source-Text Oriented，STO)，也可以以“以译文为取向”

(Target-Text Oriented, TTO)，其实都只能说向哪一边倾斜。还有更多的情况是采取兼容、混杂式，STO 及 TTO 兼顾，因为翻译的随机性几乎无处不在。

译文取向的非单一化大致基于以下四种情况：

①取向不同基于文体功能不同。所谓“功能文体”(functional varieties) 是指不同的文体类别或文体品类（品种）。功能文体在 STO 和 TTO 之间的大体分布显然不是由一个译者随心所欲就能决定的问题，它涉及翻译的传播理论，也必然设定了一个预期功能（任务与目的）。因此，也可以说它涉及所谓的“翻译的政治”问题。例如，A. Lefevere 认为翻译必不可免地受译者、当事人 (patron) 和目的语文艺观 (poetics) 三者的支配或操纵，这都是译者在 SL 和 TL 之间作平衡和调节考量的重要因素，译者一般与当事人有所协商，酌情决定。

②取向不同基于审美价值观不同。翻译在任何时候都有审美问题，而审美态度和审美经验通常因人而异。例如，强调翻译效果要保留“原汁原味”的译者，多倾向于 STO；强调翻译要“新瓶装旧酒”或“新时代、新包装”的译者，多倾向于 TTO。这一点大抵与译者本人的语言造诣和艺术造诣有关，也就是与审美经验有关。造诣决定译者的语言操控能力。原语造诣好的译者炮制原汁原味得心应手，原语的精微处在他手下秋毫无损；译语造诣好的译者下笔生花，收放自如，与目的语文化洽洽调和。因此也可以说，究竟应该是 STO 还是 TTO，是一个描写性规范 (descriptive norm)，不是规定性规范 (prescriptive norm)。将 TTO 说成是“新时潮”，将 STO 说成是“旧观念”，显然是不妥当的。

③取向不同基于实用价值观不同。这里所说的“实用价值”通常表现为时效性或应时性 (contingency)。译者面对具有高度应时性的材料时常常必须采取 TTO，而无暇对原文的文体特征或风貌 (stylistic features) 多作分析、掂量，只求以最便捷的 TTO 形式出手，“实用价值”也常常被视为“艺术价值”的对立面。为应众人实用之需，译者通常的做法是驾轻就熟，利用目的语使用者喜闻乐见的 TTO 形式运筹语言。当然，人们如果将“实用价值”提到目的语文化建设的高度，将艺术价值也涵盖在内，那就不应当将“实用性”简单地理解为“应时性”。这时就必须对 STO 与 TTO 善加权衡，以定取向。

④取向不同基于翻译观的不同倾向性。这里所说的“翻译观”是指翻译思想、翻译主张，通常涉及对翻译的哲学思考和广义的政治态度。对翻译不同的哲学、政治态度可以导致对 TTO 与 STO 的取舍见仁见智，分道扬镳。例如，20 世纪 80～90 年代西方（主要在美国）出现了“外域化翻译”(foreignization) 和“本土化翻译”(domestication) 之争。反对外域化翻译的人认为“外域化”是对目的语文化的暴力行为，异域特色浓厚的翻译（取 TTO 式）抑制“民族文化中心主义”，应该加以抵制，主张以保护目的语文化为目标的本土化翻译。

与“外域化”“本土化”之争的泛政治主张相映衬的是翻译主张之争。一般说来，TTO 论者认为 STO 论者在维护所谓“原著优越论”，论点认为原著高于译著，因为原著才是原创的、主导的、独立的、主动的、阳刚的，而译作则永远是模仿的、次等的、依附的、被动的、阴柔的。因此，TTO 与 STO 之争涉及“提高翻译的地位”“对翻译的本质认识”和“如何建设翻译学”等重大问题。

三、适应素质教学的发展

翻译教学面对社会需求和社会快速发展，实现持续改进、与时俱进，唯一的办法是大力克服保守的风格，快速发展，尽全力实现自主、改进。这是教师翻译质量教育教学思想应该最活跃、最进步的一面，可以说是教学成败的关键。

但是在激流勇进中做到自我完善既不是一个空洞的口号，也不是一种可望而不可即的“标高”。

现在来说明翻译素质教学的特征。在人们看来，所谓“翻译素质教育与教学”应该完全不同于“应试教育”（examination oriented education），前者应具有以下鲜明的时代特征和专业特征：

（1）充分利用现有的现代教育的教学资源和手段，开发和培养学生的翻译（笔译和口译）技能，包括语言分析和应用技能，文化分析和表现能力，审美判断和表现能力，双向转换和表达能力，逻辑分析和校正能力。

（2）突破“师生关系”的传统观念，充分调动教师与学生的互动，将被动教学的学生转化为积极倡导者，即与教师一起，是“语言游戏”的平等参与者，具体表现是：①教师和学生对计划的实施达成基本共识，积极主动地参与其中；②师生在“语言游戏”中是自主的，有酌情权，教师不必指导学生，学生不必凡事都附和教师；③师生双方共同制订教学计划，探讨教学方法，承担教学责任；④鼓励学生保持自己的知情权和参与权。

（3）拓展“教育环境”（educational environment），包括教学小组、教室、学校、社团、社区、社会等，有些西方学者认为也应包括家庭。充分利用环境培养学生的综合素质，具体表现是：①道德品格素质，如热爱祖国、热爱社群、诚信正直、宽容有礼、勤学奉献等；②心理调控素质，如既充满热情又不易冲动失控，既充满自信又不偏执骄傲，既力争获优取胜又不在失利时灰心气馁等。

总之，素质教学是教学的完善化。这里首先有一个认知问题——要意识到需要的自我完善，起点就是认识到自己的缺点，不满足于现状，力争找到差距。中国现在的翻译教学状况，比 20 世纪 60～70 年代进步很多，但总体上仍然处于探索和摸索阶段，从完美的差距来看是非常大的，很多地方还没有摆脱“考试导向教育”效应。特别是在具体的教学活动中，人们的指导思想仍然存在于经验主义（如“外教，我们教什么”）和主体主义（如“我怎么想”）。教师需要学习教学思想、教学的基本原则、科学的教学方法，还需要最广泛的头脑风暴，院校的课程纲要、课程结构、教育计划和各种教学规则的制定，这些都是紧迫的任务。时不我待，人们应该有一种紧迫感。

翻译教学自我完善的途径是在教学实践中不断进行改革的。从现在的情况来看，翻译教学改革的任务是实现翻译的素质教育，其主要方面是：一方面着眼于提高学生的素质，另一方面着眼于提高整个翻译教育的素质，这两方面是密不可分的。因此，可以说这是翻译素质教育的整体观（holism）。下面从学生的素质谈起。

（1）提高学生的素质。根据美国教育学、教育心理学家罗伯特·加涅（Robert M. Gagne）的研究，学生的"素质"实际上是一个结构，他称之为"素质结构"。学生的素质结构分为三部分。一是先天素质。加涅等人通过实验证明，人的信息提取速度是一种潜能（如视觉敏锐程度，即视敏度），这种潜能有个体差异（individual discrepancy），而个体差异则是先天的（inborn）。教师应该避免超越学生的先天潜能差异去施教。二是形态素质。形态素质是在发展中形成的，表现为不同的形态。第一种形态是智力，智力虽然有个体差异，但智力与视敏度不一样，它是可以发展的，智力的最高形态是智慧；第二种形态是性格特征，性格特征显然是可塑的（formative），但必须因材施教，关键是适应性（adaptation）。三是习得素质（acquired qualities ）。

（2）提高教学素质。教学素质是翻译素质教学整体观中的另一个极重要的方面。在近若干年内，翻译教学的任务是：

①强化基本训练和基础教学。我们的依据仍然是以下基本点：翻译是认知行为特征的认知科学。经验来自实践或重复实践。因此，对翻译、情感、认知等的认可是从实践中得出的，开始于实践或重复实践。这是教师对"经验"的基本了解。翻译教学（特别是理论教学）如果脱离了这个基本点出发，必然会成为空中楼阁，没有真正的效果。

基础教学是指基本知识和理论教学，集中于一、二年级。翻译学基本知识包括语言学、文化学（跨文化学）、美学和逻辑知识。基本理论是指翻译基本理论。基础教学还应包括第二外语的教学，第二外语是一门必修课（在有些大学，也可以是一种通识课或必修通识课）。学翻译的学生应该通晓至少两门外语。

目前的一般趋势是基础教学比较薄弱，基础训练不够健全，周数也不够。基础培训和基础教学与学生的基本技能密切相关。本科生基本技能薄弱，就业难度较大。这是翻译教育的一大缺口，所以这应该是改革的主要内容之一。

②强化针对普遍性（universality）的教学。这里的"普遍性"是指与"专业性""专门化"相对立的"基础性""共同性"。长期以来，教学界的翻译有两种观点：一是翻译毕业生就业渠道多样化，服务于各个行业，也可以说是"百行百业"，所以在学习期间不应该早日专业化。在这个指导下，课程往往很复杂。另一个观点相反，教学阶段难以照顾"百行百业"，只要基本功扎实，未来干哪一个行业都是可以的。后一种观点是有道理的，但它不应该是绝对的，因为"翻译行业"真的涉及数以百计的行业。似乎在学校的专业培训或专注于普遍性的学生是适当的，不会太早专业化，所以基础训练太分散了。其实现在社会翻译实践的分工越来越精细，只有"法定翻译"有国际法、民法、刑法等非常专业化的分工；除此之外，有海洋法、战争法、国际刑法等，依然非常专业。这显然难以在教学和培训中得到应用。这里的关键是普遍性和根本性。一般来说，专业人士大多不在词汇（语言）层面，专业词汇通过不同类别的参考书在短时间内难以掌握。

③强化理论指导作用。可以说，加强理论指导、加强教学的理论性是提高翻译教学的关键，也是目前翻译教改的关键，可以从以下三个方面来看这个问题：

首先，理论是坚持教学方向的行动指针。翻译教学千头万绪，主要任务是建立正确的教学观念和基本原则、方针，坚持正确的教育教学方向。为此，教师必须转向理论指导。要主张有关领域的理论研究和讨论，包括政策理论的教学方向、原则和方针，教育、教育心理学、认知科学等教学理论，以及翻译相关学科的基础理论与跨学科理论。

其次，加强教学理论是提高翻译教学质量和深度最重要的方式。因为科学的翻译理论是一个集体经验和广泛的多层次的实践总结，往往包含了前人的“历史智慧”。理论教学也是激发思维和推动教学研究的重要动力，对整体教学实践具有深远的影响，在实践教学中发挥了倍增作用。在这方面，欧洲国家、美国和加拿大的翻译教学有经验和教训供人们参考。

最后，理论是纠正教学偏差的重要手段。科学的理论揭示事物的实质和基本规律，是教育工作者的指导方针，也是教师对于翻译教学出现的偏差进行纠正的有效手段，翻译教学中的经验主义普遍存在，要求教师的翻译教学理论要建立正确的教育观念、教学思想和研究新风格。

第二节　笔译教学研究

一、笔译的场景要素和界定

（一）笔译的交际场景要素解析

笔译的定义包括笔译这一交际场景所含的所有重要因素，除了时间、地点、交际动机、理解条件等，主要还有源语语篇的作者、翻译任务的委托人和他们各自的交际意图，译语语篇的接受者及其期待，以及译者自身。下面分别具体说明笔译交际场景的各个要素。

1. 作者

源语语篇的作者可能就是翻译委托人，可能知名或匿名。源语语篇的作者在文章中表达一定的看法，他给源语语篇赋予了某种功能，并认为接受者有能力在自己理解的前提条件下体验这种功能。

2. 委托人

翻译委托人提出完成译语语篇的翻译任务，他也赋予了译语语篇一定的功能。最重要的是，他要确定译语语篇对其读者是否应具备与源语语篇对其读者同样的功能。

翻译委托人可能是源语语篇的作者，也可能是译语语篇的接受者，还可能是第三者（如出版社）。在翻译教学过程中，教师就承担了翻译委托人的角色。

3. 翻译任务

翻译任务包括确认交际伙伴（作者、委托人、接受者）的交际需求（译语语篇的功能），确定完成译文的条件（时间、形式和委托者交付原文和翻译者交付译文的其他条件）。

翻译任务也是翻译者在选择翻译对策时决定译文特点的根据。

4. 源语语篇

源语语篇是翻译者完成译文的基础，是翻译者确定翻译对策总原则和具体操作方法的参照根据之一。

源语语篇大致可以分为四种：①为源语和目的语的交际群体中潜在一致的接受者拟写的语篇（如专业语篇）；②专为源语的交际群体拟写的语篇（如政治讽刺小品）；③主要朝向源语，潜在的是朝向译语的语篇（如畅销书）；④本来就是专为译语接受者拟就的语篇（如某些广告语篇）。

5. 翻译者

翻译者需要根据源语语篇作者的意向和翻译委托人的意图写作，通过语篇分析尽可能地弄明白原作者的意向，然后对源语语篇进行翻译。翻译者面对的是不同的语言和文化特征、不同的语篇种类接受者不同的理解前提条件，所以，翻译者也要根据不同的交际场景条件，采用各种不同的方法，去解决不同的翻译问题。这些方法不能完全客观化，因而也难以系统化。

6. 译语语篇

源语语篇内容用译语重新成文的结果是译语语篇。译语语篇也是处在一定的特殊交际情景之中，由接受者作为整体来理解的表述，带有一般的文化特点和特有的语言特点，传达各种各样的信息，它只服务于作者与异语言和异文化读者之间的交际。因此，它要符合读者对语篇的一般要求和对有关语篇类型的具体要求，是按照他们的需要和期待来完成的。

7. 语篇功能

语篇功能与作者的意图有关，但主要还是由读者赋予的。一方面，读者按照语篇的结构形式来判断，这可以从语篇类型特有的、反复出现的语篇结构范式明显地看出来；另一方面，语篇功能取决于读者如何看待这个语篇（对语篇的期待、其有什么用）。

对于翻译来说，源语语篇的功能可能和译语语篇的一致，也可能不同。

8. 忠实性

在翻译实践中，译者的忠实性是多维度的，忠实的取向侧重是可能变换的：必须通过其工作实现委托人的意图；必须保证满足译文读者对译文应有功能的期待；必须忠实于源语语篇的作者。译者必须决定源语语篇中的什么不能变、什么能变、什么必须改变，决策时始终要考虑到译文的目的。

9. 接受者

翻译者对译语语篇接受者越熟悉，就越能更好地进行翻译。他可以考虑到译语语篇的接受者的年龄、职业、文化程度、社会地位、对相关领域的已有知识、对源语语言和源语文化的了解与否和可能的熟悉程度等，推导出接受者对译语语篇的期待，交付一份“量体裁衣”的译文。

在实践中，翻译者常常不知道接受者是谁而必须要以假设的“平均水平的接受者”为对象。

10. 笔译的外在条件

译文的特点不但受译者个人主观翻译能力的制约，还受译语语篇产生过程的外在条件的制约。所谓的外在条件，包括源语语篇的存在形式、必须完成译文的时间、是否具备相应的辅助手段、对译语语篇的形式要求（纸版还是电子版）。

（二）笔译的界定

根据对笔译工作相关因素的概述，可以给笔译做如下的定义，如表5－1。

表5－1　笔译的定义

笔译的定义		
(1) 笔译是发生在不同语言的伙伴间进行的跨文化交际场合中的一种复杂的、由功能决定的、有计划的、兼有复述性和创造性因素的活动	(2) 笔译是译者根据翻译的任务，从源语语篇的分析中得到的作者意图，在原文的基础上完成译语语篇的活动；源语语篇和语篇一般为书面形式	(3) 译语语篇应当在交际场合允许的范围内，在语言和文化的可理解性上尽量符合译语接受者的期待，同时，保持对源语作者应有的忠实

二、笔译的种类

根据译语语篇在异语言和异文化中的交际意义（即具有什么样的交际功能和目的），人们从功能意义的原则上将笔译分为工具式翻译（instrumental translation）和文献式翻译（documentary translation ）两大类。

（一）工具式翻译

工具式翻译是现代翻译工作实践中最通常的翻译方式，也是功能翻译学主要研究的对象，它也应当成为翻译教学中的主要翻译方法。工具式翻译的译语语篇虽然在内容和形式上仍然以源语语篇为基础，但有时或多或少地与其相异。如何翻译，决定性的标准是要实现译语语篇应有的功能。工具式的翻译与文献式的翻译最重要的区别在于，工具式的翻译为了实现希望达到的功能和目的，会在译语语篇之中给予某些辅助理解的“解释”，采用一定的“语用学的转述”，如“增补”或“改变表达方式”。

（二）文献式翻译

文献式翻译是将译语语篇只看作对源语文化和语言群体内部完成的交际行为的文献记录，它包括所有翻译形式。译文的目的和功能就是在异文化和异语言中充当被研究的文献，给异文化和异语言的读者提供有关源语文化和源语语言群体内部所完成的交际行为的信息。

文献式笔译这一大类中包括语言性翻译（linguistic translation）和逐词逐句的翻译（literal translation）。

1. 语言性翻译

下面一例是关于美国国庆日的翻译，通过实例来说明语言性翻译的特征。

It takes place on the fourth of July and celebrates America' s freedom. Welcome to WatchMojo. com and today we' ll be learning more about Independence Day.

那在7月4日举行，庆祝美国的自由。欢迎收看WatchMojo. com，今天我们要了解更多有关美国国庆日的事。

Independence Day is an American national holiday that celebrates the adoption of the formal declaration of independence on July 4，1776. This landmark document decreed that the 13 colonies were no longer part of the British Empire and had become independent states.

美国国庆日是庆祝1776年7月4日通过正式独立宣言的美国国定假日。此份具有重大意义的文件判定13个殖民地不再是大英帝国的一部分，而且成为独立的州。

The declaration came about，thanks to Richard Henry Lee of Virginia who proposed its creation. Founding father John Adams advanced the idea of a manuscript，and the committee of five，led by chief author Thomas Jefferson，composed the written draft. Final edited version of the Declaration of Independence was approved on July 4.

独立宣言诞生，多亏了提出其创作的维吉尼亚州的Richard Henry Lee。建国之父John Adams提出了手稿的想法，接着五人小组，由首席作者Thomas Jefferson领导，拟出了草稿。独立宣言最终修订版本在7月4日通过。

In it was one of the most famous sentences in the English language，which outlined the belief system of this new country and became a cornerstone of American society：We hold these Truths to be self-evident，that all Men are created equal，that they are endowed by their Creator with certain unalienable Rights，that among these are Life，Liberty and the Pursuit of Happiness.

在独立宣言里有英文中最知名的句子之一，那略述了这个新兴国家的信念系统，成为美国社会的基石：我们相信这些真理不言自明，也就是人皆生而平等，他们由造物主赋予若干不可剥夺的权利，其中包括生命、自由及追求幸福的权利。

Celebrations of American independence have taken place since the adoption of the declaration. Meanwhile，the City of Philadelphia first laid the groundwork for today' s celebrations with fireworks，speeches，music，parades，and displays of red，white，and blue.

美国独立的庆祝活动自独立宣言的正式通过后开始举行。同时，费城首先奠定了今日庆祝活动的基础，运用了烟火、演讲、音乐、游行和红白蓝的摆设。

Eventually in 1938，the celebration became a paid federal holiday. All traditions continue as well. For example，at military bases，a 50-gun salute is fired to commemorate the independence of each of the 50 states.

最后在1938年，庆祝活动成了联邦的带薪假。所有传统也持续下去。举例来说，在军事基地，会鸣放50响礼炮来特别纪念50州的独立。

Today Independence Day is a prominent summertime event marked by shows of patriotism, outdoor activities, and tributes. There are also parades in the morning and firework displays at night. Plus the national anthem and other patriotic songs take center stage.

今天美国国庆日是由爱国主义的表演、户外活动和敬意所标志的重要夏日活动。早上也有游行，晚上则有烟火表演。此外，国歌和其他爱国歌曲也是瞩目的焦点。

The holiday has become so popular, the first week of July is the busiest time of the year for travel in the United States, as Americans extend the long weekend to celebrate the birth of America and a defining moment in American history.

这个节日变得如此受欢迎，因此7月的第一个礼拜是美国国内旅游最繁忙的时间，因为美国人自行延长周末连假拿来庆祝美国的诞生和美国历史中决定性的一刻。

语言性翻译方法的应用领域：

(1) 常用在学术领域的翻译中，尤其是文化历史文献的翻译。

(2) 对国内外时事报道的翻译（《参考消息》上的国外新闻及报刊文章，对外宣传机构对中国政策、时事的报道等）。

(3) 为委托人（如报刊编辑、报告撰稿人、规章制度制定者等）作为"半成品"完成的参考资料翻译也是语言性翻译方法的常用领域。

2. 逐词逐句的翻译

逐词逐句的翻译又可以分为逐词或逐字的翻译（word-for-word translation）和逐句的翻译（verbatim translation）。有时还会遇上逐音节甚至逐音符的翻译（如人名、地名的翻译）。严格地讲，在汉外翻译的交际场合中，汉语拼音的转写也是一种翻译。这几种翻译形式一般都属于文献式翻译。

（三）功能相异的翻译

功能相异是指译语语篇面对其读者的功能应当与源语语篇面对其读者的功能不同。决定采用功能相异的翻译，或者根据翻译任务委托人明确表示的意愿，或者根据译者的经验做出理由充分的估计。不明确时必须与翻译任务委托人商谈。功能相异的翻译的应用领域主要包括以下八个方面：

1. 综述式翻译

综述式翻译是指翻译委托人要求翻译者将有关某题目的相关资料的重要内容翻译出来。例如，赴国外考察团领导要求随队翻译把国外报刊上对此次考察活动的反映综合翻译出来。

2. 缩写翻译

缩写翻译是指翻译委托人要求翻译者以较为简化的形式翻译源语语篇的语言或内容，如将一部长篇小说缩译成适合青少年阅读的版本。

3. 直线性翻译

直线性翻译是指翻译委托人要求翻译者翻译有关语篇时不作修饰，尽量不改动语序、词义和表达方式，以便通过其他人进行再加工。

4．粗译

粗译是指翻译委托人要求翻译者在短时间内为翻译者所了解的译文接受者，将源语的信息内容较为准确地翻译出来，但允许行文上存在不完美。

5．净本翻译

净本翻译是指翻译委托人出于某种意识形态、宗教文化、伦理道德或其他的情感原因，要求翻译者在翻译时对源语作品进行“净化加工”，删除或改动“反动的”“污秽的”“色情的”“侮辱性的”内容和表达方式，以达到能以“净本”的形式出版的目的。

6．文献翻译

文献翻译是指翻译委托人要求翻译者将准备供教学或研究用的源语语篇作为文献版本翻译出来。此类翻译常常有明确的、细致的要求，根据需要采用某种或几种文献式的翻译方法，在必要时以不同形式加以注释，有时还需要提供不同的译法作为比较。这种翻译需要查阅与源语和译语文化及其语言相关的大量资料，包括专门的术语、概念、源语文化和历史的背景等。

7．诗歌韵文的散文式翻译

诗歌的散文式翻译是指翻译委托人要求翻译者将合辙押韵的源语诗作翻译成散文。当译语和源语的语言及文化差距很大时，这是常用的做法。很多西方的古典戏剧韵文的中译本就做了大量的类似处理。

8．专业语篇或书籍的科普翻译

专业语篇或书籍的科普翻译是指翻译委托人要求翻译者将源语中为专业人士拟写的专业文献内容，用较为通俗的语言和较少专业性的语汇为较为广泛的受众翻译出来，用以普及科学知识。

（四）功能相同的翻译

功能相同是指译语语篇面对其读者的功能和源语语篇面对其读者的功能相同。从翻译的实际工作来看，如果翻译任务的委托人不另作说明的话，功能相同是通常的要求。功能相同的翻译的应用领域主要有以下两个方面：

1．广告翻译

广告翻译的译文功能与源语文化中相同，其目的是影响顾客的行为，“说服”更多的顾客购买产品。广告翻译必须非常贴近受众的文化、习惯、爱好和心理倾向，因此广告翻译是可能对源语广告的表达方式改动最多的翻译类型，这种改动可能涉及的不仅是语言的形式和内容，也可能包括副语言信息（字体大小、美术字）和语言外的信息（相关的图片或影像背景）。

2．说明书翻译

例如，出口药品或出口设备、仪器所附带的使用说明书的翻译。译文功能与源语文化中相同，为使用者提供正确使用药品、设备、仪器的信息。此类翻译需注意译语的交际环境中有时有不同于源语交际环境的规定和要求。如在翻译中国出口药品说明书的时候，必须根据国外相关的国家药品标准，必要时改动原文，并添加译语国家标准中所要求的内容。

三、笔译教学的主要目的

笔译教学的主要目的是培养学生的翻译能力，所以应当以翻译学理论的思考为基础、从笔译过程的实际流程出发、顾及笔译职业工作的特点、通盘考虑教学法与方法论。

笔译教学法不仅关系笔译理论，还关系到一般的教学理论与教学法，关系到语言研究，而且也关系到教育学。笔译教学的主要目的体现在以下六个方面：

（1）以提出挑战性目标的形式，提高学生学习的积极性，但目标不能过高，也不能过低。

（2）在学生原有的学习基础上，带给学生新的内容，并巩固原有的基础。

（3）以带着学生解决问题的方式，增强学生面对问题、提出问题的自觉性。

（4）学生应当有解决问题的意识，并能够越来越好地解决问题，办法就是在先天能力的基础上补充知识。

（5）教给学生解决问题的方法。这些方法应当是来自个人和他人翻译实践的经验，并有较为系统的理论支持。

（6）应当教会学生，掌握了一项对策后，能够举一反三，运用到解决其他类似的问题中去。

由于影响教学的因素很多，具体的目标还需要教师根据自己面对的教学目标和要求、学生的起点和条件独立决定。

四、笔译教学的要求与条件

（一）笔译课教师应具备的条件

笔译课教师应具备的素质体现在以下两个方面：

（1）具备扎实的语言学知识和翻译学的基础知识。

（2）能够明确地、有论据地、有实例地、使人信服地“授人以渔”。

在语用学与交际理论为基础的功能翻译学思想指导之下，教师的地位、角色、作用和任务发生了转变，主要体现在以下五个方面：

（1）教师不再是掌握和传播唯一正确译文的人，而是为学生提供帮助的人。在源语语篇的理解和分析、适宜的译语语篇的撰写、翻译结果有根有据的评价过程中，教师要给予辅导和咨询，并进行协调。

（2）根据不同的需求，扮演不同的角色。像学者一样阐述翻译理论问题；像翻译公司的负责人一样发布翻译的委托任务；像笔译者一样分析和执行翻译任务；像翻译公司的编辑一样评价和审改他人的翻译作品。

（3）要结合练习，向学生传授必要的理论知识，为学生面对当前或以后类似情况下的同类问题提供决策方法和解决问题的途径。

（4）要有能力说明教学方法和步骤的理由，从练习材料的选择到对学生译文的修改和评价。

（5）要保持翻译实践的实际操作，主动积极地不断自我进修，尤其是不断改进笔译的教学方法。

（二）笔译课学生应具备的基本素质

笔译课学生应该具备以下基本素质：

（1）具备按照规则来行动的一般能力，如分析能力、决策能力、判断能力和创造性。

（2）掌握比较丰富的母语和外语的语言和文化知识。

笔译课程的主要任务不是传授外语语言和文化知识，而是笔译者把一个源语语篇适宜地译作译语语篇所需要的专门的熟练技能：①对笔译任务有把握的解读；②有效的源语语篇的分析；③有目的的查阅和调研；④迅速地了解新事物、进入新领域；⑤有把握地估计委托人、作者和接受者的需求和期待；⑥相应地选择适合的笔译对策；⑦熟练地完成页面、段落和字体的编辑任务。

在笔译教学中，教师要明确地区分和界定学生在笔译各个阶段的具体能力和技能，确定提高这些相关能力和技能的练习形式和练习内容。

五、笔译教学的素材选择

笔译课程的准备首先遇到的问题是教材的选择和教学法的处理。在这里有针对性地对选择教材的原则和标准作一个综合的说明，为担任笔译课程的教师提供一些帮助，如表5－2所示。

表5－2　选择笔译教学素材的原则

选择笔译教学素材的原则	笔译素材的实用性	有利于提高学生源语语篇分析和译语语篇撰写能力；有利于学生巩固和扩展母语知识、外语知识和跨文化的知识；学生学习的其他课程能够更好地起到“协同”作用
	笔译素材的真实性	在笔译的实际工作中常见的语篇；是母语作者撰写的；能典型地代表某一语篇种类；本身是完整的语篇；语篇要有出处
	笔译素材的完整性	不排除节选，但节选时要注意其相对的完整性。不知出处、不知作者、不知语境的孤立句子不宜作为笔译的教学资料
	笔译的原始性	如果源语语篇中存在特别的内容和形式错误，也不必由教师改正。识别和修正源语语篇的错误也应当是笔译能力的一部分
	源语语篇的内容	对于译语的文化群体和交际群体具有重要性和相关性；对于学习者将来的职业工作具有重要性和相关性；能够丰富学生的常识或专业知识

（一）笔译素材的语篇难度、种类与长度

1. 笔译素材的语篇难度

（1）主题和内容方面要适合学生的文化与专业水平。

（2）语言方面要适合学生的语言能力。

（3）笔译任务和笔译技术方面要适合学生的翻译水平。

（4）工作技术方面要适合学生所处的场合。

2. 笔译素材的语篇种类

选择的语篇应当能够代表笔译工作实践中实际存在的某个语篇种类（信息类语篇、表情类语篇、运作类语篇），也就是译语文化存在潜在接受者的语篇。

3. 笔译素材的语篇长度

笔译课程的关键不是在尽量短的时间内完成尽量多的笔译作业，而是要尽量有效地展示如何与笔译问题、解决问题的对策和技术打交道，扩展学生的“一般修养”，让他们学会一定的行为态度。

一堂课上能处理多少内容，取决于多个因素：包括相关的语言、语篇、学习目标的特殊性，以及教师为教学目标的实现所计划的前期练习和伴随练习的特点。所以，每堂课做多少笔译是不可能固定不变的。从教学法的目的来说，短一些的语篇比长语篇更合适，因为这样学生就可以接触更多的语篇种类、更丰富的内容、更多的笔译对策。如果没有合适的短篇，那么就对以练习为目的的长篇进行修改，如删减或只要求完成综述性的笔译。但无论如何，学生都要熟悉全文，同时，不能做让语篇失去原有特点的改动，绝不能将语篇“改写”使其简易化。

（二）笔译教学素材的趣味性与时效性研究

源语语篇的趣味性是指源语能够激发学生的学习兴趣和动力。一个语篇的时效性如何，不能简单以“新”或“旧”来判断。如果选择的语篇还可以让学生与现实重要的场合或语境联系起来，它就没有失去“时效性”，更准确地说，它没有失去“现实性”。也就是说，教师要引导学生认识所选语篇的重要性。说语篇“过时了”，主要是指其中包含的语言习惯现在已经不适用了。

第三节　口译教学研究

一、口译的界定与诠释

口译是一种翻译活动，是指译员以口语的方式，将译入语转换为译出语的翻译，做口语翻译，也就是在讲者仍在讲话时，同声传译员便“同时”进行翻译。

口译定义的要素包括源语作者、源语语篇、译语语篇、语篇功能、忠实性、翻译任务委托人、接受者、译者、翻译条件和翻译任务等。口译的特点：①在口译时通过源语语篇

的分析找出作者意向的可能性受到很大限制；②产出的不是书面语篇，而是口语语篇。

综上所述，人们将口译的定义作如下阐释，如表 5－3 所示。

表 5－3　口译的定义

口译的定义	译员依照口译的任务，遵从源语发布者的意向，在源语意义的基础上发布译语语篇	
	口译特有的行为条件	源语和译语一般均为口语
		对源语的理解和译语的发布或者分段交替进行，或者同步进行
		源语和译语的发布都是一次性的、多少有些不完整的、无法预计的
		时间压力大，修正的可能性极小
		具有直接与其他交际伙伴之间进行反馈的可能性
	译语语篇应当在交际场合允许的范围内，在语言和文化的可理解性上尽量符合译语接受者的期待，同时，保持对于源语作者应有的忠实	
	口译是发生在不同语言的伙伴进行跨文化交际场合中的一种复杂的、由功能决定的、有计划的、兼备复述性和创造性因素的活动	

二、口译与笔译的关系

口译是口译者将自己从源语语篇中通过自己的理解和感知获得的信息以口语表达的方式将源语语篇的语言形式转换成另一种语言形式，最终完成以交流信息为目的的交际行为，是现代社会跨文化、跨民族交往的一种基本沟通方式。

（一）口译和笔译的联系

口译与笔译是翻译的两种基本实践形式，两者之间的关系十分密切。笔译是口译的基础，在口译训练和实践之前，笔译要过关（至少是同步进行的）。笔译的质量在很大程度上决定了口译日后发展潜力的大小。口译人才的培养若是离开笔译训练的基础无异于刻舟求剑，必然会行之不远。

（二）口译与笔译的区别

口译的基础在于笔译，那么，口译必然是在笔译的基础上满足更多更高的要求。口译与笔译的不同之处见表 5－4。

表 5－4　口译与笔译的区别

对比项目	口译工作	笔译工作
交际场景	译语与源语处于同一个交际场景；接受者经常在场；多数有与译语接受者直接或间接的反馈和互动	译文与原文处于不同的交际场景；接受者不在场；没有与译文接受者之间直接的反馈和互动
译语特点	口语翻译	书面翻译
语料数量	单位时间内处理大量语料	单位时间内处理较少量语料
查阅调研	查阅调研只可能在工作之前；主要是系统性的知识	查阅调研发生在工作之前和工作之中；主要与文中话语有关
源语状态	源语“稍纵即逝”；多数是对源语的“意义”进行理解和分析	原文始终存在；译者可以参照原文进行细致的分析
编辑修正	谁也不可能在口译事后进行编辑修正	编辑修正的可能性很大
时间因素	时间压力大；不能自由支配时间	时间压力一般很小；可以自由分配时间
译语根据	原则上要根据说话人语言和非语言的全部信息组织译语	基本上根据源语（书面的）语言信息组织译语
工作方式	发布译语的条件要求整体性的工作方式（部分要求综述和缩减）；词汇所传达的意义是理解和翻译的典型单位	典型的工作方式是语文综合型（要求完整和准确）；词汇是理解和翻译的最小单元
语言质量	因译语的产生是自发的、直接的，并且几乎没有修正的可能，对语言的质量要求可以适当低一些	因为有源语可以对照进行修正，对语言质量的要求很高

三、口译教学的主要目的

口译课的主要目的就是提高学生的口译能力。而口译能力又是由与口译相关的知识水平、各项基本能力和行为方式来决定的。在口译课上，必须针对学生具体的相关能力，确定具体的教学目标，通过相关的练习形式逐步提高学生各项具体的实际能力。

（一）提高学生的文化能力

文化能力是指口译人员在本文化和他文化之间的理解和沟通能力，因此，口译人员需要掌握大量本文化及交际伙伴所处的他文化中的相关知识，并且要不断积极更新、扩充自己已掌握的信息。口译译员要能够识别这两种文化之间的异同点，并据此在口译工作中采取相应的措施，促成交际双方准确的信息交流。

（二）提升学生的语篇能力

由于在口译实践中，多数情况下都是从外语翻译成母语，所以要提高母语和外语两个语言当中的语篇能力，在口译课上就必须传授给学生有关口译所特有的方法和知识，并通过相应的练习来逐步提高学生在这方面的能力。

（三）培养学生的译前准备能力

口译课的一项中心任务就是要培养学生的译前准备能力，扩充专业知识和常识。

一般来说，学生在译前准备时要突击扩充大量的相关专业知识，因此难免有畏难情绪，并且在译前准备的同时会发现自身还存在着巨大的知识空白点。很多学生在这个时候会感到非常沮丧，因为译前准备的过程会让他们意识到自己的知识盲区越来越大。故此，口译教师要发挥关键的引导作用，帮助学生克服他们的沮丧心理。

（四）提高学生的口译能力

口译课最主要的教学目的之一就是要提高学生的听力理解能力。口译课上可以设置相应的练习，通过有针对性的训练，提高学生相关的听力理解能力。

除此之外，还要通过相应的练习提高学生的信息储存能力，包括大脑强记能力和口译笔记能力。接下来就要通过训练提高学生的译文生成和编辑能力。从源语到译入语的意义传递及译文的编辑能力都是口译所特有的专门能力。为了提高学生的发音能力和演讲技巧，并最终使学生能够以一种符合相应口译场景的表现形式来传递译文，口译课上也可以设置发音和演讲练习来训练学生有目的地运用韵律学原理掌握专业的发音学知识和演讲能力。

（五）提升学生的口译职业道德

最后这一点也是非常重要的一点，教师要提升学生相应的口译职业道德品质——具备高度的责任感、高度的忠诚和极强的适应能力，同时要做到自觉保密。

四、口译教学的要求和条件

（一）口译课教师应具备的条件

口译课教师应该具备的素质：①能够独立完成口译课的课程设置、规划、实施、更新和改进；②具备非常高的母语及外语水平；③具备较高的翻译学理论知识；④具备较高程度的语言学知识；⑤具备较高的教学业务能力。

口译课教师应该具有足够的口译实践经验，具备扎实的翻译学基本知识，能够在口译课上进行系统的讲解，能够把自己所积累的口译实践经验和口译理论知识有效地贯彻到教学实践中去。

整个口译教学过程需要由口译课教师来进行协调与配合，教师应力求营造一个合适的教学场景，使学生能够自主学习。教师可以根据实际需要扮演不同的角色，应该能够在适当的时候传授给学生必要的相关理论知识。应该能够阐述自己教学设置的整个授课过程。从事口译教学的教师切不可脱离口译实践，要不断参与实际的口译实践工作，以便积累相关的实践经验，并且积极参加相关的进修培训，包括口译教学法方面的进修培训。

（二）口译课学生应具备的基本素质

口译课与学生已经掌握的外语水平密切相关，当然还包括他们的母语水平。除此之外，学生是否能学好口译，或者说以后是否能胜任口译工作，还得看他们所具备的其他素质。

1. 语言文化能力

口译课上，语言水平的提高已经不是主要目的，而是训练学生各项口译能力不可缺少的条件。口译课的学生必须有扎实的两种语言或两种以上语言的功底。不管是母语水平还是外语水平，或者是文化方面的知识，对口译人员的要求都比对笔译人员的要求高得多，特别是他们的听力理解能力，清晰、流畅的口头表达能力和所掌握的词汇量等。

2. 个人基本素质

（1）智力素质。良好的记忆能力、逻辑思维能力、辨析解意能力和应变反应能力。

（2）心理和生理素质。高度集中注意力的能力、敏锐的听觉、合适的声音音质、记忆力好、办事果断、有耐力、有恒心。

（3）职业道德方面的素质。具有高尚、忠诚、稳重、谦虚的品格和大方、素雅、洁净、得体的仪表；从容镇定，言语得当，举止得体；保守机密；良好的团队合作能力。

学生应该在自身原本具备这些能力的基础上，通过不断的学习和练习完善自己、提升自己。

五、如何选择口译教学的素材

外语高校一般会在完成基础阶段的语言教学之后，在高年级阶段设置翻译课。

对于从事口译教学的教师来说，在讲授抽象的翻译理论的同时，还得有具体的口译练习操作。

如何选择口译教学的素材，教师可以参考笔译教学中提出的有关原则和方法。此外，选择口译教学素材时，教师需要考虑以下七点：

（一）口译素材的题材范围

题材范围应该根据外语专业的学生将来的就业前景进行考虑。一般可能会出现政治、经济、文化等方面的内容，如礼仪性演说体中的祝酒词、迎送词等，可以作为最初的教学素材。

口译的课堂教学素材还应该考虑其在教学方面的实效。口译教学中经常选到的题材范围大体上包括经济、法律、政治、自然科学、医学等方面。很多时候还会是一些涵盖许多其他方面的综合话题，如国情、历史、文化等在实际的口译场景当中确实会涉及的话题。这对从事口译教学的教师来说，也要求他们有一定的实际口译工作经验，更多地去亲身体会各种不同的翻译场合与话题，以获得必要的感性认识，取得一定的教学理论依据。

（二）口译素材的现实性

确定一个语篇是否具有现实性，话题和语篇类型与之有着直接的关系。随着人类信息快速更新，口译素材必须具有现实意义。如果口译教师对某一练习语篇做了认真的准备：确定了教学的目标、相应的练习、减轻理解负担的措施，或者完成了练习作业纸的编写，那他就完全可以多年使用同一语篇，尽管主题有时会过时，这总比为了时效性随意地使用未经教学准备和处理的语篇要有利得多。

（三）口译素材的真实性

这里所讲的真实性，是指在实际的口译工作实践中是否真的会出现这样的口译任务。口译练习的素材最好是源语原文。在一般的口译实践当中确实会出现的、重要的、有代表性的口译场景，而且由讲话人口头表达出来的言语语篇都可以整理成书面材料，或者制作成声像资料，然后拿来让学生做口译练习。

另外，源语语篇必须是完整的。即使在口译的课堂教学中只能处理一段有限的内容，学生也有必要对全文有一个大概的了解，从中获取上下文之间的关联性。然后根据课堂时间的合理安排，就其中的某一段进行口译练习。

利用真实的素材进行口译模拟练习，目的是让学生体会和了解各种口译场景，初步掌握口译的方法和技巧，同时接触相应的习惯表达方法，提高外语的应用水平。

（四）口译素材的趣味性

口译课程所选用的素材是否能够引起学生的兴趣，这一点对初学者来讲非常重要。趣味性不仅是指题材的内容是否有趣，甚至还包括讲话人是谁、受众是谁、处于一个什么样的口译场景等。也就是说，选材时要从学生的角度考虑，包括他们迄今为止直接或间接获得的实践经验，这样才能调动学生的积极性，引起他们的好奇心，让他们有兴趣和信心去面对口译任务给自己所带来的压力和挑战。

（五）口译素材的语篇类型

口译练习课上所选的语篇类型应该有它相应的目的语接受者，即在口译实践当中确实会出现的类型。据此，所选语篇的类型可以包括报告、报道、谈判、采访、致辞、参观，以及其他的一些语篇类型。其宗旨是让学生接触到可能会出现的各种口译场景，掌握正确的表达方法，逐步了解各种翻译形式。

（六）口译素材的语篇长度

在单位时间内，口译教学中所要处理的语篇的长短，在很大程度上取决于口译教学的目的，同时也取决于口译教师让学生都做了哪些预先练习和辅助练习。由于每次授课的时间有限，所以在必要的情况下，口译教师在选材时可以根据实际情况进行删减，或者直接把源语语篇全文发给学生，以供学生进行相关背景知识的了解。言语语篇的长短并不会直接影响到口译教学操作，主要是看它的内容是否上下有关联。

口译教学的目的并不是让学生在尽可能短的时间内处理尽可能多的内容，而是要在单位时间内让学生更有效地掌握翻译的方法和技巧，更有效地处理各种问题，以此来扩大学生的普遍知识面，让学生接触、了解具体的翻译过程。

（七）口译素材的语篇难度

这里的难度主要包括三个方面：

（1）语言的难度。对于初学者来说，可以选择一些在语言层次上难度较低的言语语篇。

（2）内容的难度。在选择口译素材的时候，教师应该掌握学生对源语语篇中所涉及的信息和专业知识了解的程度，并根据学生对相关知识了解的程度进行口译素材的选择。

（3）讲话者表述方式的难度。讲话者用方言照本宣读的书面语体语篇，自然比讲话者用标准语自由、自发进行的表述难得多。除此之外，讲话者是有关领域的专家还是外行，也左右着表述形式的难度。

口译教学所用的素材应当循序渐进，由易到难，由短到长。对语篇难度的“循序渐进”问题，可以参照塞莱斯科维奇和勒代雷提出的下列建议：①主题熟悉的叙述性报告；②主题熟悉的论述性语篇；③主题熟悉的词语讲究的讲话；④非熟悉主题的词语讲究的讲话；⑤需要做主题准备的讲话；⑥需要做专业术语准备的描述；⑦非常讲究演讲术的或动情的讲话。除此之外，言语语篇本身包括哪些非言语的因素，以何种介质出现，这些条件也会直接影响翻译任务的难度。

第六章　翻译中的文化差异处理

翻译是现代社会极为重要的活动，是讲不同语言的人们交流思想和情感的手段。当今世界科技、政治、贸易、管理和文化等不同领域的国际交流更加频繁，而这些必需的国际交流都是建立在更加广泛的不同文化之间的理解的基础之上的；因此，在跨文化交流领域需要越来越多的笔译和口译方面的专业人才。

随着社会的发展，人们的思想更加解放，视野不断开阔，因而跨文化交流中的障碍、敌意和偏见正在不断消除，正在被平等和相互理解的观念所取代。跨文化交际研究已成为翻译研究的焦点，在不同民族的思想交流方面起着重要的作用。全世界每年有大量的文本被翻译成各种文字，这充分证明了翻译在国际交流方面是一个十分重要的因素，因此人们完全有理由认为翻译的目的和特点就是不同思想和不同文化之间的交流。任何文化都是和另一个文化的关联中存在的，每一种文化都会经历产生、发展、繁荣和衰退阶段，因此没有哪一种文化总是处于支配其他文化的地位。同样，也没有哪一种文化对另一种文化总是处于单向的影响或渗透，实际情况是两种文化总是相互影响和渗透。即使某一文化暂时处于强势，对另一种文化的影响相对较大，但这样的影响也是相互的。因此，翻译要遵守"求同存异"（seeking the common ground while reserving difference）的原则。

第一节　翻译的文化功能

以不同的语言为载体的异质文化的存在为翻译活动的发生提供了可能性，因为不同文化背景、操不同语言的人们毕竟有相互沟通、交流的需要。需要产生运动，文化交流的需要催生了翻译活动。这种跨语言、跨文化的沟通和交流若不靠翻译则很难想象能得以完成。翻译与文化的关系从来都是双向的，一方面翻译由特定文化环境的需要所引发并受该文化环境的制约，另一方面，翻译又参与建构新的文化。若就一个国家、一个民族的文化发展而言，翻译对其施予的影响不可小觑。翻译参与构建目的语文化、丰富和发展目的语文化。赖肖尔在分析外来文化借助于翻译对英国文化产生的影响时这样说过："任何国家的文明，来自外来影响的产物总是多于本国的发明创造，如果有人要把英国文化中任何受外国影响或源于外国的东西剔除掉，那么，英国的文化就所剩无几了。"季羡林先生的分析则更为精辟："英国的汤因比说没有任何文明是能永存的，我本人把文化（文明）的发展分为五个阶段：诞生、成长、繁荣、衰退、消逝。问题是既然任何文化都不能永存，都是一个发展过程，那为什么中华文化竟能够成为意外呢？我想，这里面是因为翻译在起作用。我曾在一篇文章中说过，若拿河流来作比较，中华文化这一条长河，有水满的时候，也有水少的时候，但却从未枯竭。原因就是有新水注入。注入的次数大大小小是颇多的，最大的有两次，一次是从印度来的水，一次是从西方来的水。而这两次的大注入依靠的都是翻译。中华文化之所以能长葆青春，万应灵药就是翻译。翻译之为用大矣哉！”在文化转型期，翻译与目的语文化之间的互动关系尤为突出。目的语社会的主流文化或因外族入侵，或因社会发生动荡而面临危机，出现相对意义上的文化真空。外族的优秀文化往往被介绍进来以填补真空，满足目的语社会对新文化的需要。翻译一方面推动了文化转型，而文化转型又从另一方面促进了翻译事业的繁荣。翻译作为一种跨文化的交际活动，自古以来就与文化发展和文化转型结下了不解之缘。历史表明，无论是汉唐时期的文化鼎盛，还是晚清时期的文化近现代化转型，无论是五四时期的文化现代化转型，还是20世纪80年代以来的改革开放，翻译活动始终站在民族发展的前沿，一次又一次的翻译高潮推动了主体文化发展的进程。

面对盛气凌人的“西方中心论”，如果为了表示反抗，而提出一种针锋相对的“东方中心论”，以另一种居高自傲的心态来贬低西方文化，否定西方文化，甚至自大地认为整个世纪是“中国人的世纪”，这与“西方中心论”如出一辙，也不是文化交流的态度。在多元文化的共生共存已成为现实的今天，要想真正实现异质文化形态间的对话、交流与融合，参与文化交流的人们必须具备的基本态度就是平等和互相尊重，这是不同的文化形态之间达成有效文化交流，实现文化共同繁荣的前提。

由此，赛珍珠这种在中西方文化之间“求同存异”的文化交流策略，正好解决了跨文化交流过程中的异质性和沟通之间的矛盾：“求同”，突破了异域的接受者心理上的预存立场，破除了“异质”的壁垒，给真正异质的文化因素的相互交流铺就了较为平坦的道路；“存异”维护了文化之间的异质性，维护了文化之间的个性特色，丰富了接受者的文化视野。

如果只求同而不存异，就会抹杀异质文化之间的异质性，用一种文化取代另一种文化，用一种文化误读另一种文化；只存异而不求同，只会沦落为文化猎奇，异质因素就将是人们沟通的巨大障碍。因此，只求同而不存异和只存异而不求同这两种跨文化交流的方法都不能实现真正的文化沟通。从跨文化的角度看，翻译研究还有许多事情可做。跨文化交流为翻译工作者提供了一个全新的视角，能够使他们站在一个新的高度从而把翻译研究向前推进。翻译使东西方文化交流成为可能。不幸的是，在中国的文化翻译方面极不平衡，外国文化的翻译数量远大于中国文化的翻译数量，其最简单的原因就在于中国人了解西方远多于西方人了解中国，因此译者有责任振奋精神把更多的中国文化介绍到国外以便让更多的外国人了解中国和中国文化。从这个意义讲，把中国文化介绍到西方世界并不意味着要消除外国文化，而是和外国文化在同一层面上共存。只有这样，翻译工作才能促进东西方民族之间的相互交流。

翻译史的研究表明，翻译对促进不同民族之间的文化交流和建构异质文化方面有着十分重要的作用。中国的五四运动见证了前所未有的大规模的外国作品和西方作品的翻译，而这些作品大部分都是以现代白话文翻译的，其语法和句法结构都极大地受到西方语言的影响，因而现代汉语在表现形式上不可避免地在某种程度上都表现出某种异国情调（foreignness and strangeness）。同理，广泛地把中国作品翻译到西方语言也极大地帮助了西方读者了解中国文化。纽马克指出：汉语中许多谈话都以“你多大年纪?”“你结婚了吗?”“你是干什么的?”“你收入怎样?”的问话开始，可能会使西方读者感到不安而产生文化休克，但这样的问话与西方惯常的令人作呕的应酬话比起来，可能是更为有趣的招呼用语，效果会更好。通过翻译，汉语的这些表达方式都可为非中国读者所接受。(The fact that in Chinese，many conversations start with “ How old are you?” “Are you married?” “What’s your job?”“How much do you earn?” may disconcert a Western reader，may cause temporary cultural shock but it is salutary and productive of more interesting conversation than the customary nauseating Western phaticisms. Through translation，this may break through to non-Chinese readerships.)

翻译激发了文学创作的革新和实验。翻译文学在中国文化中占有极为显著的地位。中国文学的发展受到外国文学文体极大的影响，清朝末期文学的显著特征就是大量介绍和翻译了西方小说，而翻译小说包括政治小说、历史小说和社会小说等等。大规模地翻译西方小说的一个结果就是小说成了现代中国文学十分流行的文学文体，其地位从边缘走向中心，其社会功能受到显著的重视。实际上，小说对中国的社会和政治进步都起着极为重要的作用，其中科幻小说和侦探小说的引进填补了中国文学的空白，满足了中国读者的知识需求，同时有助于传播科技知识和破除封建迷信。正是通过各种文体的相互渗透和影响，一个地区或一个国家的文学创作才得以丰富和发展并获得新的形式。一个民族要发展离不开文化的发展，而文化的发展既要依靠自身的力量，也必须吸纳外来文化，纯粹自给自足的文化是没有生命力的。中外文化发展史表明，翻译是吸收异质文化的重要途径。诗歌翻译家赫尔德（Herder）对哲学和语言问题深有研究，他清楚地体察到一种愈来愈强的异域文化对于德意志民族的影响力。在谈到外来语和母语的关系问题时，他形象地写道：“学习异族语言并不意味着忘本，周游列国也并不是想彻底改变自身的风俗习惯。”这对翻译来说有两层含义：其一，翻译如果盲目崇外，必然丧失自我；其二，充分地再现异族语，是为了完善自身的语言。赫尔德也清醒地意识到本族语在文化上的局限性，并力图借助外来语来弥补本族语的缺陷。由此可以看出，在赫尔德那里，译者的任务不是把作者从国外带到读者的面前，相反，译者要带着读者到国外去，把读者引领到原作者的面前，即使路途遥远、旅程艰难也毫不顾及，只有亲身经历这样的旅程，才有可能寻到源语文学或是源语文化中的宝藏。在赫尔德看来，对于异域的文本，译者应该忠实地传达，以资借鉴，扩充本民族的语言。在谈到异族语言与本族语言的关系时，他写道：“每当我徜徉于异国的园林，总想摘下几朵那里的鲜花来装点我亲爱的祖国语言……”而要想对自己的语言有所扩展，就要通过忠实地再现异族语言来实现。如果在翻译中对异族的语言进行排斥，总是用自己的语言去表达异域的新鲜事物以及新鲜的思想、概念，语言的扩展就无从谈起。

继赫尔德之后，歌德对于翻译的思考揭开了德意志民族文学与世界文学交融运动之大幕，他所提出的“世界文学”的概念反映了他的文化心态，这种开放的文化心态使歌德十分推崇异化翻译，提出了翻译的三类型说：第一类是为了解异域文化，以本土术语表达外来思想，采用散文体；第二类为进入异域文化语境，挪用外来思想，采用“仿拟体”；第三类完全认同原文，放弃本民族特色，这是翻译发展到最后阶段、层次最高的一类，即异他翻译。歌德在谈到外来文人给文学提供活力时指出：In the end every literature grows bored if it is not refreshed by foreign participation. What scholar does not delight in the wonders wrought by minoring and reflection? And what minoring means in the moral sphere has been experienced by everyone，perhaps unconsciously；and，if one stops to consider，one will realize how much of his own formation throughout life he owes to it .

“翻译的本质是‘意义’的翻译，即翻译文本的全部内容。一旦从这一观点来看待翻译，翻译就成了浅薄的语义调解”（Essential to translation would be the transmission of ‘meaning’，that is，the universal content of any text. As soon as this is postulated，translation acquires the shallowness of a humble mediation of meaning.）。这样的翻译就是以牺牲原文中具有鲜明支化特色的形式和所指为代价，在所谓“内容”层面上进行的翻译。事实上，翻译应涉及两个方面：从狭义的角度来讲，翻译就是把一种语言所表达的内容转换成另一种语言的内容；从广义的角度来看，翻译是把一种语言的文化内涵转换成另一种语言的文化内涵。毫无疑问，翻译的一个基本原则就是对原文的忠实。根据这个原则，翻译应忠实于原文所表达的内容和文化信息。译者必须以适当的方法辩证地处理好翻译所涉及的这两方面。然而，如果从文化交流的角度来看，译者的任务便是把一种语言的文化内容转换成另一种语言的文化内容。因此，译文是否忠实于原文在很大程度上取决于译者对两种语言的把握程度以及对两种语言所表达的文化内容的细微差异的高度敏感。看来，翻译不可避免地会遇到文化问题和文化的表达问题。

在翻译过程中，文化差异对各自语言有着很大影响，因此，要求译者重视文化因素。由于文化冲突贯穿于整个语际翻译中，一定程度上，翻译就是处理文化冲突的过程。一般地，带有文化特色的词语和形象语言的冲突，是文化因素的两种语言表现形式，同时也是文学语言关键的构成部分。根据二者鲜明的文化特色，可以看到其浓郁的社会文化背景。在一定的语言与文化渲染下，更体现出了浓厚的艺术魅力。但是，在目标语读者看来，源语读者知道的东西知之甚微，所以，在译文中很难找到适宜的对等表达方式。综上所述，不论是在翻译理论还是翻译实践中，需拿出更多的精力，解决文化因素带来的系列问题。

翻译是一个民族文化交流的体现，尤其是文学翻译。在各不相同的文化中人人是平等的，显然，在不同文化交流中同样是公平的。所谓平等关系就等同于互相尊重，其尊重有两种含义：其一是尊重原产地文化，其二是尊重创作的原始作者。偏重于目标文化而忽略实际文化的实质，这完全是对文化行为的不尊重表现，深层次来讲，更是对读者的不负责任，可以说是欺骗读者也不为过。在当前社会，群众已经开始反思这种文化霸权行为的翻译形式。因此，译者应该尊重原创而杜绝翻译文化的差异。

其实，作为一个第三世界国家，中国对于平等的要求更为强烈，反应也极为敏感。中国翻译界反文化霸权主义的体现就是翻译中由来已久的反归化倾向，只不过没有用反霸权主义这一名词而已。而且广大中国译者的实际行为也表明多数中国译者是反文化霸权主义的。

文本功能的体现是在广泛社会的形势下实现，它具有检视文化语境的社会性功能。在学术界，翻译文化的影响力度巨大，特别是它能够使目标文化呈现一种源语言文化的形式。但是对于异国的文化索取该采取什么样的手段呢？可以设身处地到国外体验他国的文化气息或者品尝外国原文的文化知识。对于翻译外来文化，要想影响力度深远，形成一致的文化认同是至关重要的环节。在翻译的过程中，既要注重异国的文化及文化完整性，还要将异国的文化完美地呈现出来，使读者沉浸在其臆想之中，通过心理学及各地习俗再加上自身的理解去阐述文化体系及意义。翻译是一项非常重要的工作，它好比旅行者或者探险家，不论遇到何种事物都会以绝对真诚的态度去面对。假如你看到的是龙就应该说龙而不是老虎，或者你看到红色就应该说是红色而不应该是绿色，用真诚的态度去体会当地的龙和红色的含义，真正地体会到对方的符号蕴意而不是用自己的文化来阐述别人的文化，以偏概全的比拟再恰当不过了。因此，目标文化的翻译在外国文化中影响甚远。

文化的发展影响着整个民族的起色，要想使自身的文化内容丰富起来，既要取其国粹的精华，又要借鉴外来文化充实自身的活力。从中外文化发展中得出，汲取异质文化的重要途径是翻译渠道。

翻译应该保留原文的异国情调，并通过与异域文化的接触丰富民族文化。最美的翻译就是保留原始作品的风格而不失翻译者对作用的美化，既不显得烦琐也不缺少内涵。在读者心里，对文学翻译的同时内心偶尔出现冒险的心理，好似看到一些反传递背离的现象，人们在交流中通常会发生这种现象。在很早之前，翻译老师曾说过文字是不可以直接翻译出来，但是这一说法早已被 70 后的人们所打破，例如曾经发生过，meet one’s Waterloo，不能翻译成“遇到某人的滑铁卢”，brainstorm 不能被翻译成“头脑风暴”等等，这类型的翻译称之为死亡翻译或者是硬翻译，可以在网上查找相关内容，很是常见甚至是很受欢迎。

第二节　英语翻译中的文化差异与传递

一、从文化到跨文化

理解一个文化，最好的途径似乎还是翻译。中国人民的老朋友——斯诺曾将中国小说选集编译为《活的中国》，当美国大使赞扬这本书的时候，斯诺回答说他从翻译中学到了很多。“也许是太多了，在某些方面不能再认为我是温和的，因为在你深入进行翻译作品的同时，不能不受作品内容的影响而与其共鸣，也许这是一条改变一个外国记者，对一个国家和它的人民的观点的正确道路[①]”。

语言之间存在差异，但是语言的背后存在“意义”，翻译就是跨越语言找到“意义”，并在假设人类是可以沟通的，可以意义共享的理论前提下，把意义再现出来，人们跨越不同文化进行沟通。[②] 从个人交流的角度而言，文化决定或影响着个人解码和编码、个人信息传递的媒介选择，个人对信息的解读等。交际不仅仅涉及语言选择，也涉及社会特性、

① ［美］约翰·马克斯韦尔·汉密尔顿．沈秦，沈永华，许文霞，译．埃德加·斯诺传［M］．北京：学苑出版社，1990.

② 单波．跨文化传播的问题与可能性［M］．武汉：武汉大学出版社，2010.

思维模式、群体文化等。

似乎最好的学习异文化的方式就是生活在异文化当中，就像是要在游泳中学习游泳，在骑马中学习骑马。但是，并不是生活在异文化的人都可以更好地理解不同的文化。由于不同的人往往具有认识偏见，认为自身文化更加优越的，在文化认同、文化接触时难免具有偏见和狭隘的倾向。而现实情况是，文化的先进与否往往和经济上的先进与否相等同，现实和历史造成了世界上强势的经济带动下的文化的强势、该种文化所使用的语言的强势；而欠发达国家的文化往往处于弱势地位，担心被强势文化所淹没。

随着跨文化交流的不断推进，不同的文化之间的交往越来越频繁和深入。地球正在变得越来越小，正如麦克卢汉所预言的那样，整个地球正在变成一个“村落”，以往主要是以国家为单位的交流主体正在演化为以公司和团体、个体为主体的跨国交流主体，国际传播（international communication）因此正在变成全球传播（global communication）。

冷战后，世界格局的决定因素表现为七大文明或八大文明，即中华文明、日本文明、印度文明、伊斯兰文明、西方文明、东正教文明、拉美文明，还有非洲文明。关于不同文明之间的关系，在20世纪末，有一部曾经很轰动的作品——亨廷顿（Samuel P. Huntington）的《文明的冲突和世界秩序的重建》[①]。亨廷顿自己认为，该书的畅销在于人们正在迫切地需要一个关于世界政治的思维框架，“文明的冲突”这一模式满足了这个需要。根据这种需要文化要素被提出并受到重视。冷战的世界，冲突的基本根源不再是意识形态，而是文化方面的差异，主宰全球的将是“文明的冲突”。纵观当今世界的局部战争，特别是9·11以后的伊拉克战争和中东地区的冲突，似乎全球的冲突就表现为文化之间的冲突。

与此同时，文明之间的冲突和全球范围内的文化融合并存。随着经济全球化、政治全球化的推进，不同的文化之间的交流和融合的步伐在不断地推进。不用说欧盟国家之间的融合和几大经济圈内部的一体化，整个世界的交往程度都正在深化。跨国公司携带其产品和服务、价值观念和管理方法，正闯入世界的各个角落。人们眼睛所看的四周，到处是麦当劳的金字拱门、畅饮可口可乐的广告牌、名牌的牛仔裤、全球流行的音乐、好莱坞的大片，等等。以至于不同的国家惊呼美国文化将成为全球文化。法国政府更是强调法语作为母语推广和加强的必要性，并且对本国的文化娱乐产业进行政府的补贴支持。美国的近邻加拿大，也极力反对美国文化的侵蚀，努力保持国家自身文化的独立性。而现实中，在文化导向上，世界上有不少国家和团体的确奉行双重标准：在内部对自己持一种主义，对外对他人却实行另一种主义。这种双重标准决定了无论是文化普遍主义，还是文化特殊主义，以及其他种种，在理论和实践上都是不彻底的、难以贯彻始终的，而且理论的偏执必导致混乱。亨廷顿希望唤起人们对文明冲突的危险性的注意，从而有助于促进整个世界上“文明的对话”。

二、跨文化传播学的发展

从文化到跨文化的发展，也是认知发展同现实需求互动的结果。美国政府于1946年成立了外国服务所（Foreign Service Institute），当时的美国外交官很少了解被派往国家的

---

① Samuel. P. Huntington，文明的冲突［M］. 北京：新华出版社，2013.

文化，要么不能有效沟通，要么大多生活在说英语的小圈子里而限制了沟通，并且要求别人按照美国的方式行事，将外国公民视为“未开化的人”。相比之下，欧洲一些有殖民经验的国家倒是对他国语言和文化很敏感，在外交场上游刃有余，而美国外交官落得个最没有外交效果的名声。特别是美国在战后推出的一系列援助发展中国家的计划大多以失败告终后，美国人逐渐意识到，这些项目的失败，不仅仅是技术的原因，政治、经济以及语言与文化障碍等因素也对项目的实施产生了重要影响。为此，美国国会通过外交法案，成立此机构为外交官提供派出国的语言和文化培训。然而，外交官们并不理会人类学家、语言学家所教的理论知识，而是迫切想知道如何与异文化中的个人进行有效交流。

爱德华·霍尔（Edward Hall）曾供职于“外国服务所”，他提出了跨文化传播（cross-cultural communication）概念，是开创跨文化传播学的奠基人。霍尔的著作《无声的语言》（*Silent Language*）是跨文化传播的经典之作。霍尔还亲自授课，把语言从有声语言（verbal language）扩大到了无声语言（nonverbal language），后者包括微观文化方面的知识，如声调、手势、表情、时间与空间的概念。

此后，跨文化传播学课程开始登陆美国不少大学的传播学系，20 世纪 70 年代开始涌现出了大量经典著作，如《跨文化传播读本》（Larrv A. Samovar and Richard E. Porter，1972）、《跨文化传播学》（L. S. Harms，1973），从而奠定了跨文化传播学的独立学科地位。根据 Gudykunst 的看法，跨文化传播主要研究：①文化与交际论相连接，在交际论的范围内用文化解释交际过程；②把文化当作理论变数，并用其解释不同文化之间的交际差异；③用文化这一理论变数描绘或解释不同文化背景的人们之间的交际差异。

我国学者在 20 世纪 80 年代开始关注跨文化传播学这一学科，早期的研究者大多是从事外语教学的人士，大多关注外语教学与文化的关系，所采用的术语多是“跨文化交际学”，以后跨文化交际和跨文化传播交替使用。跨文化传播/交际（intercultural communication）是全球传播的一种形式（a form of global communication），它所描述的问题是由于团体中的个人因其具有不同的宗教、社会、种族和教育背景的差异而引发的交际问题，以寻求理解来自不同国家和不同文化的人们是如何行动（act）、如何沟通（communicate）以及如何认知周遭世界的（perceive the world around them），简单而言，就是不同文化背景的人们的言行，以及世界观及思考方式。

跨文化传播根据参与传播活动者的范围可以分为三个层次，即来自不同文化背景的个体、群体或组织、国家之间进行的交流活动。

个体是跨文化交际的主体，在全球化的信息时代，来自不同文化背景的人们不仅仅需要进行短暂的沟通，随着贸易、留学等的需要，短居者（sojourners）需要在寄居国（host country）进行短暂的停留，为了完成工作和学习任务，他们需要进行跨文化适应，任务结束，回到自己国家时，还存在适应调整问题（reentry adjustment）。旅居他国身处不同文化的跨文化者需要文化适应和调适（acculturation and adjustment），只有克服在不同文化中所带来的不确定性和焦虑，才能在两种文化中成功地生存；大量的移民也带来了语言文化的冲突及适应难题、文化身份的建构问题。这部分是西方跨文化交际研究的重点，研究多着重开展如何提升个人跨文化传播能力的研究，深入到社会学和心理学层面，多采用量化的方式，开展跨文化能力的培训课题或工作室，目的是为了交流以及提高跨文化交流技巧，寻找应对文化适应中的压力方法；寻求克服跨文化交流障碍的方法和途径。

跨文化交际大多是旅居异文化中的文化融入，没有切身体会，解决不了实际问题。韩国学者 Young Yun Kim 主要是以韩国移民（Korean immigrants）为研究对象，研究他们在异文化中的融入问题，融入过程中的沟通问题。

群体和组织的跨文化传播多与商业组织相关，随着商业公司的跨国经营和员工的国际化，这些组织不但要在管理中探讨如何管理和激励来自不同文化的员工，更重要的是，如何把他们的产品销售到不同的文化中，从而获取更大的利润。这部分多是跨文化商业管理的研究范畴，但涉及文化部分，也是跨文化学者的研究领域。例如电视节目跨文化交流的特性研究、好莱坞影片的跨文化传播战略等，都是在经济领域中突出的跨文化传播问题。组织层面的跨文化交际侧重对跨文化交流过程中具体问题的实证考察，并在此基础上提出跨文化传播的一定规律。

如果以国家为一个整体，国与国之间的交换就是最高层次的跨文化交流活动了。我国的学者也把交流主体是国家的跨文化信息传递划分为国际传播。[①] 虽然被定义为“穿越国界的传播”，但 20 世纪后期出现的传播和信息技术的进步拓宽了国际传播的空间，“超越了政府和政府之间的传播，而在全球的范围之内融入了商业和商业，以及人与人之间的互动沟通”。[②] 我国研究者比较关注的是国家形象在跨文化交际中的树立，以及在跨文化交际中，如何保持自身文化安全。“由于当前国际上存在的对中国的误读，中国在随着经济增长的同时也需要积极传递正面的信息，以国家为主体的传播研究正契合了国家的战略需要，因而研究正盛[③]”。即使是交叉学科，在理论上，人们也需要探讨它的学科归属问题，学科归属最终可以确定该专业的主要研究领域，揭示其独特之处，以及其作为一门独立学科或学术分支的必要性。研究者一定程度上能决定学科的归属，因为研究者的背景和学术积累，可以决定其学术关注点，保证其学术的开展。但是，能成为一门独立学科主要是由于问题的存在，而不是什么人来研究。往往是由于问题的存在，才激发出人们的研究兴趣。一个学科奠基者往往关注这些问题，并寻求解决问题之道。以传播学的奠基者来说，传播学在美国的创建和繁荣，始于美国“二战”时的战争宣传需要，杜威（John Dewey）、库利（Charles Horton Cooley）、帕克（Robert Ezla Park）、米德（George Herbert Mead），他们尽管最初不是传播学者，杜威是美国著名实用主义哲学家和教育学家，库利是美国著名社会学家，帕克是杜威的学生，也是社会学芝加哥学派的代表人物，米德也是芝加哥学派中的重要人物，也是社会心理学中符号互动理论的创始人之一。但是他们每一位都对人类传播科学提出开创性的观点，对于首批美国传播学者而言，一个人如何了解信息，如何赋予信息意义，是传播过程的一个重要方向……另外，他们更寄希望于当时的大众传播能对社会改良有所帮助[④]。

现实的需求往往会刺激大量资金的投入，传播学在美国的发展和繁荣也是当时的社会需求的结果。第二次世界大战，使得战争宣传、士气鼓舞、媒体利用等方面的研究成为迫

---

① 程曼丽．国际传播［M］．北京：北京大学出版社，2006．

② 达雅·屠苏．国际传播：延续与变革［M］．北京：新华出版社，2000．

③ 徐明华．我国跨文化传播研究的文献综述——以 2002－2011 年中国跨文化传播研究为背景［J］．河南：新闻爱好者，2012（9）：1－3．

④ 爱维莱特·罗杰斯．传播科技学理［M］．中国台北，台湾地区正中书局，1986．

切的问题，并受到政府的资助。拉斯韦尔、霍夫兰等学者都是配合美国政府的工作，参与到美国的战时研究小组，其成果直接转换为传播学的奠基理论。当然，一些客观条件，例如当时大众媒介的发展、在法西斯德国暴政的驱赶下，欧洲知识精英在美国的聚集，这些都促进了传播学在美的发展及繁荣。

跨文化传播可算是一个真正的交叉学科，首先它偏重语言和文化层面的关系；其次随着研究向多层次的深入，它也借助于社会学、心理学、管理学、国际关系等研究成果。大量的其他学科从自身的角度出发介入跨文化传播的研究领域，包括新闻类、文学、教育学等，并以横向拓展与学科交叉为主，表现出较为明显的学科构建意识。

文化是一个复杂的现象，对于异文化的学习者来说，至少要做到两个方面：一是要being conscious，要意识到文化的复杂性，不能以文化的表层来看待文化的深层，以“台前”代替“台后”；二是要being critical，要以批判的态度来学习异文化，毕竟，文明的融合需要在不断冲突的过程之中演进。

第三节 英语翻译中的文化缺省补偿策略

一、意识形态对翻译策略的操纵

翻译无论是作为文化现象、思想活动，或是作为一项职业、一种知识技能，总与所处的时代密不可分。当前，翻译被认为是一种跨文化的交际行为。这里我们从宏观和微观两方面阐述一下文化与翻译之间的联系，宏观角度来讲，翻译对于一个国家和民族文化存在多大影响，本国的文化是如何嫁接到他国的，换句话说，不同文化之间是如何融合到一起。目前很多研究者专门从事这些问题的研究；微观角度来讲，翻译受哪些文化因素的影响。翻译是一个复杂的过程，既要攻破语言环境，还要克服文化的障碍。最终翻译者达到的效果就是克服障碍畅通文化交流。

在以往的翻译理论研究中，人们一直把翻译看作是一种从文本到文本的封闭过程，是两种语言之间文字上的转换。但是翻译活动从本质上讲，是两种语言文化之间的交流和转换。源语文化和目标语文化中的诸多因素对于翻译文本的选择、翻译方法的确定以及译本的最后形态都起到至关重要的作用。以往人们对于这些起到影响作用的文化因素重视不够。它们一向被置于边缘的位置，最多也只是被纳入语言学研究，似乎研究语言就是研究文化了。但是，任何翻译活动都不是在真空里进行的，任何翻译作品在目标文化中的接受也不是在真空里实现的。翻译活动涉及译者、译文读者和目的语文化中的文学规范等诸多因素。译者在翻译过程中所做出的每一个选择都要受到这些外部因素的左右与摆布。翻译理论工作者在试图挖掘双语转换规律的过程中还应花大力气去研究影响制约译者选择的种种社会、历史和文化等外部因素，从描述的角度去准确地分析和解释翻译活动为什么会出现某种现象以及译者为什么会采用某种特定的翻译策略。

翻译既是复杂的过程，也是不断进取的过程，它受内部因素语言差异的影响，同样受外部因素社会和历史文化的影响，但是通常外部因素起着直接作用。挣脱文本的藩篱，要想在翻译的过程取得实质性的进展必须站在社会和历史文化的高度去审视问题，整体把握翻译中文化问题的实质性。只有把翻译放置到更为广阔的文化背景中进行研究，强调历史意识和文化观点，才能抓住问题的实质。苏珊·巴斯内特和勒菲弗尔在1990年出版的翻译理论文集《翻译、历史及文化》（*Translation*，*History*，*and Culture*）中率先提出翻译理论研究中的“文化转向”（cultural turn）的问题。他们声称，“翻译的操作单位既不是单词，也不是文本，而是文化”。“文化转向”为翻译研究增添了一个重要的维度。翻译不再被看作是文本之间的转换，而是目的语社会中的一种独特的政治行为、文化行为和文学行为。翻译研究学派认为，翻译研究中最重要的不是首先考虑词语的对等，而是要研究在哪种情况下算是对等的，又是哪些社会、文学和思想意识因素使译者做出特定的选择。文学翻译的研究在本质上是社会的、历史的研究。谢莉·西蒙（Sherry Simon）指出，“80年代以来，翻译研究中最激动人心的进展当属为‘文化转向’的那一部分”。而根茨勒（Edwin Gentzler）更把“文化转向”的提出看作是“翻译研究领域的一项真正具有突破性意义的成果”，以及翻译理论研究时代来临的标志。

勒菲弗尔（Lefevere）认为，“翻译就是对源语文本的改写”，并且“改写”（rewriting）超越了语言文字转换层面，体现了意识形态和诗学形态对翻译的操纵，就是说，社会意识形态（ideology）、诗学观（poetics），还有赞助人（patronage）等诸多语言外因素，就像一只“看不见的手”，始终操纵着翻译的全过程。翻译必然涉及文化输出和译入语社会意识形态的摩擦和碰撞，免不了意识形态对其过程的干预。因此，在翻译过程中，译者不能单纯考虑语言层面的操作，更为重要的是，译者还需关注政治和文化等诸多语言外因素的作用，还需考虑意识形态的介入。从意识形态这一角度探究或解释翻译的内在规律，不失为一条有力途径。从意识形态出发，就能使人们看清一些隐藏于文本之后、语言之外却自始至终主导着翻译的诸多因素，解决一些语言层面难以处理的问题，为翻译研究提供更为广阔的空间和视域。

人类的本性就是跟着自己的意识思想做事，翻译更是如此，意识形态对翻译的影响巨大。翻译不是独立存在的，当两种文化交织的时候，翻译者很难处于中立的态度去翻译，往往是随着自己的主张进行翻译。外部因素的直接介入影响着翻译的质量，内部因素相比于外部因素显得微不足道。在不同语言文化背景下，译出语和译入语有着各自的魅力，本着各自的历史环境和国粹以及政治体制的条件，当两者发生碰撞时，各自文化背景形势下的意识形态显得差异甚大。综上所述，翻译自身好比介入目标文化的重要部分。

根据勒菲弗尔的观点，文本的处理通常受意识形态的影响，而意识形态可以称之为观念网络，它是通过不同时期所凝聚的一种风气想法形成的。它由众多组织行为构成，其中包括规范人们行为的形式、习惯和信条构成，呈格栅状等等。意识形态介入翻译之中是有一定的作用。意识形态无处不在，它在作者、译者以及读者身上体现得淋漓尽致，它以一种隐蔽式的形象存在于字里行间。翻译之中引入意识形态无形当中为翻译界开辟了另一条通道，同时又让广大读者对翻译的本质有了新的认识，同样也理解了作者在创作之时的情景，即使译文出现了增减、置换等动作。在文学艺术当中，诗学形态所体现的是美学观念结构，主要由两部分构成，其一是体现的文学手段和作品宗旨及情境等之和；其二体现的是文学观念思想，实际上是在整个社会构造中文学所充当着该有的角色。实则诗学功能隶属于意识形态，只有在意识形态的作用下，文学系统方可展示其特性。操纵意识形态的主导者既对文学阅读及作文或者翻译起着促进作用，同时体现着阻碍作用，所谓的主导者可以称之为赞助人，赞助人可以利用杂志出版社及审查局等学术团体对文学作用进行操控，这就形成了主流意识的形态，即热爱诗学的同胞就会受赞助人所处的时代即社会风潮操控。译者在翻译的过程中，通常在意识形态下运用着根本的策略方式，这种方式可以为译者破解源语“论域”(universe of discourse)，或者“文化万象”，换种表达方式，就是指译者可以根据原作者的社会习俗及事物的观点得出相应的决策技能。翻译受诗学形态和意识形态及赞助人的操控是必然的，因为翻译就是异国之间不同语言的转换及文化间的交流，故操控是必然事件。勒菲弗尔曾认为，上述的三要素之中意识形态是关键，因为意识形态体现着赞助人的主体意识，意识形态贯穿在诗学和赞助人整个网状结构之中，更是他们两者的具体表达方式。

翻译不仅仅是个人的行为，更是与当时所处的社会环境息息相关，从古今中外翻译史中不难发现这一点。个人的情感仅仅会反映出社会环境的一小部分，而社会环境会深深地影响着个人的情感。当时社会的经济、政治文化、上层建筑等都会影响着社会环境，从而间接影响着个人情感。纵观古今中外，中西文化差异不言而喻，从小的方面来说，个人生活习惯、人生价值观的不同；从大的方面来说，地区宗教信仰也是不同的。很多译者有意识地在翻译的时候都会为心中所想的群体而服务。翻译不是单独存在的，译者在翻译的时候，是在特定时期创作属于自身的作品。他们认为在翻译的众多方法的选择原因上，自己和自己的文化因素占比很大。因此可见，译者受意识形态的影响，通过思想观念和世界观来决定译者及读者对文本策略的决定。面对语境的主流意识形态和诗学观念，译者既可以选择接受这种约束，同样可以解除这些所谓的约束，完全可以通过非情境之下的另一种意识形态和诗学观念进行修改作品。在改写理论看来，文化诗学观念和主流意识形态是由多个主流趋势及反向等组成，并非以单一的形式存在。

一个文化的中心诗学和意识形态与外围之间总是处于紧张或交战的状态，有时中心力量占据统治地位，有时外围力量接管或者驱逐中心力量。由于引进的文学翻译作品处于“本国作品”(因此必须服从主流诗学)和“外国作品”(因此可以相应地免于主流诗学规则的控制)之间的交界处，因此它在目标语文化中是具有某种免疫性的。正是这种模糊的地位使得译作可以渗透踏上颠覆(主流诗学)的征程。

很多译者想挑战主流意识形态和诗学观念，他们针对性地在源语文化中选取颇受好评的作品进行翻译，意外的是作家的创作恰巧与译者的诗学观念相吻合。众多翻译作品中，有意识地摆脱主流意识形态和诗学观念的作品还是非常之多，这些作品有着独特语境下的主流意识形态和诗学思想，并非受制于原创氛围之中，他们通常在翻译时采取抵抗式的战略，例如 Venuti 在翻译意大利诗人 Milo De Angelis 的作品时就是如此，这部作品具有独特的魅力，既不属于英美式的文化，也不同于意大利的主流气息，它恰恰融合了两种文化语境中的新语言。大量翻译工作表明，译者并不局限于当时的主流意识形态的材料，也不受诗学观念的影响，可以在引进目标文化的概念中糅合新的文学手法来体现出新颖之处。在众人看来，所谓的翻译必须做到言听计从的效果，译文与原文要达到形、神皆同的效果，忠实不二的态度，译者必须严格遵循标准。传统观念的人们只是单一地认为翻译就是不同语言间的转换，但是在翻译的过程常常会发生原文的删减动作，却给不出合理的解释。深层次来说，翻译研究就是文化互动的研究，而语言和文化既有促进作用，又有制约效果，是一对相辅相成的存在。

翻译使得不同的语种相互促进，相互发展。中华民族上下五千年，不同的时间段都有着不同的书写方式，甚至语言都在不断地变化，而翻译，得以让文化传承，让知识得以传递。通过翻译，使得各个国家的人们可以尽情沟通，虽然出口的语种不同，但是表达的意思却能相互理解。翻译促进了各个国家的文化发展，知识深度的扩展。

二、接受语境下的文化缺省补偿策略

如果文本意义只是涉及读者对文本所表达的思想、情感以及意图等因素获得准确而完美的理解，如果阅读活动所涉及的各个要素之间的关系只是以作者或文本为中心（author-centred or text-centred），那么对文学翻译中接受语境的讨论将毫无意义，因为这样一来，文本作者就成了文本理解和阐释的权威，译者的任务只是获得作者或文本本身预先设定的“完美”答案从而用目标语言实现原文的意义。在接受理论（the reception theory）看来，意义不是一个等待发掘的“东西”，而是文本与读者之间的相互作用或“对话”。伊瑟尔（Iser）指出，意义不再是被定义的东西，而应该具有被体验的效果，读者永远不能穷尽文本潜在的全部意义，这就意味着人们有必要把意义看作是发生的某种东西（something that happens）。文本根本不具有规定的或权威的解读，读者由于和原文本处于不同的历史阶段和不同的角度，可以依据自己的特有方式对文本做出不同的理解和阐释，这样就消解了原文本和原作者的权威，强调了文本与世界的互动作用，也就是说，读者不能独立于文本所处的世界对文本做出理解和阐释。在文本的理解过程中，应把各种情景因素加以考虑，尤其应重视社会文化语境。译者不应把文本的理解像传统的翻译概念那样局限于作者可能的意图，而应更加关注接受语境的各种因素。

对翻译存在很大意义的是对读者作用的重视，由于译者是原文的最终翻译者，译文提出的解释与异议就形成了作者和语境共同作用的结果。翻译本身就不可以单独地处在社会和文化语境中，更不可以在文本本身中受到限制。事实表明，翻译其实是社会文化活动的一种表达方式，它既不是像真空里的具有中间价值的工具转换经过，也不仅仅是从单方面的语言上巧妙地变换。换作西方的语言来讨论功能翻译理论，翻译就是一种“跨文化活动”（cross-cultural event）和“交际互动”（communicative interaction），而且从古至今就是一种“目的性行为”，这种强烈的目的性具体在意识形态和诗学方向中表现出来，由于“翻译，从本质上说，就是从本土文化意识形态输入异域文化的意识形态”，所以，译者是作品的主动参与者和建构者，而不能被放到接受者的行列。假如翻译是一种单独的语境活动而脱离了社会现象的轨道，那么译者自然而然地成为一名技术工人，他的主要义务就是用相应的语言来代替文本的相应内容，而不是有目标地构建出新意识形态和诗学的新想法，更不是新文化的调节者（mediator）和积极参与者。

勒菲弗尔认为处于某一历史阶段和社会背景中的接受语境，包括社会物质背景、政治形势、经济系统、民族文化政策、社会意识倾向和文学传统等，不仅是决定译者翻译/改写的内容和方法的重要因素，而且更为重要的是，还有助于在目标文化中形成翻译的交际功能。因此，他一方面认为翻译不是在真空中进行的，同时又强调翻译也不是在真空中接受的，翻译是为某一社会的意识形态和诗学服务的。意识形态和诗学观念是限制译文生产和接受的两个主要因素。“翻译活动绝不是文人雅士书斋里面的消遣或文字游戏，翻译的过程受各种权力话语的制约从而使译本成为一种人为操纵的产物，是一个以译者为一方而以目的语社会中意识形态和诗学为另一方的谈判的产物”。勒菲弗尔指出，“翻译是对原文文本的改写（rewriting）。所有的改写，无论其意图如何，都是对某种意识形态和诗学的反映，并通过意识形态和诗学对文学进行操纵，使其在特定的社会中以某种方式发挥作用。改写即操纵，在操纵的过程中为权力服务”。至于什么是翻译，图里（Toury）认为翻译就是在目标系统中被视为译文的目标语。图里认为判断一个文本是否是翻译在很大程度上是看目标语接受者是否把它视为翻译，而不是看它和原文本在多大程度上等值。由此看出，图里和勒菲弗尔扩宽了翻译研究的范围，否定了翻译就是用目标语言替代源语文本语言这一传统的翻译概念，强调了正是接受语境因素决定了译者所采用的翻译策略和翻译文本的形态。

译者作为社会的一员，他的翻译动机总是受到社会动机的影响，总是受到社会意识形态、主流诗学以及赞助人或权力的控制。我国20世纪五六十年代对苏俄文学的青睐与膜拜，“文革”期间对英美文学的排斥和抵制，都体现了“赞助人”的意志或意识形态对翻译的操纵。可见，“翻译并不只是一扇对另一世界打开的‘窗口’，或诸如此类一些人们笃信的常规说法。相反，翻译是一个开放的渠道，常常带有几分强迫，将异域文化的影响经由这一渠道扩散到本土文化，挑战本土文化，甚至颠覆本土文化”。因此，翻译不能不顾及目标语社会和时代的主流意识形态和诗学观念，不能不顾及本土文化氛围下大众的接受心理。不顾目标语的接受语境强行输出，把源语中的接受方式强加给目标语读者的做法是行不通的。由此可见，译者在对翻译策略和翻译方法做出抉择时，常常是意识形态或诗学观念操纵着译者的行为，就像一只“看不见的手”，让译者“对这来自异域文化的价值观做出自己的判断，然后决定转达的策略，是直截了当，还是曲达其义；是‘削鼻剜眼’，还是另起炉灶”。从这个意义上讲，不论是坚守源语价值观的“直截了当”，还是顺从译语文化的“曲达其义”，都是意识形态或诗学观念操纵的必然结果。

译者要想在某一社会文化背景下生存，就必须接受这一社会文化的规范意识和影响力。译者可能受到文化习俗、价值和动机等一些社会文化规范的影响，并且不得不遵守，在此同时，他又随时让自己的意识带动而放弃这些社会文化规范。还有一种情况就是：好几个一样重要的社会文化规范，往往译者只遵守一种而忽略其他的。社会文化规范是一个相当复杂的结构，译者要想对他遵守的社会文化规范全方位地了解，就一定要对其定位和实行正确的翻译策略。事实上，译者可能在某种文学活动中形成了自己的“期待视野”（horizon of expectation），也有可能因坚持主流诗学思想或文学规范而产生自己的“期待视野”。在不断理解和翻译文学文本的过程中，译者更容易让自己的“期待视野”与文本的“期待视野”相融合，把自己变被动，还有些译者觉得文本存在不规约的特征，并运用一些他自己觉得非常合适的理解方法或翻译方法来代替自己的“期待视野”。在有些情形中，译者要受到来自思想政治的最大鼓舞和制约，并实行一些独特的理解方法和翻译手段来理解和翻译文本，来配合有些读者的意愿。为了更有力地证明意识形态和诗学观念对翻译策略所产生的影响，从而勒菲弗尔提出了“折射文本”（refracted text）的概念。所谓“折射文本”就是“为了特定的读者做过处理或改编的文本，以使译本符合诗学的和意识形态的标准”。比如让孩子们看得简单易懂的写本，还有拍电影所用的文本，这些重新编写的文本，都属于折射文本。译者在翻译文本的工作过程中，可以发挥自己的思想观念，自由地译出文本。例如，在引进外来思想时，译者对外来思想运用时，可以根据他的期待视野来挑选所翻译的资料，还能按照他自己所规定好的翻译方法进行必要的删除和修补等可改动的一些内容。由此说来，译者的翻译范围可以不断地扩大，可以从翻译目的、角度以及文学风格上对源语文本进行全方位的编写或归化。

传统的翻译理论向来推崇等值论，即译文和原文的语义对等，但由德国的 Reiss、Vermeer、Nord 等学者提出的译文功能理论为翻译研究提供了一个新的视角。翻译是一种具有目的的交际活动已经被功能理论看作不可否认的事实。他们把这种目的称之为 Skopos。Skopos 为希腊语，其原意为意图、目的、目标和功能。Skopos 理论将翻译定义为“在目标环境中为目标目的和目标读者而生产的目标情境中的文本”。Skopos 理论认为翻译并非完全是一个语码转换的过程，即对源语进行转码的过程，而是人类行为的一个特定模式，它有一定的目的，并且这个目的是在翻译之前就已经预定。“译者的任务是为了一个既定的目的在不同的语言和文化群体之间搭起一座理解的桥梁”。决定翻译过程的，既不是原文或原文在源语受众身上产生的效果，也不是原文作者所赋予原文的功能，而是由根据发起者或主顾的需要决定的目标文本的目的所决定的。

翻译的目的主要是：第一，为译者自己的目的；第二，译文在目标语文化中的交际目的；第三，译者在翻译过程中，通过使用的一些翻译方法或策略想要完成的目的（如直译以突显源语的语言结构特点）。任何一本文本都有它自己独特的目的，译者所翻译的方法必须根据文本的语境和文本自身的功能来完成。换句话说，译者在全部的翻译过程中，参照的功能应该是译语文化环境下完成的交际功能而不是与原文强调的功能所一致。

Skopos 原则就是说翻译的全过程必须以译文在译语文化中实现其预期功能为标准。对原文的忠实并不是按部就班地一字一句地翻译，译文的忠实性其实就是将原作的形式、气氛以及深层意义用不同的语言形式所表达出来。译者必须遵循译文中的预期功能，在原作思想不变的情况下，巧妙地挑选出适合的翻译策略，同时把原文语篇信息必须保留的内容留下，将可以适当调整的语篇信息通过直译、意译和删减等方法进行灵活的运用。

翻译中把目标语言文化的接受语境纳入翻译策略抉择的考虑范畴，是一种不同于“忠实于”原文的传统翻译观念。译者根据具体的需求对原文中相关信息的数量和内在价值以及文学风格、文学种类等做出或隐或现的修正，因而较少地具有原文的明显痕迹。换句话说，这样的翻译与传统的翻译概念相比，由于较少地受到源语文本的限制，能够为译者提供更多的创造性翻译的空间，因而相对原文的偏离更能容忍。的确，目标文化系统存在的各种因素以及译者的意识形态和诗学观念起着一个过滤器的作用，决定译者在翻译过程中运用何种翻译策略来补偿译文读者的文化缺省。在众多补偿文化缺省的方法中，归化（adaptation）或改写（rewriting）是译者经常使用的方法。归化意味着译者根据目标系统中的接受语境所反映的文化改变源语文本中的形象和形式，用目标文化身份的表达方式替代源语文化身份的表达方式，以便传达源语文本的真正意义。这种方法有助于消除目标语读者理解译文的障碍，从而更好地获得对译文的连贯理解。有许多因素决定译者必须改变源语文化因素的形象。一般来说，在以下情况下，译者倾向于使用归化的方法来补偿译文读者的文化缺省。第一，由于源语文化因素具有鲜明的语言、历史或文化特色，难以找到途径进入目标语文化；第二，目标语读者在文化和政治方面非常敏感，以至于拒绝接受源语文化；第三，译语读者阅读译文的目的只是为了获得原文的内容而不是为了获得异域文化探索的享受；第四，目标文化十分独裁，对翻译作品实行严格的审查限制。

语言文化极大地受到心理文化的影响，而心理文化指的是人们的心理、行为、信仰、感知、价值观念、思维模式等。也就是说，语言的使用与语言使用者的心智有很密切的关系。因此，在补偿译文读者的文化缺省过程中，译者应把译文读者的心理习惯加以考虑。不论是汉语民族，还是英语民族，都喜欢把动物的形象用于明喻或隐喻的修辞手法中。但是，在大多数情况下，在选择动物的象征意义方面，汉语民族和英语民族有着很大的差异。现以动物“熊”（bear）为例。汉语民族和英语民族对“熊”这种动物有着非常不同的联想意义和隐含意义。对于英语民族来说，“熊”可能被认为是“凶猛的”或“危险的”，动物园或野生公园的熊可能被认为是“淘气的”或“顽皮的”。但是，“熊”在英语里不具有与汉语民族相同的联想意义和隐含意义。对汉语民族来说，“熊”意味着“愚蠢的”“无能的”“无用的”。从这个例子可以看出，英语民族和汉语民族对于多数动物有着不同的联想意义和象征意义。在翻译两种语言文化中含有形象意义和象征意义极为不同的词语和表达方式，译者应该根据接受语境的具体情况在两种语言中找出“文化对等表达”（cultural equivalents），而不是直接向目标语读者传达原文的象征性的形象（symbolic images）。也就是说，在这种情况下，译者应考虑采用“归化”（adaptation）的翻译策略来补偿译文读者的文化缺省，以使译文在目标语接受语境下易于接受。

翻译是一种跨文化交际活动。不同的民族在长期的实践中形成了自身固有的、独特的文化传统或思维模式。在文学翻译中，译者应该充分考虑翻译的接受语境和译文读者的可接受能力，使译文在展示原作主旨和意蕴的同时，更加符合译文读者的审美趣味，从而在原作和译作之间架起一座沟通的桥梁。为了加强译文的可读性，进一步促进源语文化融入目标语文化之中，译者往往会来用文化意象替代的策略（即归化策略）对译文进行重构，从而达到文化传递的目的。

少妇甜甜地一笑，道：“别吹了，再吹就成了麒麟了！”

（莫言：《师傅越来越幽默》）

The woman smiled sweetly. “Slow down,” she said, “The next thing you’ll be telling me is that they’re a pair of unicorns!”

(Shifu, You’ll Do Anything for a Laugh translated by Howard Goldblatt)

在该例中，原文中的“麒麟”就构成了英文读者的文化缺省。“麒麟”是中国民俗文化中的一种仁兽，是人们根据想象自行刻画的一种动物。外形集各种动物之长，常取长寿、平安、吉祥之意，深受中国人民喜爱。民间亦有“麒麟送子”的传说。英语单词 unicorn 是西方文化中的“独角兽”，外形似马，头生鹿角，全身纯白，象征高贵纯洁，独角意指神示。由此看来，“麒麟”和“独角兽”这两种极具文化特色的意象外形大不相同，且在中西方文化中彼此缺失，无法完全对等。但其在各自文化环境中受喜爱的程度和美好的象征意义却具有很大的相似性。在该例中，少妇旨在让贩卖者停止吹嘘，勿将普通之物神化。译者采用了意象替换的归化策略，摒弃西方文化中没有的东方意象“麒麟”，以“独角兽”unicorn取而代之。在补偿译文读者文化缺省的同时，译文突出了原文的象征意义，也满足了此处源语的语境要求。

有时候他的心里也忐忑不安，不知道自己是在造孽还是在积德。

（莫言：《师傅越来越幽默》）

There were times when he felt uncomfortable, uncertain if he was a saint or a sinner.

(Shifu, You' ll Do Anything for a Laugh translated by Howard Goldblatt)

在这个例子中，译者采用意象替换的归化策略来补偿译文读者的文化缺省。“积德”是东方佛教文化用语，表示人们为了求福而多行善事，之后必有好报。而saint是西方基督教文化中的“圣人”和“乐善好施的火气”。在例中，“造孽”和“积德”是一组相对的词，译者在翻译时选择saint和sinner不仅在形式上对称，在意义上也有一定程度的对等。在该例中，译者遵循译文可读性的理念，关注西方读者的可接受性，根据目标语言文化接受语境运用文化意象替代的归化策略来补偿译文读者的文化缺省，不仅消除了译文读者因佛教文化与基督教文化的差异而形成的理解困难，还极富神韵地传递了“积德”的深层内涵。此外，译者运用词性转换将原文中的动词转换为名词，将东方文化中的抽象“积德”概念转换为两个具体的基督教文化符号，符合西方读者的审美情趣，还因其具体形象的强烈画面感，使得译文读者更易理解和接受。

“你这算什么主意?”他说，“你这是让师傅去耍死狗!”

（莫言：《师傅越来越幽默》）

“What kind of idea is that?” He said, “Are you asking me to go put on an act?”

(Shifu , You' ll Do Anything for a Laugh translated by Howard Goldblatt)

“耍死狗”是极具地域特色的山东方言，表示无赖行为。英汉两种语言对于“狗”的比喻意义和联想意义不尽相同，中文中与“狗”相关的词语多有贬义，通常与卑劣行径相联系，如“狼心狗肺”“鸡鸣狗盗”“狐朋狗党”“走狗”以及“狗眼看人低”等。英语中与“狗”相关的成语或俗语多含褒义，“狗”通常是积极形象的代表，狗善良友好，真诚聪明，勤劳肯干。人们通常视狗为最好的宠物和伙伴，love me, love my dog（爱我就爱我的一切），work like a dog（卖命地工作）可以充分表达狗在西方人心目中不可取代的地位。所以，在补偿译文读者的文化缺省中，如果将“耍死狗”译为act like a dog，西方读者可能会理解成如狗一般友好，那么与原文的意思就大相径庭，而且原文所要表达的“耍死狗”的意思也就消失殆尽。在该例中，译者根据目标语言文化的接受语境把“耍死狗”译成put on an act，该英文词组表示装模作样的意思，虽然无法传达出原文“耍死狗”的夸张程度和意象效果，也没能传递出原文的乡土特色，但却行之有效地避免了中英传统思维习惯的不同而产生的文化冲突。

"但我表弟还是挺不错的，就是有点怕婆子，"小胡像唱歌似的说，"怕婆子，骑骡子啊!"

（莫言：《师傅越来越幽默》）

"But my cousin' s a great guy. A little hen-pecked, that' s all." Then, in a sing song voice, he added, "When a man' s wife rules, he sleeps with the mules!"

(Shifu, You' ll Do Anything for a Laugh translated by Howard Goldblatt)

"怕婆子"是一个极具乡土特色的词汇，意为"妻管严"，在该例中，出现了两次。在补偿译文读者的文化缺省中，译者根据目标语言文化的接受语境把第一个"怕婆子"译为英语中具有相同意义的词 hen-pecked，以利于西方读者理解，进而为后句第二次出现该词做好铺垫。原文"怕婆子，骑骡子"读起来朗朗上口，富有韵律。译者的翻译"When a man' s wife rules, he sleeps with the mules!"在形式上和意义上都尽量向原文靠拢，并且前后对称，押尾韵。而"骑"字译者并没有译为英文的 ride，而是译为 sleep，说明译者对中国乡土特色具有较为深刻的理解，将夫妻关系隐晦而巧妙地表达出来，真是妙手偶得。

面对英汉两种语言在语法结构、表达方式及思维习惯等方面的巨大差异，译者既要关注原文语境，将原作内容流畅地传递给译文读者，又要考虑目标语言文化的接受语境，通过各种方法对原文进行创造性重构，在尽可能的范围内补偿译文读者的文化缺省，从而大大提高译文在目标语言文化接受语境中的可读性。文学翻译工作者应当具有更加主动的文化自觉和翻译自觉，关注接受语境和目标语读者的文化差异、文化缺省以及阅读习惯等，相对减弱不同文化的陌生感，这样才能架起中西方之间的桥梁。

与海外文学在中国受欢迎的程度相比，中国文学及文学作品在海外的传播和普及并不理想，究其原因，语言和文化的天然隔阂让许多西方读者望而却步或避而远之。无论在文化传统还是语言形式上，中外文学都存在很大差异。国人看来十分优美动人的篇章，也许在外国读者眼中就会变成连篇累牍、不知所云的"天书"。对译者来说，语言障碍或许可以用不同方法破除，但文化鸿沟却并不容易被跨越。文化负载词在汉英两种语言里有时会有对应，有时只能寻得相近词汇，但更多的时候存在文化缺省。在把中国优秀的文学作品介绍给西方读者的过程中，文学翻译工作者不得不考虑目标语言文化的接受语境，不得不考虑目标语读者的接受能力。

(1) 你一定来，一定！我还得和老钵去接洽一回。地方还是在我的家里。那傻小子是"初出茅庐"，我们准可以扫光他！你将那一幅竹纹清楚一点的交给我吧！

（鲁迅：《鲁迅全集》）

You can' t let us down! Now, I' ve still got stuff to sort out with Bo, but it' s at my place as usual. The idiot' s hardly out of nappies—he' ll be a lamb to the slaughter.

Just give me the marked mahjong tiles.

(The Real Story of Ah-Q and Other Tales of China : the complete fiction of Lu Xun by Julia Lovel)

(2) 这实在是叫作“天有不测风云”，她的男人是壮实的人，谁知道年纪轻轻，就会断送在伤寒上?

(鲁迅:《鲁迅全集》)

Heaven truly moves in mysterious ways. We all thought her husband looked strong enough for anything, but there he was carried off by typhoid, in the prime of life.

(The Real Story of Ah-Q and Other Tales of China : the complete fiction of Lu Xun by Julia Lovel)

中西方存在文化差异，这就意味着译文读者不可避免地存在文化缺省。在将一种文本移植到另一种文化中去时，文学翻译工作者应该考虑译文读者的认知能力和目标语言文化的接受语境，权衡源语文化中的思想内涵，采用适当的文化缺省补偿策略，努力使译文的内容和表达形式都更容易被译文读者接受和理解。(1) 例中的“初出茅庐”和 (2) 例中的“天有不测风云”都是中国语言文化中常用的习语，前者语出《三国演义》第三十九回，“直须惊破曹公胆，初出茅庐第一功!”指刘备三顾茅庐请诸葛亮出山助他打天下，初次用兵时便设下计谋大获全胜，后多比喻一个人初入社会，缺乏历练。该词出现在原文中意味着“涉世不深，对麻将赌博不精通”。在对译文读者的文化缺省进行补偿的过程中，译者并未采用字面对等的翻译，也未采用直译加注的方式对这个暗含典故的词语进行解释，因为前者会妨碍译文读者对原文的理解，后者会降低译文的流畅度。因此，译者根据目标语言文化的接受语境采用“归化”的补偿策略，选用英语习语‘hardly out of nappies’，来表达“初出茅庐”的意思，该英语短语可解释为“乳臭未干”，用其取代原文的文化意象，生动形象，基本上做到了使译文读者得到与原文读者相似的阅读体验。在 (2) 中，译者采用“归化”的文化缺省补偿策略，将“天有不测风云”译为“heaven truly moves in mysterious ways”，既传达了原文的意思，又符合西方读者的目标语言文化接受语境。

副市长激昂地说：同志们，我们工人阶级的双手能够扭转乾坤，难道还挣不出两个馒头吗?

(莫言:《师傅越来越幽默》)

With mounting excitement, he added, “Comrades, if members of the working class can reverse the course of events with their own two hands, it shouldn’ t be hard to find a way to make a living, should it?”

(Shifu , You’ ll Do Anything for a Laugh translated by Howard Goldblatt)

“扭转乾坤”取自中国传统文化典籍《易经》。《易经》以阴阳理论为基础，以八卦为模型，指导人们从整体的角度去认识和把握世界。“扭转乾坤”中“乾坤”就是八卦中的两卦，分别表示“天”和“地”，继而得出“扭转乾坤”即改变天和地的位置，引申为从根本上改变整个局面。即使是受中国传统文化熏陶多年的中文读者，真正能将《易经》的真谛领悟通透的人也为数不多，普通的英语读者就更难理解了。译者综合权衡了目标语语言文化的接受语境，采用“归化”的文化缺省补偿策略，把“扭转乾坤”译为“reverse the course of events”。译者虽然没有译出“乾坤”二字，在忠实性上似乎有所欠缺，但却把握了该词的深层含义。因此，与其耗用大量笔墨介绍历史文化背景，勉强译出让译文读者似懂非懂的译文，不如将这种有文化特色的信息进行转换，译出该成语的真实含义。虽然这样对中国传统文化有所摒弃，但译者能够站在译文接受者的角度，以译文读者的可接受性为导向，也不失为一种明智的选择。

由此可见，译者有可能有意、刻意地对原文进行增、减、修改，以达到某种特定目的。在翻译过程中，译者有着一定的操作空间，这表现在：“个别之处按下不提，装聋作哑一番，或只是轻描淡写，敷衍了事。如果需要，也可竭尽渲染之能事，浓墨重彩地突出与之意识形态相吻合的部分。翻译的‘隐恶扬善’，在所难免，译者在有意无意之间都会为之，至于何为‘恶’，何为‘善’，也不总是黑白分明，常倒是见仁见智的事，然而译者的主观能动无疑不可否认，而且首先是主观的反应，译者毕竟占了先，可以先入为主地引导读者。”可见，译者并非如镜子一样，忠实地将原文意思不走样地传达给译文读者。即使译者希望做一个隐形的译者，译者的能力、译者的主体特征、译者的文化立场和译者的偏见等等都会使译者在译文中留下自己的印记。

第四节　英语翻译教学中跨文化交际能力的提升

一、大学英语翻译教学中培养跨文化交际能力的必要性

教师在英汉互译教学中常常发现，很多学生虽然掌握了不少词汇，语法也学得不错，但是他们译出来的句子或文章常常不知所云。究其原因，主要是文化差异引起的意思理解和表达方式不同造成的。《大学英语课程教学要求》规定大学英语教学的性质是“大学英语是以英语语言知识与应用技能、学习策略和跨文化交际为主要内容，以外语教学理论为指导，并集多种教学模式和教学手段为一体的教学体系”。因此，在大学英语教学实践中，为了适应大学英语教学改革的新要求，如何教好外语、采取何种教学模式能够使习得者尽快获得目的语，成了摆在外语教师面前的一个十分重要的问题。在大学公共英语教学中，重视和加强英语跨文化交际的学习势在必行。

（一）大学英语翻译教学中跨文化教学的缺失

在现实的大学英语教学中，翻译教学不能不说是一个弱点。翻译作为一门课程，长期

以来只是英语专业学生的必修课。虽然有高校为非英语专业的学生开设了翻译课程，但是对于中国绝大多数的高校而言，英语翻译只是大学英语教学的手段之一。学生虽有机会进行英汉互译，但主要目的不是翻译实践，而是衡量学生对句型词汇掌握和应用的情况。现在，教师将大学英语教学的主要精力都放在了提高学生的英语水平上，但是英语水平并不等于英语的翻译水平，前者是学生掌握英语语言的程度，而后者是学生运用这种语言的综合能力。语音标准、词汇量大、句型熟悉、阅读速度快，这些都是很好的基本素养，但是并不能保证学生具有良好的翻译能力。在翻译能力的培养中，有一点尤为重要，即翻译实践中不可或缺的跨文化素养。大学英语翻译教学中则忽略了这一重要因素，学生普遍缺乏跨文化知识。缺失了跨文化知识，学生在翻译实践中就会面临很大的问题。很多学生能够翻译词句，但是如果词句中涉及历史、风俗、思维习惯、宗教等背景，往往就束手无策了。

例句：Exporting to a certain number of countries is made difficult by the quantity of red tape.

在该例句中 red tape 对于绝大多数学生而言，都是理解的难点。如果不求甚解，翻译成“红带子”，那读者就不知所云了。red tape 以前在英国是用来捆扎法律文件的，后用于指“bureaucratic procedures esp. as characterized by mechanical adherence to regulations needless duplications of records, and the complications of an excessive amount of extraneous information resulting in prolonged delay or inaction”（Webster’s Third New, International Dictionary），翻译成“各种烦琐的公事程序”，就比较妥当。

如，词汇中意象的联想：gild the lily 和 lock the stable door after the horse has been stolen 这两个短语，学生通常会按照中文词汇意象的联想得出“锦上添花”和“亡羊补牢”这样的错误理解，而这两个短语实际的意思是“画蛇添足”和“贼走关门”，这两个在英语和汉语里唤起正好相反的联想的成语在形象上却是颇为相似的。这种错误理解在听力和篇章阅读中影响并不大，只有在翻译中才会体现出来。

再比如句子中含有的英语思维方式。

例句：It looks as if we are thinking along parallel lines.

该如何理解 parallel lines 呢？字面的意思是平行线，如果按照平行线的概念来理解，那就是平行、不交接、观点不一致。但是英语的思维方式却是：平行、不交接、不矛盾。在汉英翻译方面也会遇到这样的问题，中国的文化到底该怎样介绍？学生如果不了解英语国家的现状，就很难准确把握分寸。如果该英语国家对中国的文化知之甚少，译者在翻译的时候解释的成分就应该多一些；如果该英语国家对中国的文化有所了解，不妨保留一些异域成分。

例如，“麻婆豆腐”这个菜名应该怎么翻译？是翻译成 Mapo Toufu，Mapo beancurd，还是 Pocked Grandmother’s Toufu 呢？随着中国菜在国外的普及，豆腐一般都以 toufu 的形式出现，英语国家的人已经接受了 toufu 这样的外来词，很少使用 beancurd。但是

“麻婆”究竟是用Mapo还是Pocked Grandmother呢？英国BBC的纪录片《发现中国：美食之旅》在介绍成都美食时，直接就使用了Mapo toufu这样的翻译。在具体翻译的时候，如果篇幅和语境允许，不妨对Mapo加以注释，以增加翻译的文化承载量。无论是英汉翻译，还是汉英翻译，都讲究“知己知彼”。正如美国翻译理论家尤金·奈达指出的：“翻译是两种文化之间的交流。对于真正成功的翻译而言，熟悉两种文化甚至比掌握两种语言更为重要。因为词语只有在其作用的文化背景中才有意义。”要培养学生的翻译能力，就绝对不能忽视跨文化教育。

（二）大学英语翻译中跨文化教育缺失的原因

导致大学英语翻译教学中跨文化教育缺失的原因主要有以下四点：

第一，教学理念。翻译教学发展一直在大学英语教学里处在边缘状态。尤其是在大学英语教学的四六级考试当中，翻译所占分数的比例是少之甚少。即使有翻译部分，也仅仅停留在讲解词汇部分和字词的中英对照方面。这样说来，翻译教学根本没有得到很大的重视，更不要说翻译教学中的跨文化因素的关注。

第二，师资队伍。英语专业教学和大学英语教学都可以称之为英语教学的师资。翻译一直以来在专业的英语教学里都是作为必修课来学习的，在师资这一块也是很给力的。但有许多教师的学术研究在英语教学里与翻译研究没有关系。还有许多教师一直以来都投入到英语教学当中，往往把汉语方面的教学耽误了，所以，在翻译实践中存在优秀教学的教师是少之甚少的，渐渐地师资队伍也在相应地落后。

第三，教材。在教材方面往往也是处于老旧的状态，就是近期的出版教材也没有创新，其内容也是主要围绕着课文，大致以词汇、语法以及翻译方面的练习作为主要学习目标。下面拿上海外语教育出版社的《全新版大学英语》作为案例来分析，每一单元课后翻译练习分为两种：一种是主要对课文中的短语和词汇方面的练习；另一种是主要测试学生们的自学能力，看看对原文的理解程度有多少。这样基础性的翻译教学对学生的跨文化思想根本不起作用，在具体的教材中文化因素的部分非常少。尽管在探文学习的过程中，也存在注释和讲解的文化的部分，不过在整个系统方面的理解还不够。

第四，学生的水平。学生在水平这方面主要用对英语语言的理解和对文化修养两部分来表达。在单方面的英语语言理解部分，学生的水平也是相差比例太大，这样的现象主要表现在二本的院校，尽管经历了初中和高中阶段的英语学习，但还有很多学生在听力和读写部分非常差，这样一来，大部分高校在英语教学中把教学重点放在提高学生的听说读写的能力上。再有就是课时的限制，教师根本没办法再把心思放到跨文化教学中来。因此，在文化修养这一部分，学生的水平大多数很低。学生用在课外阅读的时间和教学知识比较少，并且参与在英语文化的范围就更少。这个问题看似出现在学生的身上，其实真正出问题的是教学设计部分。

（三）大学英语翻译教学中跨文化能力培养的意义

1. 有利于深化原文理解

原文的理解、译文的表达和译文的校验用英语翻译整个过程的三个部分来表达。原文的理解是英语翻译过程最基础的一部分，它对原文的意思和内涵起着非常大的作用。所谓原文的理解，是从语言方面对词汇、语法以及语篇结构等部分进行深刻的理解，不单单是普通的阅读理解，而是更深入的理解，对原文的文化背景、情感的表达和文章最后的宗旨等都需要透彻的理解。在此过程中，更深层的理解是非常重要的，假如对原文的理解没有做到深入的理解和最基础的翻译，这样就会导致原文的意思变得不一样，从而英语翻译也就变得一文不值。在大学英语教学中，如果教师能够不断地把学生的跨文化思想教育好的话，这样既可以学习英语翻译又可以多多了解西方的文化。在这个基础上学生进行英语翻译时，可以与西方的文化共同运用在理解原文上，做到正确和完整地将原文深层次的翻译完成。

2. 有利于优化译文表达

英语翻译不完全是单纯地将原文的词语和语句结构用最直接的方法变换成想要变换的语句。假如用最简单直接的方法从语言层面对英语原文翻译的话，这样，翻译出来的东西很有形式化味道，不可能把原文想要表达的内容和意义表达明白，更不可能表现出英语原文的内涵。例如：翻译“It had been a fine，golden autumn，a lovely farewell to those who would lose their youth，and some of them their lives，before the leaves turned again in a peace time fall.”如果单纯地用中国人的语言惯性来表达，很可能没办法阐述明白这段句子的内涵，但如果改用西方文化来翻译这句话的意思，就不仅能够将要表达的含义表达出来，还可以完全让整个句子充填了不少美感，因此，在大学英语翻译教学中不断增加培养跨文化思想，对优化译文的表达有很大的帮助。

（四）大学英语翻译教学中培养跨文化交际能力的必要性

1. 大学英语翻译教学任务

当学生学习大学英语教学课程的时候，英语教师在不断训练他们听力、译文等基本的学术外，应当对英语国家文化的学习和了解相应地加大重视。语言作为文化的重要一部分，同时对国家的社会和文化前进也是有很大的影响的。语言和文化两者之间有着紧密的关系，要想理解学习语言就一定得了解相应的文化，同样的要想学习了解文化也得一定懂得语言。正如美国语言学家克拉姆·契（Kramsch）所指出的，“Language expresses cultural reality. Language embodies cultural reality. Language symbolizes cultural reality.”（语言表现了文化的实体。语言落实了文化的实体。语言象征了文化的实体。）所以，一定要加强跨文化交际意识的学习，让大学英语教学和实际的应用不会落后。在学习英语的同时难免会接触到跨文化交际和不一样的习俗文化等各种信息的融入。

其实在大学英语教学的每一个部分都牵扯着西方文化的差异问题，假如遇到而不去解决这个问题，就会在跨文化交际能力的提高道路上出现许多的分歧。不断培养学生的健康的文化意识有助于大学英语的学习，并可以将英语文化增强甚至更透彻地运用。在现如今经济全球化的天下，大学英语教学的任务是打造完美人才，既懂得国际规则又能了解世界各民族文化特征的全能天才，但是目前跨越文化障碍和避免文化冲突是国际活动继续向前的关键。所以，现在渐渐地增强文化意识在大学英语教学方面也得到了一定的重视。

2. 大学英语教学的目的

就目前的形势来看，世界的经济和教育的发展都在渐渐地变动，相应的我国大学教育的模式也一定要与社会发展变化的新局面相符合。在2000年，教育部颁布的《大学教育英语课程教学基本要求》中指出，大学教育中英语课程的教学目标是：通过180～220学时的教学后，让学生在听、说、读、写、译的能力方面有所提高，并对英语基础知识和技能必须要牢记，在通过对英语篇章的词典阅读和翻译过程中，能够在实际的交流活动和口语交际中进行简单的沟通，同时为以后增强英语交际能力打下了一定的基础。

大学英语教学具有“跨文化”的性质，这个教学目的就是锻炼学生在英语方面的听、说、读、写、译等最基本的能力，并更深入地增强学生的英语学习水平，同时通过对英语国家的各民族文化的彻底熟悉和增强他们的实践能力，使之成为跨文化新一代的人才。

为了学生将来的发展前途，必须将语言学习和跨文化交际共同结合，将课堂学习和社会的实践一起发展，并增强自己的知识水平和提高人才的质量紧密联系，这样才能实现语言教学的最高境界，在人才素质方面和相应的文化品位方面有所提高，将毕业生与今后工作岗位的差距大大减少，帮助学生以后投入到商务工作中打好基础。在当下为了能很快地跟上社会主义市场经济的脚步，瞄准日益具有国际化的前进方向，对大学英语教学中的跨文化交际能力的增强已经是不能延误的一项重要任务。

总而言之，大学英语教学一定要把语言的文化知识融入其中，要注重语言文化给语言带来的影响。只有通过这样的方法才能在实践的沟通中真正地使用语言，才能使跨文化交际意识的增强有实际意义，才能对跨文化交际能力不断增强。

二、跨文化人的概念

许多研究者都提到跨文化人的概念，如Adler的“多元文化人”，Tagore和Walsh的“普世人”，Lutzker的“国际人”，Boulding提出的“人类身份”，Pearce提出的“世界交际者”，Bochner提出的“中介人”等。“世界公民”（cosmopolite）由美国社会学家罗伯特·默顿（Robert K. Merton）提出，他对纽约附近的一些社会名流进行调查和访谈，发现这些有影响的人大致可分为两类：“当地人”（localites）和“世界公民”（cosmopolites）。前者被当地社区成员所熟知，具有强烈的“本土认同”，他们主要阅读当地出版的报纸；后者受教育程度更高，外出旅行更多，在国外生活时间更长，他们接触的是《纽约时报》《时代》周刊这样更具有“全球视野”的媒体。

本文中所用的跨文化人的含义更接近Kim提出的“跨文化的人”，即能用客观性意识和主观性看待两种文化；能在两种文化间行动而没有明显的冲突……认为有超越将每一种文化认同加起来的事发生——这与增效作用的概念类似——当一个人将1加上1，你得到的不是2，而是3或更多，多出的并不是特定的文化，而是独特的东西，可能是出现的新品质或新自我意识。

所谓的文化移情就是让人们把自己的母语文化相应地制约一下，把另外一种参照系（异文化）的文化与母语文化相结合。并且相应地把异文化发展到超前的状态，但不能一味地胡乱运用另一种文化或者被另一种文化牵着走。人们首先应该有目的并深入地了解西方文化，然后再重新审视自己的传统文化，从而可以正确地找到共同发展的好方法。运用跨文化的人最好有方法地利用文化“移情”，同时从心里接受异文化。

大学生在学习母语以外的外语后，可以打开世界的另一扇不同并崭新的门，新的语言为学生带来新的知识经验和回顾以往的经验。外语教育是能够打开对人类的了解最完美的金钥匙，它为学生开拓新的天地和新的发展空间，远离了大众的宣传和片面的观点，比另外别的科目对民心主义都能起到压制的作用，是让世界公民都值得学习的重中之重。换句话来讲，能够掌握另一种不同的语言就代表着将个人潜能和独立思考的思维能力发挥得更好，打开自己的视野和积极互动的“生产性人格”(productive personality)。

三、跨文化人的培养

跨文化人就要拥有跨文化交际能力，跟随着全球化不断发展的脚步，英语已经覆盖了全世界，并成为全球的普遍用语，有不少的学者多次反映要运用跨文化交际能力，这种方法主要是通过拥有各个不同文化背景的人在互相沟通交际时，他们都处于同一个语境中，运用自己的交际行为和交际信号来辨认出文化之间的差异，并能够及时地处理所存在的碰撞和冲突问题。目前，大学英语教学的目标从刚开始的语言能力已经发展成为交际能力，现在已经又发展成为跨文化的交际能力，跨文化交际能力已经是英语学习者成功道路中不可缺少的交际的必备能力。

在对跨文化交际能力的定义里，运用了知识、技能和态度三个方面来表达这一定义，有些学者把“文化意识”融入跨文化交际能力并成为它的重要一部分和最核心的内容。从总体来看，跨文化交际能力包含知识、技能、态度以及文化意识，它既从技能和知识出发，又不耽误情感和态度的理解，我们不单单从母语文化中学习各种知识技能，还可以从目的语文化中学到这些内容。

跨文化交际能力的形成实际上是动态的表现并不是静态的最终目标，即跨文化交际能力不可能存在终点和目的地这一说，个体不能够全部获取跨文化交际能力，个体在跨文化交际这个过程必须通过一步步的对话、冲突和沟通这些内容，并不断经历认知、行为和对情感之间的渗透了解，同时要接受各种突如其来的新挑战和新问题，才能慢慢地取得跨文化交际能力。国外研究中，跨文化交际能力强调的是对文化的深刻洞察和对不同文化的积极态度，既包括交际能力，又不局限于交际能力，是获得一种新的视野。国内学者认为跨文化交际能力是语言能力、非语言能力、跨文化理解能力和跨文化适应能力等方面所构成的综合能力，是在基本的有效交际能力之外，加上情感和关系能力、情节能力和策略能力。我国学者用“道”与“器”来形容跨文化交际能力的外在表现和内在能力的关系，强调“道”的重要性[①]。

英国学者Byram研究外语学习和文化交流如何影响学习者对目的语文化和目的语国家、人民的态度，表明虽然外语学习与形成对目的语文化的正面态度呈正比关系，但外语学习和直接的文化交流并不能自动导致文化理解。学习者只会增加一些文化信息，而不会产生态度的改变，相反还可能加深原来的定势，因为他们没有进入目的语文化去思考和理解目的语文化，而是以自己的文化观念为标准去衡量目的语文化。因此获得新的视野是形成对不同文化正面态度的前提，也是培养跨文化交际能力的必要条件，这种新视野的确立使文化学习的目标由记忆特定文化的文化事实转变为培养跨文化交际能力和文化学习的能力。目前的研究都把培养跨文化交际能力看作文化教学的目标，强调培养“文化意识”和“对不同文化的正面态度”，指出获得一种新的文化视野是文化教学目标的核心，也可以从三个方面来体现学生的跨文化交际能力：学生应该具备理论/思维能力、人际交往能力（即交际能力）、跨文化交际的技巧。

四、培养跨文化人

学习大学英语教学的最终目的是能帮助学生更透彻地理解一种语言而且能顺畅地运用它，在交际过程中能熟练地表达它。语言作为文化不可分割的一部分，同时也是定义和描述文化的媒介，所以学习者一定要了解语言的文化维度。比如学习者不应该单单对照词典中的单词用同等的意义去解释成语，还必须掌握它的背景以及文化内涵，语言学习的过程中要注意学会理解新单词的文化含义，也就是把目的语的文化内涵同等重视起来。语言虽然作为交际的一种工具，但仍然不可以将语言看作是语言学的一种元素，语言的教与学在不断对其他文化实施强有力的开放，在进行交际的过程中养成正面的和对异文化拥有接受的文化态度是最正确有利的，能促使学习者对文化的相同之处认真认识并能融合不同之处，从而使学习者对社交的恐惧大大减少。

大学英语教学对象是大学生，怎样培养学生、培养什么样的学生无疑是至关重要的问题。大学英语的教学目标除了提高学生的语言技能，还要培养学生对目的语文化和母语文化产生好奇心，帮助他们进行文化比较，丰富学生的体验，培养对文化多样性和文化差异的敏感，这种多样性/差异应得到理解和尊重，而且绝不能高估和低估。帮助学生理解人们展现出的文化制约行为的事实，理解社会变量如年龄、性别、社会阶级以及居住地等对人们言语和行为的影响，使学生意识到在目的语文化状况中的普通行为及目的语中单词和短语的文化内涵。培养学生评估目的语文化的能力，鼓励学生对目的语文化的好奇心和对于他者的移情。在学生学习外语和外国文化的过程中培养学生文化交融和理解的认识能力，即“移情”能力，这是一种设身处地从他人的角度看待和感知世界的能力。

因为语言与文化的紧密联系，在大学英语教学中必须将文化与语言相结合，这不仅能

---

① 高一虹．语言文化差异的认识与超越［M］．北京：外语教学与研究出版社，2000.

帮助提高学生的语言能力；而且能使学生了解目的语文化，能与目的语文化群体进行有效的交际；更重要的是让学生了解更多的文化群体，提高跨文化交际能力，力争成为一个跨文化人，这才是 Kramsch 和 Byram 所提出的外语学习和文化学习的最终目标。我国的大学英语教学的目的就是让学生能够流利地使用英语，大学英语教学中文化的教学目的之一是促进语言教学目标的实现，那么培养出的学生就需要具有双语能力。双语意味着某种程度上的双文化，一个双文化的人应该能够在两个或更多文化领域内行动而没有障碍，也不会选择那些可能带有负面文化内涵的词语。所以文化学习的主要目标是帮助学生成为跨文化人，能够轻松和有效地理解和应对来自不同文化的人。

（一）培养对文化差异的敏感性

文化价值观是一种比较持久的信念，可以决定个体、群体的生存形态、行为方式或准则，判断是非、美丑、爱恨，因此它很容易引起种族优越感、不同的感性认识、交际中的误解及态度等问题，从而导致文化冲突。文化冲突的出现是因为来自不同文化的人具有不同的价值观和行为准则，个体往往根据自己文化的价值观和准则行动，而对方所持的观念可能从相反的角度解读其行为，这就造成误解和冲突。不同文化给人提供不同的思维方式——看、听、阐释世界的方式。

影响跨文化交际中相互理解的一些因素，例如认知的约束，不同群体的世界观构成框架形成了一个进行新信息比较的背景；行为的约束，不同文化都有其影响言语和非言语交际的规则，例如不一定完全相同的礼貌原则等；情感的约束，不同的文化会用不同的方式展示、表达情感，有一些文化表现为相当情绪化，而有一些文化则表现为情感内敛。与来自不同文化的人交际是很有挑战性的，文化差异会造成对自己和他人行为的期望的复杂性，误解他人的观点、行为、动机从而造成冲突。

除了培养自我意识，加强对自我主体的关注即文化自觉外，教师必须考虑培养大学生对文化差异的敏感。当考虑其他文化时，人们常常将它们与自己的文化相比较，因为人们对自己文化的了解胜于对“异文化”的了解，人们倾向于觉得异文化很奇怪。因为从人们出生起就学习用特定的方式进行解释和理解彼此，当遇见不同的解释体系时可能会感觉它不是“正确”的方式，人们倾向于保卫自己的文化并将它视为准则，而将其他的文化模式看成是错误的。这也许是人类对差异的自然反应，但却是需要努力克服的。不同的群体面对环境中对生存的挑战时，有不同的解决方法，在不同群体中都有人明言他们关于生命如何生存的方式是唯一正确的，其他的方式都不正常，而导致冲突。因此不应该拒绝其他群体生存的方式和他们的价值观，而应力图理解来自不同文化的观点。

大学英语教学中应该注意培养学生对不同文化的包容态度，学生应该对异文化持开放的心态，即使无法接受异文化，也要设身处地将异文化中无法理解的部分置于其特定的历史和社会背景中，了解其产生和缘由，平等对待异文化与母语文化的差异，而不是对异文化嘲讽和轻视。保持自己的价值观，如判断和坚持什么是正确的或错误的，是很有必要的。对其他文化持开放态度并不意味着放弃判断力，而是放弃建立在无知之上的预先判断，开放意味着愿意通过研究其他文化来学习并发展个体自己的价值观。在和西方世界保持接触、进行交流的过程中，把中华文化中好的东西讲清楚，使其变成世界性的东西。首先是本土化，然后是全球化。一方面要承认中华文化里边有好东西，进一步用现代科学的方法研究中国历史，以完成“文化自觉”的使命，努力创造现代的中华文化；一方面要了解和认识他人的文化，学会解决处理各种不同文化接触的问题。

对周围环境和他人敏感是有能力的跨文化交际者的标志之一，跨文化敏感是一种个体的、能理解和欣赏文化差异以提升在跨文化交际中适当和有效的行为，是培养正面情感的能力。在大学英语教学中可以从两个方面培养大学生的跨文化敏感性：

（1）学习母语文化的本质以及母语文化区别于其他文化的主要特点，即“知己”；

（2）培养对目的语文化的理性分析能力，即“知彼”。

跨文化敏感性培养可以帮助学生在心理和方法上做好准备应对不同文化，减轻他们面对不同文化时的不适应。可以在大学英语教学中进行培养，使学生掌握语言知识，同时使他们熟悉目的语文化中特有的、具体的表达和交流方式，如手势、礼节、习俗等进行文化教育，即以授课的方式系统介绍目的语文化的内涵与特征。同时通过文化讨论的形式，组织学生探讨目的语国家文化的精髓；适当组织各种活动，让学生与外教、留学生有更多接触和交流的机会。

根据对不同文化敏感性的五个阶段模型：

第一阶段是无意识无能力，指个体没有跨文化交际的意识，通常会无心地或无意识地得罪来自另一文化背景的人；

第二阶段是有意识无能力，指个体已经具有了跨文化交际的意识，知道这样做是错的，但却不知道如何做才是正确的；

第三阶段是有意识有能力，指个体知道怎样做是错误的，也知道了在具有其他文化背景的人们面前怎样做才是正确的；

第四阶段是无意识有能力，指个体能应付自如地与来自其他文化背景的人交际，真正做到了“双文化”或“多文化”；

第五阶段是无意识超能力，则是“多文化”的表现，但是并非所有的人在任何时候都能达到这个水平。

大学英语教学中培养学生对文化差异的敏感性，由于大学英语教学的课时和内容有限，能达到第三个阶段或以上即可。

跨文化敏感培训，是一种消除文化障碍的方法，通过训练可使学生学会如何倾听并了解自己和对方的情感，加强自我意识和对不同文化的适应能力，一并促使学生与来自不同文化背景的人员进行有效的交际，使大学生能够发现和学习原来自己没有注意到的文化差异，打破心中的文化障碍，增强合作意识，减少文化偏见，增加相互间的信任感，提高大学生对不同文化的鉴别和适应能力。

（二）加强跨文化交际能力训练

大学生跨文化交际能力的培养就要加强跨文化培训，跨文化培训是解决跨文化冲突的有效途径，跨文化培训本身也是一种学习，当前的大学英语教学偏重于纯语言技能的训练，忽视了对大学生的跨文化培训。跨文化培训一般包括：对目的语文化和母语文化的了解、文化敏感性训练、习俗及生活方式等培训、跨文化交际及冲突、解决能力的培训等。通过跨文化培训，全面系统地讲授目的语文化的价值观念、伦理道德、风俗习惯、法律制度等，提升大学生对目的语文化的认识和文化敏感性，使学生理解和尊重异文化，减少文化冲突。跨文化培训还包括培养大学生的观察能力和面对面交际的能力，使学生在模拟真实的环境中学习目的语文化。

培养跨文化交际能力还要帮助大学生树立全球文化意识，尽管普遍存在着人类文化的差异，但是具有某些共同特点的全球文化正在出现，大众传媒和现代传播方式，如网络及其衍生的ICQ、微博、QQ聊天、博客和人人交友网等正在打破地域和文化之间的界限。作为文化素质教育一部分的大学英语教育应该致力于培养面向世界的全球化人才，要使学生具备跨国性能力去适应全球市场的要求，能够共享全球资源。

为促进不同文化的人们进行交流 Joseph Luft 与 Harrington Ingram 提出 Johari Window“约哈里之窗”的理论以促进人类的跨文化交际。[①]“约哈里之窗”将交际双方对彼此的了解分为4种情形：自己知道、自己不知道、对方知道、对方不知道。4种情形组合成4个区域：开放区、盲目区、隐蔽区、未知区。“约哈里之窗”图解了人类交际中可能出现的状况，人们据此可以采用相应的措施提高交际质量。交际双方要提高交际质量，双方都必须扩大开放区，同时缩小盲目区、未知区和隐蔽区；交际双方还必须对自己的和对方的文化有系统的了解，要对彼此的异同有洞察；交际双方也应该对自己的文化做尽可能多的介绍和解释，使对方明晰；来自不同文化背景的交际者应该把握机会做尽可能多的直接交际，从而更深刻地理解和体验异文化。

表6—1　“约哈里之窗”

	自己知道	自己不知道
对方知道	开放区	盲目区
对方不知道	隐蔽区	未知区

因此，在大学英语教学中进行跨文化能力的培训，具体的做法可以有：

(1) 文化讲解：向学生提供关于目的语文化的概况知识，这是目前大学英语教学中采用比较多也是相对最为简易的方法。目的是提高大学生跨文化认知水平，内容有关目的语文化的历史、人文、社会、制度、经济、习俗、态度等方面，学生可以从中体验文化差异、了解目的语国家的价值观、理解母语文化。例如可以通过让有过出国经历的人展示各种国外的交通工具票据、钱币、发票、照片等，让学生与中国的同类事物对比；收集目的

① [德] 洪堡特. 姚小平，译. 论人类语言结构的差异及其对人类精神发展的影响 [M]. 北京：商务印书馆，1997.

语国家的报纸和杂志，然后与中国的报纸头版、杂志的封面等进行对比，发现其中反映的价值观的差异；给学生一些英语的成语让他们讨论与汉语中成语、谚语的异同等。

（2）深度分析：教师和学生通过利用一些网络或影像等实际的案例来共同深入地研究与分析，这样不仅能够将学生观察文化差异大大增强，还能够对异文化的能力很快地接受。同时能够采取通过各种不同的场合给学生使用扮演角色来交流的机会，这种模拟的形式可以大大提升学生对异文化的认识和提高自我意识的能力，让学生认识到文化之间存在的差异并改变自己的应变能力，认真准确地将母语文化与目的语文化的异同进行有思维的分析，同时把他们之间存在的不同价值观和不同的准则等进行全方位的考虑。比如利用一些国外的庆祝仪式和节日庆典等具有特殊意义的影视片段让学生观察；同时也可以让学生自己在网上找一些国外最受欢迎的报纸、电视以及网络媒体等学生自己感兴趣的东西；让学生在这些影片内通过仔细观察国外是怎么约会的，是怎么进入婚姻殿堂的，是怎么度假和购物的等等这些最接近日常生活中的情景，这样既能让学生了解他们的文化特色，还能从中领会其中的价值观；另一种方式是让学生查找一些跨文化交际失败的案例来让学生自己探讨这个过程中的错与对，同时找出解决的办法。

（3）实际体验：运用实际体验的方式增加跨文化交际能力。第一，是让师生之间相互体验；第二，是通过大学生与外籍教师之间相互进行实际体验；第三，可以通过学生和留学生相互之间的互动来亲身模拟体验。这三种体验方式都可以增加大学生对异文化的认知度和认可度，在此同时，仔细观察在母语文化中认为正确但被异文化所否定的行为，并提高学生的应对能力和解决文化之间冲突的能力，也就是所谓的移情能力的提升，自然而然地跨文化交际技巧也在相应地提高。还比如可以让大学生对在华的外国人进行访问详谈，并写出他们的谈后感言和交谈过程中学到的知识，同时分析在细节的对话中，外籍人士运用的感叹语和开始交谈的方法，他们在插话和深入交谈时的语序方式与自己的对比。还有外籍人士不用语言来交际的表情动作，例如眼神和手势等也是交际的一种。

第七章　英汉语言对比与翻译

翻译是两种语言之间的转换，而中西方历史、地理等因素存在的差异导致了英汉民族形成了完全不同的语言体系——英语体系与汉语体系。了解英汉语言之间的各种差异有助于译者更顺利地进行翻译。本章就从词汇、句式和语篇层面对英汉语言进行详细对比，在此基础上探讨语言翻译。

第一节　英汉词汇对比与翻译

一、英汉词汇对比

（一）书写形式对比

英语属于印欧语系，汉语属于汉藏语系。可见，二者分别属于不同的语系。此外，汉语采取方块字的基本形式，英语由字母组成。因此，二者在书写形式方面有着很多不同。

具体来说，汉语在音韵层面属于“调韵声体系”。虽然音节之间较为分明，然而音节与音节之间的组合却比较模糊，所以汉字之间没有间隙。与此相反，英语中的音节与单词都是由字母组成的，音节和单词之间没有分明的界限，因此英语在音韵层面属于“元辅音体系”。正因为如此，英语单词与单词通常以空格来进行分离，音节则常写在一起。例如：

Gloria loves singing very much.

格洛利娅非常喜爱歌唱。

（二）义项对比

1．汉语词汇的义项

汉语中存在着一词多义现象。如果汉语词汇采取了不同的搭配形式或者发挥不同功能时，常常会表达出不同的意义。例如：

中国的艺术（如音乐、绘画、文学、舞蹈等）

领导的艺术（创造性方式方法）

唐诗的艺术（创作表现技巧）

上述共有的名词“艺术”具有不同的含义。

他们在打毛衣（编织）

他们在打电话（互通）

他们在打包裹（捆绑）

他们在打官司（交涉）

上述共有的动词“打”具有不同的含义。

老兵（有经验的）

老地方（原来的）

老朋友（时间长的）

上述共有的形容词“老”具有不同的含义。

2. 英语词汇的义项

一般来说，英语中的一词多义现象较为普遍。换句话说，英语词汇的义项比较丰富。例如：

president 总统、校长、董事长、社长、会长

take 取、拿、吃、接受、采取

uncle 舅父、姨丈、伯伯、伯父、叔叔、姑父

husband 丈夫、老公、老伴、爱人、相公

值得注意的是，尽管英语词汇具有较丰富的含义，但在特定语境中，该词汇的含义是确定的，应通过上下文来进行判断。例如：

She prefers dry bread.（without butter）

她喜欢无奶油的面包。

I want my martini dry.（not sweet）

我的马丁尼酒不要甜的。

He gave us a dry lecture yesterday.（boring，without interest）

昨天他给我们做了一个枯燥无味的演讲。

I am sure what he presented was a dry fact.（plain，undisguised）

我相信，他所列举的是铁一般的事实。

The cows are dry.（not supplying milk）

这些母牛缺奶。

不难发现，上述句子中的 dry 一词由于处于不同语境而具有不同的意义。我国学者高远曾对英汉常用词的义项进行过统计分析，具体涉及 15 个最常用的名词、动词与形容词。统计分析结论如表 7－1 所示。

表 7－1　英汉常用词义项统计

语言常用词	英语	汉语
形容词	good，hot，deep，thick，ugly	好、热、深、厚、丑
动词	eat，sleep，speak，love，give	吃、睡、说、爱、给
名词	man，book，water，tree，room	人、书、水、树、屋
总共 15 词词义	178（Collins，1979）	83（《现代汉语词典》）
平均每词词义	11. 9	5. 5

（资料来源：高远，2002）

如表7—1所示，与汉语词汇相比，英语词汇的义项更加丰富，因此，其灵活性特征也更加鲜明。

（三）含义范围对比

1. 汉语词汇的含义范围

虽然汉语词汇的义项没有英语词汇那么丰富，但从词义范围来看，汉语词汇远比英语词汇要广泛。由于汉语中的一个词可在不同语境下表示多个含义，这就使汉语词汇的概括性较为突出。例如：

bare 没有东西的

empty 里面没有实物的

hollow 空心的，中空的

vacant 目前没有被占用

上述各例都含有“空”，且“空”在各个例子中的含义各不相同。与此形成鲜明对比的是，英语则分别使用四个词来与此相对应。

2. 英语词汇的含义范围

如前所述，英语词汇大都具有较多义项。然而，英语在描述事物时通常比较形象、具体，这就使英语词汇的词义范围相对狭窄。

(1) 英语中的很多词汇都是外来词，这些外来词在描述现象或事物时常常采取特指的方式，这大大提升了英语词汇的精细化程度。

(2) 英语中的很多词汇只描述事物在某一个方面的特征，因此英语具有更加精细的事物分类，但概括性则较差。

(3) 科技的发展使社会发展脚步逐渐加快，新生事物不断涌现。在这样的情况下，一些多义词逐渐解体为若干单义词，有的甚至直接变为一个新的单词。例如：

urban（城市的）—urbane（有礼貌的）

curtsey（女子的屈膝礼）—courtesy（礼貌）

travel（旅行）—travail（艰苦努力）

二、英汉词汇翻译

（一）词义选择

具体而言，在翻译过程中词汇意义的选择可从以下两个方面着手：

(1) 根据上下文联系以及词在句中的搭配关系来确定词义。英语中即使是同一个词，同一个词类，它在不同场合往往也有不同含义，这就要求译者必须根据上下文的联系以及词的搭配关系或句型来判断和确定某个词在特定场合下所应具有的词义。例如，动词 raise 的基本含义是“举起；使升高”，但不同的短语搭配中其词义却发生了变化，如在 raise fears 中意为“引起恐惧”；在 raise vegetables 中意为“种植蔬菜”等。

(2) 根据词在句中的词类来确定词义。在确定某个词的词义之前，首先应该判明这个词在原句中应属哪一种词类，然后再进一步确定其词义。例如：

Like knows like.

英雄识英雄。（名词）

Like enough it will snow.

很可能要下雪。（副词）

上述两个句子中都运用了 like 一词，但都翻译成原义“喜欢”的话显然是不合情理的，因此要根据 like 一词在句子中的词类来确定该单词的意思。

（二）词义引申

在进行英汉翻译时，有时会遇到在汉语中找不到与原词相对应的英语词语，此时可从该词的基本词义出发进行引申。在具体的翻译实践中，词义引申主要有以下几种情况：

1. 词义的具体化引申

词义的具体化引申是指根据目标语的表达习惯将原文中一些相对笼统的词语用一些意义明确的词语代替。因此，译者在翻译此类词语时应对其进行具体化的引申，避免译文晦涩难懂。例如：

It is more than transient everydayness.

这远远超出了一时的柴米油盐、衣食住行问题。

原文中的 everydayness 本义是“日常的”，这里将其具体引申为“柴米油盐、衣食住行”，如此表述更为具体，也符合汉语表达习惯。

2. 词义的抽象化引申

英语中常用一个表示具体形象的词来表示一个事物、一种属性或一种概念①。译者翻译时要将这类词的词义作抽象化的引申，才能使译文更加自然、流畅。例如：

I have no head for English.

我没有英语方面的天赋。

例句中，head 一词并没有被翻译成“头”，而是引申为“天赋”。

3. 专有名词的普通化引申

由于英语语言漫长的发展历史，其语言中积淀了大量的专有名词。后来又在长期使用的过程中被逐渐泛化，将其独特的本真意义转化成了普通的含义。在翻译过程中，译者对此通常会舍弃原文形象，以求准确地传达意义，这不仅能减轻读者的理解负担，还能使译文更加自然、通顺。例如：

This summer vacation, I had a quixotic adventure on the railroad trip.

今年暑假我乘火车旅行，有了一次匡扶正义、保护弱小的经历。

本例中的 quixotic 源自 Don Quixote，它是西班牙小说家塞万提斯笔下的人物，并以成为游侠、保护弱小、匡扶正义为梦想，但在翻译时仅保留了一般意义，否则会增加读者

---

① 郝丽萍，李红丽，白树勤. 实用英汉翻译理论与实践［M］. 北京：机械工业出版社，2006.

的理解负担。

（三）增译法

增译法是指在翻译时增加一些必要的词汇，以使译文更忠实地表达原文的思想内容，同时符合译入语的语言习惯。增译法并未改变原文的思想内容。增译法主要有以下两种情况：

1. 根据意义需要增译

根据意义需要增译是指在翻译时，由于文化差异，将原文中不易被译文读者所理解的部分或原文的隐含义，在译文中补充出来，从而更准确地表达原文中的概念。例如：

Both sides are willing to hold face-to-face talks in order to ease tension.

双方都愿意举行面对面的会谈以缓和紧张局势。

After the banquets，the concerts and the table tennis exhibitor，he went home tiredly.

在参加宴会、出席音乐会、观看乒乓球表演之后，他疲惫地回到了家里。

2. 根据语法需要增译

根据语法需要增译主要包括以下几种情况：

（1）增加表示名词复数的词。英语中的可数名词有单数与复数之分，而汉语名词不存在复数变化。因此，英译汉时需要增加一些表示名词复数的词，如数词、重叠词等。例如：

The lion is the king of animals.

狮子是百兽之王。

（2）增加动词。在英语中，为了避免信息的重复，常使用并列句和省略句，译成汉语时可以增加适当的汉语动词。例如：

Reading makes a full man；conference a ready man；writing an exact man.

读书使人充实；讨论使人机智；写作使人缜密。

（3）增加量词。英语中的数词和名词可以连用，之间没有量词，而汉语需要借助量词。英译汉时应增加合适的量词，以修饰名词。例如：

A red sun rose slowly from the calm sea.

一轮红日从平静的海面冉冉升起。

（4）增加概括词。例如：

For mistakes had been made，bad ones.

因为已经犯了很多错误，而且还是很糟糕的错误。

（5）增加表示时态或语态的词。英语动词的时态和语态是通过动词的词形变化或增加助动词来表示的，在汉语中没有与之相对的表达。因此，英译汉时需要增加时态或语态表达相同意义的词。例如：

Contemporary natural sciences are now working for new importance.

当代自然科学正在酝酿新的重大突破。

（6）增加副词。英语中的一些词语在汉译时需要根据上下文增补副词，从而更准确地传达原文的意思。例如：

The crowds melted away.

人群渐渐散开了。

（7）增加语气助词。汉语中存在大量的语气助词，如“啊”“吧”“啦”“呢”“而已”等，这些词主要用来帮助表达语气，没有实际的词义。在英译时，可以根据原文的语气与意义，增补合适的汉语语气助词。例如：

You should not splash your money about like this. Money doesn’t grow on trees.

你不应该如此挥霍。钱来之不易呀！

Take it easy，it’s just a small quiz.

别紧张，只是个小测试而已。

（四）减译法

所谓减译法，是指在符合译文表达习惯的前提下，将原文中的有些词省略不译。通常是译文中虽无其词，但已有其意，或是属于可有可无的词，翻译出来违背译文的语言习惯的情况。同样，减译法也不能改变原文的思想内容。减译法包括两种情况：

1. 根据语法需要减译

根据语法需要减译是指翻译时对各种词类和一些特殊句式进行的省略处理。

（1）省略冠词。英语中有冠词，汉语中没有冠词，如果英语冠词表示一类事物，在汉译时可以省略。例如：

The sun was slowly rising above the sea.

太阳慢慢从海上升起。

（2）省略代词。英语中使用代词的情况要多于汉语，在英译汉时，应根据汉语习惯省略原文中的某些代词，从而使译文表达自然、流畅。例如：

He put his hands into his pockets and then shrugged his shoulders.

他把双手放在口袋里，然后耸了耸肩。

（3）省略介词。英语中有很多介词，而汉语的介词数量相对较少。英译汉时，应注意适当省略介词。例如：

She soon fell asleep with the light still burning.

她很快就睡着了，灯还亮着。

（4）省略连接词。英语中常常使用连接词，而汉语则恰恰相反。因此，英译汉时通常需要省略连接词。例如：

If winter comes，can spring be far behind?

冬天来了，春天还会远吗？

2. 根据修辞需要减译

原文出于修辞需要会重复一些词语，在翻译时可根据译文表达习惯省略不译。例如：

He speaks quickly, the tone of his voice so commanding that it silences everyone.

于是，他很快地讲了一番话，其语气非常威严，竟使所有人都安静了下来。

He continued to order the stale bread—never a cake, never a pie, never one of the other delicious pastries in the showcase.

他仍然只要陈面包，至于蛋糕、肉馅饼和柜台里其他可口的点心，却从不问津。

第二节　英汉句式对比与翻译

一、英汉句式对比

（一）构建方式对比

很多学者都认为，汉英两种语言在句法方面的差异集中体现为意合与形合的差异。

1. 汉语的意合

根据《世界图书英语大词典》（*The World Book Dictionary*），意合（parataxis）是指"The juxtaposition of clauses or phrases without the use of coordinating or subordinating conjunctions, for example: It was cold; the snows came."即句间与句内的联系主要依靠意义之间的逻辑关系。

与英语中的以形显义形成鲜明对比的是，汉语往往呈现出形散神聚的特征。具体来说，顺序标志词、逻辑关系词等明显的连接形式在汉语中较少出现，句子的含义常常通过动词来表示，且读者往往需要进行积极思考才能将句子的内在逻辑关系梳理清楚。例如：

早听说香山红叶是北京最浓最浓的秋色，能去看看，自然乐意。我去的那日，天也作美，明净高爽，好得不能再好了。……

（杨朔《香山红叶》）

本例过渡自然、主题集中，且几乎没有使用连词，充分体现了汉语意合的特点。

2. 英语的形合

根据《美国传统词典》（*American Heritage Dictionary*），形合（hypotaxis）是指"The dependent or subordinate construction or relationship of clauses with connectives, for example, I shall despair if you don't come."

即语法手段是英语句子之间的主要连接方式。

具体来说，以形显义是英语句法的重要特征。为了满足句意表达的需要，有时应将句子中的词语、短语、分句或从句进行连接，英语常采取一些语法手段，如关联词、引导词等，以此来从意义与结构两个方面实现句子的完整性。例如：

The rooms where in dozens of infants had wailed at their nursing now resounded with the tapping of nascent chicks, which was unbelievable.

这些屋子里，从前有许多吃奶的孩子哇哇哭叫，如今却回响着小鸡啄食的声音。这简直令人难以置信。

本例包含两个定语从句。尽管具有较为复杂的结构，但其内在的逻辑关系十分清晰，这正是英语形合的典型特点。

（二）重心位置对比

句子的长短具有伸缩性。但无论长短，汉语与英语句子都有一个重心，即主要观点或重要信息，通常包括结果、结论、事实、假设等内容。需要特别说明的是，因为汉英两个民族具有不同的价值观念与思维习惯，句子重心在汉英两种语言中的位置往往存在明显差别。

1. 汉语句子的重心位置

汉语句子常采取后重心，即将重要信息在结尾处进行表达。这主要是由于中国人更倾向于螺旋型的思维方式，因此，表述时常以逻辑顺序或时间顺序为线索，具体有以下几种表现方式：

（1）当需要对逻辑思维进行表达时，通常将事实、前提、条件等前置，将结论、判断等后置。

（2）在表态与叙事并存的情况下，通常将叙事部分看作重要信息，将表态部分看作次要信息。因此，叙事部分常前置，表态部分常后置。

（3）在需要叙事的情况下，通常将事件的背景前置，将事件后置；将过去发生的事情前置，将最近发生的事情后置。

2. 英语句子的重心位置

开门见山是典型的英语表达习惯，因此，思想、感情、态度、意见等内容常常在句子的开头部分进行表达，这主要是由于受到直线型思维方式的影响。可见，英语句子的重心常常位于前面，具体有以下几种表现方式：

（1）在需要对逻辑思维进行表达时，通常将结论、判断等前置，将事实、前提、条件等后置。

（2）在表态与叙事并存的情况下，通常将表态部分看作重要信息，将叙事部分看作次要信息。因此，表态部分常前置，叙事部分常后置。

（3）在需要叙事的情况下，通常将事件前置，将事件的背景后置；将最近发生的事情前置，将过去发生的事情后置。

下面来看一个例子。

It is very kind of you to help me so much!

你帮我这么多，真是太好了！

不难发现，英语句子将叙事部分 to help me so much 置于表态部分 It is very kind of you 的后面，汉语句子则采取了完全相反的顺序。这充分体现出英汉句子在重心位置方面的差异。

（三）语态对比

1. 汉语中的语态

根据中国人的思维习惯，汉语的表达非常强调个人感受与“事在人为”，且对“悟性”十分注重。因此，汉语不常用被动语态，而常使用“主题—述题”结构。具体来说，汉语常借助词汇手段来表达被动的含义，具体包括以下两种：

（1）“受”“被”“让”“挨”“遭”“给”“加以”“为……所”等带有明显形式标记的被动式。例如：

我们挨了半天挤，什么热闹也没看到。

我的建议被否决了。

该计划将由一个特别委员会加以审查。

（2）无形式标记的被动式，其在主谓关系上带有被动含义。例如：

每一分钟都要很好地利用。

那种说法证明是不对的。

值得一提的是，无主句是汉语中的一种习惯句型。尽管无主句在形式上没有主语，但当其处于不同语境中时却可表达明确、完整的语义。例如：

一致通过了决议。

为什么总把这些麻烦事推给我呢？

汉语在表达思想时，习惯说出行为动作的执行者。因此，汉语常使用人称表达法。具体来说，在不能确定人称的情况下，常采用“大家”“别人”“有人”“人们”等泛人称句。例如，“人们有时会问……”“有人指出……”“大家知道……”等。

2. 英语中的语态

从语态上来看，英语句式中常使用被动语态，通常包括以下几种情况：

（1）实现措辞得当、语气委婉的表达效果。例如：

All guests are asked to wear formal clothes.

来宾请穿正装。

（2）实现上下文的衔接与连贯。例如：

Mike’s idea is shaped by, and shapes, his sister’s idea.

迈克的思想受他姐姐的影响，同时又影响了他姐姐的思想。

（3）无从说出动作的实施者是谁。例如：

You’re wanted on the phone.

你的电话。

（4）动作的对象是谈话的中心话题。例如：

The task has been finished.

任务已经完成了。

（5）没有必要说明或不知道行为实施者。例如：

All the girls are asked to form a line.

女孩们被要求站成一队。

二、英汉句式翻译

（一）被动句的翻译

1. 译成主动句

将英语的被动句译为汉语的主动句是很常用的方法，此时通常保持英语原文的主语，只是不译出“被”字，这主要是为了保证译文通顺，从而消除不必要的误解。例如：

Every moment of every day, energy is being transformed from one form into another.

每时每刻，能量都在从一种形式变为另一种形式。

如果按照原文的被动语态翻译为“每时每刻，能量都在由一种形式被变为另一种形式”，译文读起来则会不通顺。因此，将英语的被动句用汉语的主动句来表示更符合读者的需求，也更通顺连贯。

2. 译成无主句

英语的句子结构比较严谨，深受主、谓、宾结构的限制，而汉语的句子结构则相对灵活，有些情况下句子中没有主语。基于这种情况，从译文表达效果的角度考虑，在对英语的被动句进行翻译时，可将其译为汉语的无主句。例如：

Attention should be paid to your handwriting.

应该注意你的书写。

如果按照原文被动句的结构进行翻译，为“你的书写应该被注意”则不符合汉语的表达习惯，也不利于读者的理解。针对这种情况，将其译为“应该注意你的书写”这样的汉语无主句更加合理。

（二）否定句的翻译

英汉两种语言中都有很多否定句式，但是由于其词汇、语法、语言逻辑的差异性，在翻译时往往会做或正或反的处理。

1. 部分否定句的翻译

部分否定句是指整个句子中的意义不仅包含肯定的意义，还包含否定的意义。其一般由代词或副词与否定词 not 搭配构成，形式上是否定的但实际意义却是部分否定，通常译为“不都是”“不总是”等。这些代词或副词有 both，all，absolutely，entirely 等。例如：

Both the windows are not open.

两扇窗户并不都是开着的。

2. 全部否定句的翻译

所谓全部否定，顾名思义就是完全、彻底地否定，即否定整个句子的意思。[①] 因此，在翻译全部否定句时只需要将否定词直译即可。例如：

Lily is no scientist.

莉莉根本不是科学家。

3. 双重否定句的翻译

双重否定是在同一个句子里出现两个否定词，或一个否定词与某些表示否定意义的词连用。常见的双重否定形式主要有 no... not，no less than，without... not，not... until 等。在对这些句子进行翻译时，可以译为汉语的双重否定句，也可译为汉语的肯定句。例如：

Don' t open the door until the car stops.

车未停不要开门。

There is nothing unusual there.

那里的一切都很正常。

第一个例句将 not... until 翻译成了双重否定的形式，而第二个句子直接翻译成了肯定句，这样的表达符合汉语的习惯。

（三）比较句的翻译

英语中的比较句往往具有丰富的表达形式。因此，在对比较句进行翻译时，应在仔细分析、准确理解的基础上，将其含义传译出来。由于常见的比较结构“subject＋be/v. ＋comparative degree＋than＋object”比较容易理解，翻译起来也容易，如“He is taller than me.”（他比我高），因此这里不再介绍。下面主要介绍意义上容易混淆的比较结构的翻译技巧。

1. as... as... 及其衍生句型的翻译

（1）as... as... 句型的翻译

as... as... 句型表示两者比较程度相同，常译为“……和……一样……”。例如：

Jack is as handsome as Mike.

杰克与迈克一样帅气。

（2）not so much... as... 句型的翻译

not so much... as... 句型一般译为“与其说……不如说……”。例如：

Lily is not so much a dancer as a singer.

与其说莉莉是个舞蹈家，不如说她是个歌唱家。

---

① 钟书能. 英汉翻译技巧［M］. 北京：对外经济贸易大学出版社，2010.

(3) not as (or so)... as... 句型的翻译

not as (or so)... as... 句型表示前者不如后者，通常译为"……不如"。例如：

At present, people are not as warmhearted as they used to be.

现在，人们不如过去那样热心了。

(4) not so much as... 句型的翻译

not so much as... 句型通常可以译为"甚至没有……""甚至不……"。例如：

Rose hadn't so much as her necessities.

罗斯甚至连基本的生活费都没有了。

2. "比较级+than to do..."句型的翻译

英语"比较级+than to do..."句型一般可翻译为"不至于做某事"。例如：

You ought to know better than to go swimming on such a cold day.

你不至于这么冷的天去游泳吧。

I have more sense than to tell her about our plan.

我不至于傻到会把我们的计划告诉她。

3. more than 句型的翻译

(1) more than... 句型的翻译

英语中 more than... 句型之后所跟的词性不同，意义也不同，如后接名词或动词，意思是"不只是……"；后接形容词、副词或分词时，意思是"非常，极其"；后接数词时，意思是"多于……""……以上"，翻译时应根据具体情况选用不同的汉语词语。例如：

He is more than happy, but excited.

他不只是高兴，而是兴奋。

The old merchant has more than ten dollars in his pocket.

那个老商人的口袋里还有十多美元。

(2) no more... than... 句型的翻译

no more... than... 句型表示对比较对象的同时否定，常译为"既不……也不……""和……一样不""不……正如……""……和……两者都不"。例如：

Peter is no more taller than his elder brother.

彼得跟他哥哥一样不高。

Paul is no more a scholar than he is a poet.

保罗不是学者，正如他不是诗人一样。

(四) 从句的翻译

英语从句主要可以分为三类：名词性从句、定语从句和状语从句。下面分别对这三类从句的翻译技巧加以介绍。

1. 名词性从句的翻译

英语名词性从句又可以分为主语从句、宾语从句、表语从句和同位语从句。下面逐一介绍其翻译。

（1）主语从句的翻译

当主语从句是以 what，whoever，whatever 等代词引导时，可以按照原文的顺序进行翻译。例如：

Whoever did this job must be rewarded.

无论谁干了这件工作，一定要得到酬谢。

当主语从句是以 it 作形式主语时，翻译时应依据具体的情况来处理：有时需要将主语从句提前，有时也可以不提前。例如：

It is strange that he did not see his own shortcomings.

真奇怪，他竟然没有看出自己的缺点。

It seemed inconceivable that the pilot could have survived the crash.

驾驶员在飞机坠毁之后，竟然还活着，这似乎是不可想象的。

（2）宾语从句的翻译

当宾语从句是以 what，that，how 等词引导时，可以按照正常语序进行翻译。例如：

This is what he exactly needs.

这是他真正所需要的。

如果宾语从句中由 it 作形式宾语，翻译时一般 it 不译，宾语从句的语序则需要按照原句顺序译出。例如：

I regard it as an honor that I am chosen to attend the meeting.

被选参加会议，我感到光荣。

（3）表语从句的翻译

在翻译英语表语从句时，通常可以按照原文顺序进行翻译。例如：

That is what she wants to do.

那就是她想做的事情。

（4）同位语从句的翻译

在对英语同位语从句进行翻译时，通常可以按原文顺序直接翻译。有时，也需要借助“即”“以为”或冒号、破折号来连接主句和从句。例如：

He expressed the hope that he would come to visit Chinese again.

他表示希望能再到中国来访问。

But considered realistically，we had to face the fact that our prospects were less than good.

但是现实地考虑一下，我们不得不面对这样的事实：我们的前景并不乐观。

2. 定语从句的翻译

英语定语从句包括两种：限制性定语从句与非限制性定语从句。下面就来介绍其翻译。

（1）限制性定语从句的翻译

限制性定语从句的翻译可以采取以下几种方法处理：前置法、后置法、融合法。

前置法是将限制性定语从句译成带“的”字的定语词组，并将这一定语词组置于被修饰词的前面，这样就将英语的复合句翻译成汉语的简单句。[①] 在对简单的定语从句进行翻译时，常采用前置法。例如：

Everything that is around us is matter.

我们周围的一切都是物质。

在本例中，翻译时采用了前置法，将 that is around us 译为“我们周围的”，即“的”字结构。

如果英语定语从句的结构比较复杂，若译为汉语的前置定语则显得太长，这时可以采用后置法，译为后置的并列分句。这主要有两种情况：省略英语先行词，译成并列分句；重复英语先行词，译成并列分句。例如：

He is a surgeon who is operating a patient on the head.

他是一个外科医生，正在给病人头部动手术。

本例中，对原文翻译时省略了先行词，译成了两个并列的句子，即“他是一个外科医生”“正在给病人头部动手术”。

She will ask her friend to take her daughter to Beijing where she has some friends.

她将请朋友把她的女儿带到北京，在那里她有些朋友。

本例中，在翻译原文时，重复了先行词，译为两个并列的分句。

融合法是将原句中的主句与定语从句进行融合，构成一个独立句子的翻译方法。例如：

There was another man who seemed to have answers and that was Robert McNamara.

另外一个人似乎胸有成竹，那就是罗伯特·麦克纳马拉。

本例的翻译采用了融合法，省略了主句的谓语动词，把含有定语从句的句子翻译成一个单句。

（2）非限制性定语从句的翻译

翻译非限制性定语从句通常可以采取前置法和后置法。

---

① 黄成洲，刘丽芸．英汉翻译技巧［M］．西安：西北工业大学出版社，2008.

前置法就是将英语非限制性定语从句译成带“的”字的前置定语，并将其放在被修饰词的前面。例如：

He liked his sister, who was warm and pleasant, but he did not like his brother, who was aloof and arrogant.

他喜欢热情快乐的妹妹，而不喜欢冷漠高傲的哥哥。

原文中存在两个非限制性定语从句，都译成了“的”字结构，在句子中作前置定语。

后置法是将非限制性定语从句译为独立的分句或并列分句。例如：

He had talked to Vice-President Nixon, who assured him that everything could be done.

他和副总统尼克松谈过后，副总统向他保证，凡是能够做到的他都将竭尽全力去做好。

在对原文进行翻译时，对先行词“副总统”进行了重复，将定语从句翻译成独立的分句。

The cook turned pale, and asked the housemaid to shut the door, who asked Brittles, who asked the tinker, who pretended not to hear.

厨子的脸色变得苍白，要女仆把门关上，女仆却叫布里特尔斯，布里特尔斯又叫补锅匠去关，而补锅匠装着没听见。

在本例中，译文用“女仆、布里特尔斯、补锅匠”对英语关系代表的含义进行了重复，且原文中的三个定语从句后置。

3．状语从句的翻译

英语状语从句可以分为五种，即目的状语从句、原因状语从句、时间状语从句、条件状语从句和让步状语从句。下面就对这几种状语从句的翻译进行介绍。

（1）目的状语从句的翻译

目的状语从句有时可译为表目的的前置状语，有时译为表目的的后置状语。例如：

We should start early so that we might get there before noon.

为了在正午以前赶到那里，我们应该尽早动身。

在本例中，译文将原文的 so that 引导的目的状语从句译为前置状语分句。

He told us to keep quiet so that we might not disturb others.

他叫我们保持安静，以免打扰别人。

在本例中，译文将原文的目的状语从句译为表目的的后置状语分句。

（2）原因状语从句的翻译

原因状语从句通常可以译为表原因的分句或因果偏正句的主句。例如：

The book is unsatisfactory in that it lacks a good index.

这本书不能令人满意之处就在于缺少一个完善的索引。

本例将原文的原因状语从句译为表原因的分句。

Because he was convinced of the accuracy of this fact, he stuck to his opinion.

他深信这件事的正确可靠，因此坚持己见。

本例将原文的原因状语从句译为主句，将原文的主句译为偏句。

(3) 时间状语从句的翻译

在对时间状语从句进行翻译时，应结合语境，通过理解其深层含义，选取正确的翻译方法。下面以 when 引导的状语从句为例加以说明。在翻译 when 引导的时间状语从句时，不能拘泥于表示时间的一种译法，而是应该考虑具体的语境，采用合适的翻译方法进行处理。例如：

He shouted when he ran.

他一边跑，一边喊。(译为并列句)

Hardly had we arrived when it began to rain.

我们一到就下雨了。(译为一……就……)

When Mom spoke, the tears were running down.

妈妈说话时，泪流满面。(译为表时间的时间状语从句)

(4) 条件状语从句的翻译

条件状语从句通常可以采取以下几种译法：译为表“假设”的状语分句；译为表“条件”的状语分句；译为“补充说明”的状语分句。例如：

If the negotiation between the rich northerly nations and the poor southerly nations make headway, it is intended that a ministerial session in December should be arranged.

要是北方富国和南方穷国之间的谈判获得进展的话，就打算在 12 月安排召开部长级会议。(表“假设”)

Granted that is so, what follows?

假如情况是这样的，下一步将如何呢？(表“条件”)

He is dead on the job. Last night if you want to know.

他是在干活时死的，就是昨晚的事，如果你想知道的话。(补充说明)

(5) 让步状语从句的翻译

在翻译让步状语从句时，可译为表“无条件”的状语分句或者表“让步”的状语分句。例如：

Whatever combination of military and diplomatic action is taken, it is evident that he is having to tread an extremely delicate tight-rope.

不管他怎么样同时采取军事和外交行动，他显然不得不走一条极其危险的路。(表“无条件”)

While this is true of some It is not true of all.

虽有一部分是如此，但不见得全部是如此。（表“让步”）

第三节　英汉语篇对比与翻译

一、英汉语篇对比

（一）语篇衔接对比

衔接，顾名思义是指上下文的连接，具有保持语义连贯、行文流畅的作用。语篇语言学中的衔接，是语段、语篇的显著特征，也是其中的一个重要术语。可见在语篇翻译中，衔接也是其中的一个重要环节。可以说，衔接得恰当与否是确保读者理解和接受语篇信息或话题主旨的关键。所谓语篇衔接，就是通过采取一定的语言手段，在词汇和语法的层面上使得语篇中的各个部分都能产生一定的联系。语篇衔接包括词汇衔接和结构衔接。其中，词汇衔接是语言语境的重要组成部分，是指前后词语的各个部分或成分之间在语篇中的语义关系。结构衔接是语言语境的重要表现形式，是指语篇中的某一结构与其上下文的另一结构之间存在的承启关系。

由于衔接是通过词汇手段、语法手段加以实现的，因此韩礼德在《功能语法导论》中提出了以下五种类型的衔接①：

（1）词汇衔接。该衔接是指语篇中的一部分词汇在语义上存在着一定的联系。

（2）替代衔接。该衔接是指使用较少的语言形式来替代上下文中的一个或几个语句。

（3）省略衔接。该衔接是指省略语篇结构中的部分词汇或相关概念，并且所省略的内容可以在语篇的上下文中找到。

（4）关联衔接。该衔接是指利用关联词或关联结构实现语义上的衔接。

（5）照应衔接。该衔接是指通过一些指示词汇（如代词、定冠词）或者比较结构等方式实现上下文的衔接。

通过比较不难看出，英汉语篇在词汇衔接上并没有太大的区别，而在语法衔接上存在着明显的差异，下面就从照应、替代、省略、连接这四个层面来具体分析一下英汉语篇中语法衔接方式的差异性。

1. 英汉照应对比

照应（reference）是指用代词等语法手段来指称说话或行文中谈论、说明的对象，从而把语篇有机地衔接起来，实现语篇意义的连贯②。照应可以分为内照应和外照应。对于

---

① 黄成洲，刘丽芸. 英汉翻译技巧［M］. 西安：西北工业大学出版社，2008.

② 冒国安. 实用英汉对比教程［M］. 重庆：重庆大学出版社，2004.

外照应，必须依靠具体的语境来理解。例如：

It is not an easy job. We have to gather efforts from every section to accomplish it in time.

对于此段话中 it，we，every section 的理解，读者必须要结合具体的语境而不能只依靠其内部提供信息，否则就无法做出准确的理解。

对于内照应，其指称对象一般出现在语篇的内部项目中，将出现在上文中的指称对象称为“前照应”，而出现在下文中的指称对象称为“后照应”。例如：

约翰没有去找工作，这是他昨天告诉我的。

该例句中，第二个分句的“他”的指称对象就是“约翰”，其出现在上文，因此是前照应。可见，英汉语篇中都有照应衔接手段，但是并不能说二者完全相同，二者的照应也存在明显的差异，尤其在照应的使用量上更为明显。从照应的使用量上来说，英语中使用的人称照应和指示照应要明显高于汉语。这主要源于英美国家更偏向于句子结构的完整性和语法的一致性，较多地使用人称代词。但是汉语完全不同，一个汉语句子往往只有一个主语，而这个主语却能管辖几个分句甚至整个段落，而且在人称代词的使用量上并不是很高。

2. 英汉替代对比

所谓替代，是指使用替代形式去替代上下文出现的词语，以实现语篇的衔接、意义的连贯[①]。英语中的替代主要有三种形式：分句性替代、动词性替代和名词性替代。例如：

People believe that the American team will win the football game. Peter think so，but I believe not.（分句性替代，not 替代 the American team will win the football game）

He speaks German as fluently as she does. （动词性替代，用 do 代替前面的 speak German）

I have many interests to keep me from being bored，but playing football and collecting stamps are the ones that I enjoy most.（名词性替代，用 ones 替代 interests）

汉语中替代主要是通过指示代词或者“的”字结构来完成。例如：

A：先生，请问你们喝哪种酒？

B：红的还是白的，大家统一统一意见。（“红的”“白的”为名词性替代，用“的”替代“酒”）

职员：我们把公司的这一部分利润用作开辟新市场怎么样？

老板：这样行。不过一定要进行规划，保证资金正常到位，正常动工。（老板话语中的“这样”这个词为分句性替代，运用“这样”替代“把公司的这一部分利润用作开辟新市场”）

---

① 冒国安. 实用英汉对比教程［M］. 重庆：重庆大学出版社，2004.

由以上例子还可以看出，英语和汉语都能够运用词、分句等进行替代，但是二者也存在明显的差异，主要体现在以下两个方面：

（1）英语的替代手段要比汉语多。例如，在名词性替代方面，英语中有 one，ones，this，that 等，但汉语中仅仅只有“的”字结构。

（2）对于替代衔接手段的使用，英语的使用明显比汉语高，这一点也是英汉二者之间最明显的差异。对于英语中的替代，汉语中通常都是通过重复或省略的手段来达到衔接语篇的效果，因此翻译时应多加注意。

3. 英汉省略对比

所谓省略，就是将语言结构中的某个不必要的部分省去不提。衔接手段中的省略手段可以减少语篇中的重复，使文章的语言更加简练，新信息更突出，上下文衔接也更加紧密。从句子成分的角度来说，英汉语在省略衔接上存在一些相似性，如都可以省去主语、谓语、宾语，或者将主谓语、谓语与宾语一同省去。例如：

Reading makes a full man，conference（ ）a ready man，writing（ ）an exact man.（括号处省略了谓语动词 makes）

小明刚刚吃了两个橘子，现在又在吃（ ）了。（括号处省略了宾语“橘子”）

虽然英汉两种语言中都可以省略主语和谓语等成分，但是综合来说，在主语省略中英语中是比较少的，而汉语中却相对比较频繁；在谓语动词的省略中则恰恰相反，英语中比较频繁而汉语中却相对较少。因此，在翻译中如果想选用省略句式要多加注意，不该省的不省。

4. 英汉连接对比

连接也是英汉语篇的重要衔接手段。连接关系是借助连接词或副词、词组等实现的。语篇中的连接成分通常都是有明确含义的词语。通过这些具有连接性的词语，人们可以更快地理解句子之间的语义关系。有时人们还可以根据上下文结合逻辑来预测语义。英国当代语言学家韩礼德（Halliday）将连接词语的功能分为四类，英汉都有这四种功能的连接词，具体如下所述[①]：

（1）additive（添加、递进）

添加、递进就是写完一句话之后，还可以添加或补充一些内容。表添加、递进的英语连接词语有 and，in addition，furthermore 等，汉语连接词有“再说”“而且”“况且”等。

（2）adversative（转折）

转折就是前后两句的意义完全相反。表转折关系的英语连接词包括 however，but，conversely 等，汉语连接词有“可是”“但是”“然而”等。

（3）causal（因果）

因果是指通过各种方式体现的原因与结果之间的关系。表因果关系的英语连接词包括

① 杨丰宁．英汉语言比较与翻译［M］．天津：天津大学出版社，2006.

because，so，consequently 等，汉语连接词有“由于”“因为”“所以”等。

（4）temporal（时序）

时序指的是语篇中事件发生的时间关系。表时序关系的连接词包括 first，formerly，then，next 等，汉语连接词语包括“后来”“接着”“而后”“最后”等。

通过对英汉连接手段的比较，可以发现二者也存在差异。首先，英汉连接词在使用上存在显性与隐性的差异。例如：Kant was fond of talking，but preferred to talk alone，and if interrupted or contradicted was apt to show displeasure，his conversation ，however，was so tigreeable that none minded if he monopolized it.

上述例句中使用了 but，and if，however 三个连接性的功能词。可见，英语篇章的连接词具有显性。

……我不习惯与朋友合作，我觉得还是自己独立地想点什么就写点什么，写好写坏写成写不成，都由自己担着。一说合作，心理上的压力就非常大。

从表面看来，该例显得十分松散，且没有使用任何连接词语，但整个句子的内在含义是连贯的，读者也完全可以理解语句之间所蕴含的因果关系，这就说明汉语篇章的连接词呈隐性。

其次，英汉语篇连接手段的另一个重要差别是，英语的平行结构之间的连接常采用连接词，而汉语篇章中经常用对偶和排比表示衔接关系。例如：

He was doing the paperwork while she was doing the housework.

寺远僧来少，桥危客过稀。

自去自来梁上燕，相亲相近水中鸥。

综上所述，对英汉语篇衔接有一个清楚的认识，这对翻译实践有着很大的现实意义。

（二）语篇结构对比

由于中西方思维方式和表达习惯的巨大差异，英汉两种语言在语篇结构上有着明显的差异性。

1. 英语直线型结构

英汉语篇之间的区别不仅表现在语言或符号的差别上，还表现在组词造句的方式上。任何一种语言的词语组合、意思黏合都是独特的，因而不同语言对同一主题语篇组织方式也是不同的，进而导致语篇结构的不同。出现这一结果的主要原因在于英汉两个民族不同的思维方式。一般认为，英语篇章结构为直线型，其特点表现在如下几个方面：

（1）直线型语篇通常在开篇先陈述中心意思，然后分点逐一说明。开篇的主题陈述有助于让读者快速把握文章的重心和主题，而分点说明的目的在于对这一重心或主题进行展开，即对主题进行论证和阐述，只有这样的语篇才能让读者读懂和信服，也才能够为之后的段落增加其他的信息奠定基础。

（2）直线型结构不仅是英语篇章结构的基本特点，同时，也体现了英语篇章的连贯性。直线型结构下的英语篇章显得更加条理有序、意思清晰、语义相关。

(3) 为了展开主题，语篇中的每一个句子都是从前面的句子中延伸出来的，这样使得整个语篇结构呈现动态性的特点，这也和读者的思维方式相契合。

(4) 直线型语篇结构也能够不断对观点进行深化和拔高，最终揭示语篇的高潮，将文章的写作意图一点一点地呈现出来。

综上所述，英语线性结构主要遵从从总到分、从概括到举例、从一般到具体、从整体到个体。例如：

Soccer is a difficult sport.

A player must be able to run steadily without rest. Sometimes a player must hit the ball with his or her head. Players must be willing to bang into and be banged into by others. They must put up with aching feet and sore muscles.

该语篇的第一段话是主题句，第二段的内容是对第一段话的说明，即对主题句的说明，这体现了英语篇章的线性结构。

2. 汉语螺旋型结构

与英语的直线型结构不同，汉语呈螺旋型结构。螺旋型结构是汉语篇章的一大特点。螺旋型结构常常是以反复的、发展的形式来阐述某一具体的观点。在汉语篇章中，作者往往运用分点说明的方式来对主题加以展开，而这种分点的方法和语篇写作模式是相契合的。但是，作者也常常会在分点说明完毕之后再返回来具体阐释某一个或者某两个观点。这就是汉语篇章结构和英语篇章结构最大的不同，也是让很多英语国家的读者感到不解的地方。在他们眼中，这种结构模式是没有条理和逻辑的，因为这明显和他们的直线型结构是不同的或者相反的。例如：

索引在我国出现得较晚。有人认为起源于南北朝的类书就具备了索引的性质，这种说法是不科学的。类书是将群书中可供参考的资料辑录出来，分类或依韵编排的一种工具书。它具有文献摘要的性质，并且所记录的范围漫无边际，而索引则只注明文献的出处，使读者“执其引以得其文”，并不司摘录原文之职。并且索引还有严格的范围，如作《史记人名索引》就绝不可将《汉书》中的同名人物一并编入。

为古书作索引大体始于明清之际。明末的著名学者傅山曾编制了《春秋人名韵》《春秋地名韵》。乾隆时汪辉祖编制了《史姓韵编》是依韵编排的。嘉庆的毛谟所编制的《说文检字》，采用了用部首笔画来进行编排的方法。

从上面两段文字不难发现，本例第一段第一句话“索引在我国出现得较晚”是全文的主题。然而，第一段后紧跟的内容却并没有针对这一主题展开详细的论述，反而开始介绍类书和索引的异同，文章的第二段又重新开始介绍主题，讲述索引在我国出现的具体日期。该例就是一个典型的螺旋型结构。

由上可知，汉语篇章的关系通常借助语篇内部各层次之间的关系体现出来。概括地说，汉语语篇有总—分—总、横式和纵式三种结构。

（1）总—分—总结构

“总—分—总”结构的特点是在语篇的开头点明主题，之后通过多种角度分析论证该主题，在文章的结尾再总结主题。

（2）横式结构

横式结构的特点是语篇中各层次之间是平行关系，相互独立但陈列规范有序。

（3）纵式结构

纵式结构的特点是语篇中各层次间是相互承接、层层递进的关系。

上述三种语篇结构虽然各有其特点，但并不互相矛盾。同一个汉语语篇中也可能会出现两种结构相互交叉的情形，但人们仍然可以分辨出其中的主要结构和次要结构。

总的来说，英汉语篇结构的差异可以概括如下：

英语篇章结构：

（1）由内向外，由小到大，由近到远。

（2）由微观到宏观，由个别到整体，由具体到抽象。

汉语篇章结构：

（1）由外向内，由大到小，由远到近。

（2）由宏观到微观，由整体到个别，由抽象到具体[①]。

（三）语篇策略对比

语篇策略（text strategy）一词最早由恩奎斯特（Enkvist）提出，“是指语篇生产者根据交际目的对组篇所做的总体决策和选择，是为一定的目的而对决策参项（decision parameters）所做的权衡[②]。”换句话说，语篇策略是指写作的主题、构架确定以后，作者采用什么样的手段、使用什么样的论据来实现写作目的。

汉语篇章惯用的语篇策略与英语篇章惯用的语篇策略并不相同：汉语往往以情动人，多主观论断、慷慨陈词、成语典故。而英语常常以理服人，多客观论据、理性逻辑、创新变化。邓炎昌曾指出，英汉政论、社论等说理性文章之间存在显著的差异：英语文章多用事实说话，以真实的论据、严密的逻辑和推理使读者信服，而汉语文章则多使用“豪情万丈”的战斗性语言，如……是荒谬的（it is absurd...）、我们必须……（we must...）、坚决要求……（resolutely demand...）、坚决反对……（was dead set against...）、我们应该/不应该……（we should/should not...）等，这种情感诉诸正是英语说理文章的大忌，后者更强调节制情感、以理服人。英美人士认为，对于本就存在争议的事物，要想让别人接受自己的观点，必须摆事实、讲道理，而如果加入太多作者的主观意见，宣泄情感，反而会招致他人的反感和排斥。毕竟人们都认为自己的观点是正确的，只有合乎逻辑

① 黄勇．英汉语言文化比较［M］．西安：西北工业大学出版社，2007．

② 何芸，高永刚，黄波．浅析文化差异与英语写作［J］．高等教育研究学报，2005（3）：76—79．

的严密论证才能令人信服。有学者发现中国人的文章中有很多成语典故、谚语习语以及名言警句，而英美人士则多用和现实实践、心理距离更近的现代普通人的经历来论证观点，从而增强文章的说服力。

总的来说，在语篇策略的选择上中国文章习惯重复论点、引用典故、套用成语，依赖传统和权威来说服读者；而英语文章更倾向于通过客观的数据和事实、严密的逻辑和推理以及与读者距离更近的常人经历来说服读者，更具有创造力。

二、英汉语篇翻译

（一）语篇衔接的翻译

较大语段之间衔接的方式有很多种，如通过前面语段后移、后面语段前移来缩短两个语段之间的距离等。

（1）前面语段后移。例如：

纽约市白人中至少有 3/10 的人拥有大学文凭，而该市的拉裔美国人和黑人中，接受过大学教育的人连 1/10 都不到。

In New York City at least three out of ten whites had a college degree, but less than one out of ten blacks and Hispanics received a university education.

该例中，“纽约市白人中，至少有 3/10 的人”这句话如果按照中文的词序来翻译，则为 Among whites in New York City, at least three out of ten have college degrees，如果这样翻译，那么 white 与 ten 这两个语义相关的单词中间就出现了 9 个单词，距离太远容易影响语义的表达。因此，将 white 向后移动，使其靠近 ten，这样表达语义更加清楚，结构也更加合理。

（2）后面语段前移。例如：

同时，也出现农产品供过于求、价格下跌、农民收入增长缓慢问题。

Meanwhile, problems have arisen, including oversupply of agricultural products coupled with price drops and slow increases in farmers income.

该例中，有译者会将“农产品供过于求、价格下跌、农民收入增长缓慢问题”译为 Such problems as oversupply of agricultural products coupled with price drops and slow increases in farmer’s income have arisen，如果这样翻译，则主语 such problems 和谓语 have arisen 距离太过遥远，因此可以将谓语动词前移，即 problems have arisen, including...，这样衔接比较自然。

（二）语篇语域的翻译

语篇语域指的是语篇所使用的场合或领域。不同类型的语篇有着不同的功能，也适用于不同的场合。例如，科技语言应具有专业性和准确性，广告语言应具有号召性和说服力，文学语言应具有美感和艺术性。所以，对于语篇的翻译一定要注意语篇的语域，根据语篇语域来还原原文的功能与特点，做到与原文形神兼备。例如：

Established in the 1950s, East China Normal University, led by the Ministry of Education and nourished by the rich resources of the modern city of Shanghai, has developed quickly among the institutions of higher teaming. It was listed as one of the sixteen key universities in China as early as 1959. Nearly fifty years of development has shaped it into a prestigious comprehensive university, influential both at home and abroad. Right at the arrival of the new century, we are determined to seize the opportunities, meet the Challenges, unite and work as hard as before, and contribute our fair share to the development of ECNU.

崛起于20世纪50年代初的华东师范大学，得益于物华天宝、人杰地灵的国际大都市上海这片沃土的滋养，又得益于国家和教育部对师范教育的关怀与重视，在全国高教院系调整中发展壮大起来，早在1959年就已跻身于全国16所重点大学之列。经过将近半个世纪的辛勤耕耘，华东师大已经发展成为一所学科比较齐全、师资实力比较雄厚、具有一定办学特色、在国内外具有相当影响的教学科研型大学。在新世纪到来之际，我们一定要抓住机遇，迎接挑战，励精图治，奋发图强，继续发扬艰苦奋斗、团结协作、勇于拼搏、开拓创新的精神，为华东师范大学的振兴与腾飞，贡献出我们所有的智慧与力量。

以上是对大学的介绍，可以看出文体较为正式，语言较为严谨。而译文把握住了原文的这些特点，根据原文的语域进行了相应的翻译，做到了与原文的风格对等。

第八章　英语写作与翻译实践

第一节　翻译理论研究的问题与任务

翻译理论研究主要是要回答什么是翻译、如何翻译与如何翻译得恰如其分等问题。换言之，主要要研究翻译的本质、过程、策略、方法、技巧、文体、体裁、语体和风格等，研究采用一定的翻译策略、方法、技巧、文体、体裁、语体与风格的理据。翻译理论的另一项任务是要研究用什么样的方法、从什么角度来研究翻译以及建立什么样的翻译理论，建立翻译理论的目的、任务与意义等。建立翻译理论的目的，是要用翻译理论指导翻译实践，用翻译理论观察、描写与解释翻译现象。翻译理论的任务是建构合适的理论框架，用以观察、描写与解释翻译现象，为译者采用特定的策略、方法、技巧、文体、体裁、语体与风格进行翻译提供理论依据。翻译理论的意义在于将翻译实践上升到理性的高度，使之得以升华。这种翻译理论不但能应用于对翻译进行共时研究，也能应用于对翻译进行历时研究。乔姆斯基认为语言学理论应该具有系统性，应能做到观察充分、描写充分与解释充分。人们认为，翻译理论也必须具有系统性，也必须在观察充分的基础上，做到描写充分与解释充分。下面的讨论，将沿着这条路线进行，逐一回答上面提出的问题。

什么是翻译？对这个问题，不同的人有不同的回答。张培基在《英汉翻译教程》一书的绪论中指出："翻译是运用一种语言把另一种语言所表达的思维内容准确而完整地重新表达出来的语言活动。"[①] 古今明与周方珠对翻译所下的定义也与之大同小异。[②③] 傅仲选则认为："翻译是将一种语言转换成另一种语言的人类社会实践活动。"[④] 王克非援引季羡林、许国璋两位先生为《中国大百科全书——语言文字卷》的翻译条所下的定义称："翻译是把已说出或写出的话的意思用另一种语言表达出来的活动。"接着其又补充说："翻译是将一种语言文字中蕴涵的内容或信息用另一种语言文字表达。"[⑤] 上述各家，在国内翻译界都颇有影响，他们的定义都具有一定的权威性，也具有相对的真理性。但他们那些言简意赅的定义都不能概括翻译所涉及的各种要素，难以描写与解释错综复杂的翻译现象。可

---

① 张培基．英汉翻译教程［M］．上海：上海外语教育出版社，1980.

② 古今明．英汉翻译基础［M］．上海：上海外语教育出版社，1997.

③ 周方珠．英汉翻译原理［M］．安徽：安徽大学出版社，1997.

④ 傅仲选．实用翻译美学［M］．上海：上海外语教育出版社，1993.

⑤ 王克非．翻译文化史论［M］．上海：上海外语教育出版社，1997.

能正是看到了这一点，奈达在其著作中花了整整一章讨论翻译中的矛盾现象。① 他讨论了翻译矛盾的方方面面，但总的说来，其似乎意在说明，从事翻译的人很多，能将翻译的本质与过程说得很清楚的人却很少，翻译涉及语言与文化的方方面面，是难以严格定义的。

对一门学科难以三言两语加以定义的时候，最好的出路就是描写。可能是出于这个缘故，杨莉藜在下了一个广义与一个狭义的定义之后，对翻译进行了分类描写。② 他列举了翻译的四种分类法之后又列出了六个附类。

翻译的分类：

（1）按所涉及的两种代码的性质，可分成语内翻译、语际翻译、语符翻译；

（2）按翻译主体的性质，可分为人工翻译、机器翻译；

（3）按翻译的工具和成品形式，可分为口译和笔译；

（4）按翻译的客体，亦即所译资料的性质，可分为文学翻译和实用翻译。

翻译的附类：

（1）编译；（2）译述、改写；（3）移植；（4）译配；

（5）缩译、节译；（6）摘译。

杨莉藜的分类是否合适，命名是否得当都不是本书所关注的。本书感兴趣的是：其一，他采用了描写的办法；其二，他的分类是否全面，是否具有系统性，可否用别的办法来进行分类；其三，对翻译进行分类的依据是什么。杨莉藜著作还有一点有趣的是他对翻译的狭义定义所做的解释。他说："确定了狭义的翻译性质，表明它是人类多种交际方式中语言交际的沟通……"

令人遗憾的是，杨莉藜只间接提到了翻译是一种"交际方式"，而没有循此思路去深入探讨，进而建构出具有系统性的、能用于描写与解释各种翻译现象的理论框架。应该看到，翻译不但涉及语言层面，而且涉及社会文化层面；翻译不是语言本身自主进行的一种语言转换活动，而是由人来进行的一种语言转换活动；不是文本自主从事的语言转换活动，而是由译者将一种人的语言转换成另一种人的语言的语言转换活动；不仅仅是语言转换活动，而且是使一种人与另一种人相互沟通的一种交际活动；不但是此时此地的一种人与此时此地的另一种人相互沟通的一种交际活动，而且是彼时彼地的人与此时此地甚至将来的人相互沟通的一种交际活动。一句话，分析翻译如果看不到人，只看到文本、语言、信息、文化、文体与风格，研究翻译如果不研究人，只研究文本、语言、信息、文化、文体与风格，都是舍本逐末。换言之，翻译是交际，是一种跨语言、跨文化、跨时空的交际。只有从交际的角度才能将交际的主体——参与交际的人提升到应有的高度，才能将语言层面与社会文化层面，以及翻译的各种要素囊括无余。翻译理论的一个重要任务就是要

① ［美］EugeneA. Nida，Language，Culture and Translating［M］. 上海：上海外语教育出版社，1993.

② 杨莉藜. 英汉互译教程［M］. 郑州：河南大学出版社，1993.

在充分观察的基础上，建构能揭示翻译本质的理论框架，用以描写翻译的本质与过程，解释翻译现象，为各种翻译方法与技巧提供充分的理据。

翻译是一种交际，翻译交际是人的交际，是作者、译者与读者的交际，是作者、译者与读者通过文本进行的交际。译者在交际中起着举足轻重的作用，从某种意义上说，没有译者也就没有翻译。翻译是由译者介入的一种特殊交际。一方面，译者用一种语言同作者交际；另一方面，他又用另一种语言同读者交际。同作者交际时，译者的主要任务是理解，同读者交际时，译者的主要任务是表达。因此，人们通常说，翻译是理解加表达的过程，是先理解后表达的过程。翻译理论就是要在充分观察的基础上充分描写翻译的这种交际本质与交际过程，建构合适的理论框架，使其具有充分的解释力。

如何翻译是个实践问题，也是个理论问题。首先，对这个问题，过去的研究，多采用规定的方法，认为如何如何翻译才算译得对，才算是佳译。其次，讨论词与词、短语与短语、句子与句子之间的相互转换与交叉转换。最后，讨论翻译技巧，如增词法、减词法、顺译法、逆译法、分译法、综合法等。这些讨论是富有意义的，但没有回答下列问题：为什么英语单词与短语在有些情况下可译成汉语的单词与短语，在另一些情况下又可译成汉语的句子？这些单词、短语与句子在什么情况下可以/必须相互转换或交叉转换？为什么要采用增词法、减词法、顺译法、逆译法、分译法、综合法？有人翻译时为何要添加注释与按语而另一些人则用增加词语的方式来解决？有人翻译时为何时有增删与改动？翻译为什么常常要改变原句的结构？为什么不同的人会用不同的形式改变原句的结构？翻译同样的著作，为什么五十年前加的注解要远比五十年后加的注解多得多？翻译时为什么有的人采用全译有的人采用变译？翻译实践上的这些现象，一要靠翻译理论来描写，二要靠翻译理论来解释。一种翻译理论，如不能在充分观察的基础上，对上述种种现象进行充分的描写与解释，就不能成其为理论。

综上所述，建构翻译理论，要从描写的角度切入，而不能采用规定的方法。翻译理论研究的任务，第一要建构合适的理论框架，这个理论框架要能描写翻译的本质与过程，要能描写翻译策略、方法、技巧、文体与风格，要能描写所有的翻译活动与翻译现象；第二，所建构的翻译理论的理论框架要能解释翻译的本质与过程、翻译的策略、方法、技巧、文体与风格，要能解释所有的翻译活动与翻译现象及其他问题；第三，翻译理论必须具有系统性。本着这个宗旨，可以用描写的方法、从交际的角度建构翻译理论的理论框架，即建构描写交际翻译学的理论框架，期待着这个理论框架会不断地得到改进与完善；期待着能用这个理论框架在充分观察的基础上实现充分描写与充分解释翻译的本质与过程、翻译的策略、方法、技巧、文体与风格，充分描写与解释所有的翻译活动与翻译现象。

第二节　翻译交际的主体框架

通过上面的分析，能够看到：第一，翻译是一种交际，是一种跨语言、跨文化、跨时空的交际，交际的参与者是作者、译者和读者，译者在交际中起着举足轻重的作用，交际是通过文本来进行的；第二，必须用描写的方法从交际的角度来审视翻译，建构新的翻译理论，新的翻译理论必须在充分观察的基础上做到充分描写与充分解释翻译的本质与过程、翻译的策略、方法、技巧、文体与风格，必须做到充分描写与解释各种翻译活动与翻译现象；第三，根据前两项任务，必须建构合适的描写交际翻译学的理论框架。为实现上述任务，必须回到翻译实践中来，在分析翻译实践的基础上建构描写交际翻译学的理论框架。

综上所述，翻译是一种交际。为认清翻译的交际性质，只要将翻译活动与日常交际进行一番比较就一目了然了。日常交际大致可以分为口头交际与笔头交际。日常口头交际中，交际的要素包括交际的参与者（发话人与受话人）和话语，发话人通过发出话语向受话人传递信息交流情感，受话人通过话语接收信息接受情感。日常口头交际的这种程式可用图 8－1 描写。

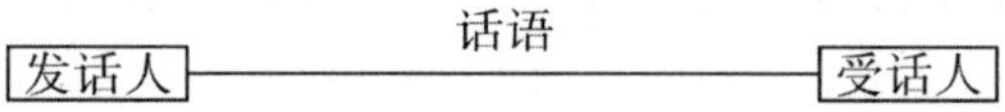

图 8－1　日常口头交际图

从图 8－1 可看出，只要对上面的日常口头交际程式稍加改造，就可以用于观察、描写和解释翻译的过程，揭示翻译的本质，描写与解释翻译中译者所采用的策略、方法、技巧、文体与风格，描写与解释其他翻译现象与问题。以口译为例：口译的过程也是发话人通过发出话语向受话人传递信息交流感情、受话人通过话语接收信息接受情感的过程，口译的策略、方法、技巧与风格也与日常交际的策略、方法、技巧与风格大同小异。不同的是，口译交际中多了一个参与者——译者。如图 8－2。

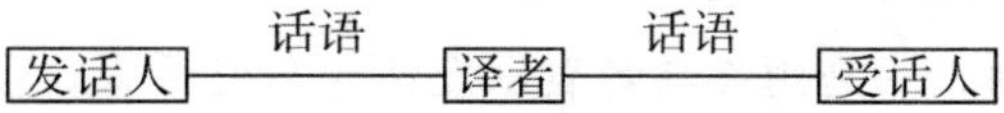

图 8－2　口译交际图

应该看到，口译与口头交际是有区别的，这些区别主要是：第一，口译表面上是发话人与受话人进行交际，实际上译者在交际中起着重要作用，从某种意义上说，没有译者就没有口译；第二，译者的任务是沟通发话人与受话人之间的交际，而不能喧宾夺主，但他也有属于自己的活动空间，有发挥主观能动性的余地；第三，对译者来说，口译的过程也是理解与表达的过程。口译的这些特点说明，译者翻译时既要发挥自己的主观能动作用，又要受到方方面面的制约。口译的这些性质与过程可用图 8－3 来描写。

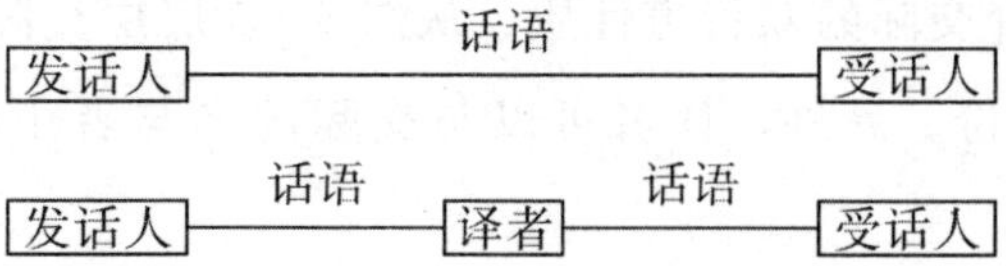

图 8－3　口译交际图

图 8－3 表明，口译从表面上看是发话人与受话人之间的交际，实际上则是有译者参与的特殊交际。为描写口译交际的这种性质，人们将口译交际分为两个层面——表层与底层。表层是发话人与受话人之间的交际，底层则是有译者参与的交际。两层交际中，底层交际决定表层交际，但表层交际对底层交际有制约作用。也就是说，虽然没有译者就没有口译，在口译过程中，译者可以充分发挥自己的主观能动作用，但译者的任务只是沟通表层交际。底层交际还表明，从译者的角度，口译可分为理解与表达两个阶段。图 8－3 可用来描写口译，但可以看到，用图 8－3 来描写口译未免失之粗略。因为，与普通交际不同，口译是跨语言、跨文化的交际，这种交际有与之有关的其他特点。首先，口译的第一阶段是发话人与译者的交际，使用的是发话人所操的语言，涉及的主要是发话人的文化，但译者要根据自己的语言文化来理解；第二阶段是译者与受话人的交际，使用的是受话人所操的语言，涉及的仍然是发话人的文化为主，但受话人要以自己的语言文化为背景来加以理解。其次，译者兼有发话人与受话人双重身份。第一阶段交际中，译者是受话人，第二阶段交际中，译者是发话人。再次，译者既可与发话人也可与受话人共有语言与文化。最后，日常口头交际是直接交际，在口译交际中，发话人与受话人虽然也面对面地进行交际，但他们的交际是通过译者间接进行的。为描写口译的这些特殊交际性质，将图 8－3 改造成下面的形式。

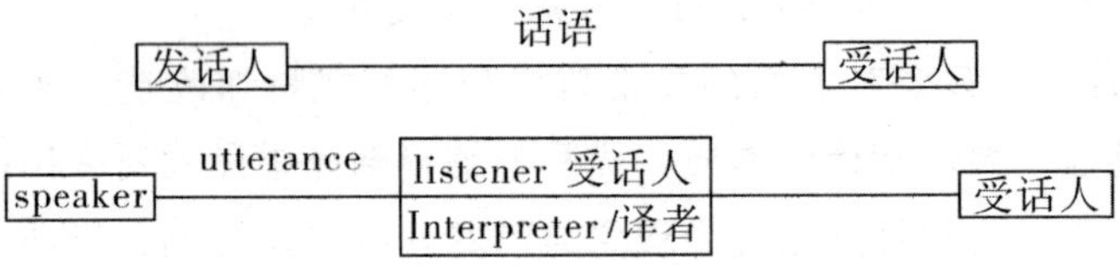

图 8－4　口译交际图

图 8－4 基本上能描写口译的本质与过程。还应该看到，与双行道交通一样，口译是双向交际。为描写口译的这种性质，必须进一步对图 8－4 加以改造。解决的办法有二：一是用箭头表示交际方向，一是用参与者表示发话人与受话人，使其兼有双重身份。第二种方法比较简洁直观，故采用第二种方法。根据上面的分析，必须将图 8－4 改造如下：

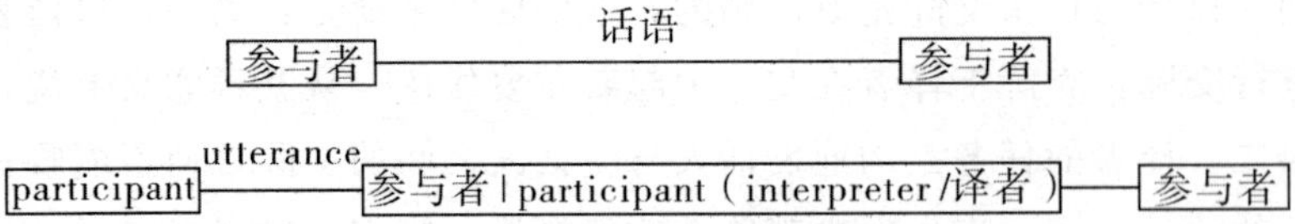

图 8－5　口译交际图

图 8－5 用英汉两种文字表示口译交际涉及两种语言与文化，将发话人与受话人都改为交际参与者以表示口译交际的双行道性质。从图 8－5 底层交际中可以看出，译者具有受话人和发话人双重身份。另外，译者可以与交际的参与者中的任何一方共有语言与文化。

图 8－5 基本上能充分描写口译交际，解释口译交际中的各种现象，因此，可以将它

视为口译交际的主体框架。之所以称为主体框架，是因为这个框架只能粗略地描写与解释口译活动与口译现象，口译中的许多问题还有待于进一步深入探讨。本书主要任务是讨论笔译，图 8—5 不能用于描写笔译交际，不能用于解释笔译交际中所涉及的各种现象。解决的办法是另行建构笔译交际图。

笔译与口译虽然有许多差异，但也是一种交际。为弄清笔译的交际性质，不妨先看看日常的笔头交际。以书信交际为例：在书信交际中，写信人通过书信向读信人传递信息、交流感情，读信人通过书信接收信息与情感。书信交际的性质与过程可用图 8—6 描写。

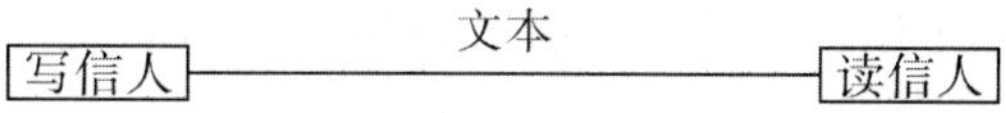

图 8—6　书信交际图

在此基础上，参照口译交际，就可以对笔译交际进行充分描写。与口译交际一样，笔译也是一种跨语言、跨文化的交际，但笔译一般是单向交际，原文文本的作者一般得不到译文文本读者的反馈信息。因为笔译是通过文本来进行交际的。为描写笔译的交际本质与过程，在描写中体现笔译交际的单行道性质，可以将口译交际中的参与者改为作者、译者与读者，其他如表示跨语言、跨文化的方法，表示译者的双重身份，表示译者与作者和读者共有语言与文化的方法，均与口译交际中的表示方法无异。笔译交际的这些性质可用图 8—7 表示如下：

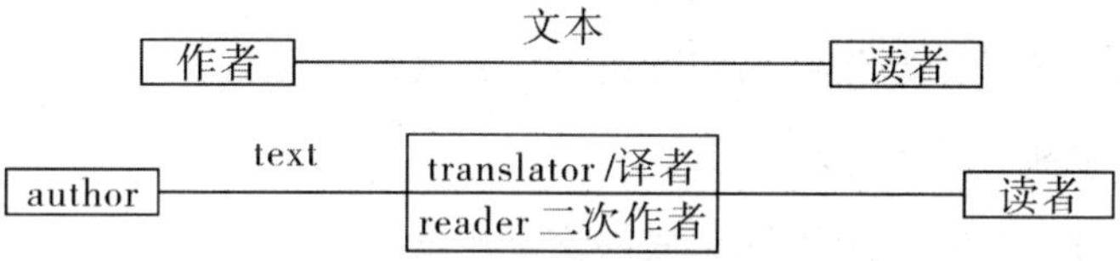

图 8—7　笔译交际图

图 8—7 具有如下一些意义：

第一，图 8—7 表明，笔译是一种交际，可分为两个层面，其表层是原文作者（翻译过的、加入了译者成分的作者）通过译文文本与译文读者进行交际，底层则分为两个阶段。第二，笔译交际中，也是底层交际决定表层交际，但表层交际对底层交际有反作用。这说明，一方面，译者在交际中起着举足轻重的作用，从某种意义上说，没有译者就没有笔译；另一方面，译者从某种意义上说是为他人服务的，他虽享有一定程度的自由，也受到来自作者与读者两个方面的制约。第三，笔译的过程也分为两个阶段：第一阶段即通常所说的理解阶段，是原文作者和译者（作为读者的译者）通过原文文本进行交际；第二阶段即通常所说的表达阶段，是译者（二次作者）与读者通过正在翻译的译文文本进行交际。第四，笔译也是跨语言、跨文化的交际，它通常涉及两种语言、两种文化。第五，与口译不同，笔译是单行道，通常没有信息反馈。因此，作者、译者与读者的角色身份是固定不变的。第六，译者既可以与作者也可以与读者共有语言与文化。上述各条清楚地描述了笔译的性质与过程。笔译是一种跨语言、跨文化的交际，通常是单向交际；从表面上看，是作者与读者的交际，实际上译者介入了交际，从某种意义上说没有译者就没有交际，但译者的交际是一种中介性交际；笔译的过程可分为理解与表达两个阶段。除此之外，笔译还有如下一些特点：

首先，笔译交际涉及三个不同的读者。表层交际中的读者，是译文文本的实际读者（actual reader），底层交际中的读者是译者心目中的读者（intended reader），译者在笔译交际的第一阶段具有读者身份，是作品的实际读者中的一员。这样的划分也适用于作者的创作交际。这样的划分是富有意义的。译者心目中的读者，是一个比较整齐划一的读者群，是与译者同时代的人，是译者心目中设定的（supposed）人，是一个高度抽象化了的心理实体，虽然与现实世界中的人有联系但不是现实世界中的人。译作的实际读者，是现实世界中的人，是形形色色的、多种多样的，不受译者心目中设定的读者范围的局限，既有译者同时代的人，也有后人。例如，翻译《傲慢与偏见》：译者心目中的读者可能是大人，是一群特定的大人，但实际看书的人群中小孩可能比大人多，看书的大人也可能超出译者心目中设定的大人的范围。一位戏剧家应导演的邀请将 Hamlet 译成京剧，目的在于上演，他心目中的读者是他心目中设定的那些戏剧演员与观众，但阅读剧本的人可能远远超过看戏的人，远远超过演员与观众，实际参与演出的演员与实际观看演出的观众也可能超出译者心目中设定的演员与观众的范围。同样，作者创作时面临的也是他心目中的读者，作品问世之后的读者则是作品的实际读者。在底层交际的第一阶段中，译者也是一个读者，是原文文本的实际读者中的一员。

其次，表层交际中的作者也不同于底层交际中的 author。表层交际中的作者是相对于译文读者的作者，是带有译者成分的作者，是译文文本的作者。底层交际中的 author 是相对于原文读者的 author，是相对于译者的 author，是译者为完成翻译所研究的全部 author。译者翻译一部著作往往要研究作者的全部著作，要研究他的生平，研究别人对他的著作与生平的评价，研究他所处时代的社会、政治、经济、文化，可能还要研究一些同时代的其他作者的著作，如有他人的翻译问世，译者还要研究与参考他人的译作等，这些研究都是底层 author 的一部分。笔译交际的第二阶段，译者也在写作，但他是为他人写作。他的写作一方面要受到来自作者及原作的限制，另一方面要受到来自读者的限制，译者的工作，从某种意义上说就是在这双重限制中寻求平衡。译者翻译时虽享有一定的自由，但他的自由是在一定的半径范围内的自由。当然，他在翻译写作中也会自觉或不自觉地加入自己的成分。

最后，不单单是 text 就不同于文本，表层交际中的文本也不同于底层交际中的文本。表层交际中的文本是翻译的最终产品，是出版或发表了的产品。底层交际中的文本是翻译的中间产品，这个中间产品只有在译完了发表了才等于表层交际中的文本。翻译过程中，正在翻译的文本还有可能改动，有可能重新修订，还要经过编辑部的编辑与修改。有时，还有可能会出现这样的情况。一部著作翻译了一半，突然遇到了自然灾害或战争，不得不中途辍笔，灾害或战争结束了，接着翻译，你会发现，其再也难以找回过去的感觉。还可能有这样的情况：清样打出来了，但由于某种原因，译者与出版社难以达成协议，不得不将译稿束之高阁。

关于作者、译者与读者、关于文本的区分不是吹毛求疵，而是富有意义的，描写交际翻译学的理论框架的部分解释力正是存在于这些细微的区分之中。

以上为笔译的主体理论框架。之所以称之为主体理论框架，一方面是由于这个框架能简略地描写与解释翻译的本质与过程，能描写与解释许多翻译活动与翻译现象；另一方面，笔译中的许多问题还有待于进一步探讨。

第三节　笔译交际的其他问题

笔译交际涉及的其他问题很多，这里主要粗略地讨论一下笔译跨越时间与空间的问题。对翻译理论与翻译活动可进行历时研究，这个课题虽很少有人谈及，但实际从事这项工作的人却很多。陈福康的《中国译学理论史稿》与马祖毅的《中国翻译简史》（增订版）可以看成是对我国翻译理论与实践的历时研究的两大成果。[①②] 这种历时研究是不言而喻的。需要花费笔墨讨论的是，笔译交际往往也有跨越时空的问题。下面将从时间、空间、语言与文化的角度谈谈翻译交际的跨时空问题。

首先，跨越时间的问题：口译交际一般都是在现场进行的，发送与接收信息的都是同时代的人，因而除研究口译翻译史之外，一般对口译不进行历时研究。而与口译不同，译文文本出版之后，长的可以流芳百世，短的也可以流传一段时间。换言之，笔译交际中的实际读者，既有译者同时代的人，也有后人，因此，对笔译既可进行共时也可进行历时研究。另外，一本原作，如《唐诗三百首》，历朝历代都可能有人翻译，你翻译过了，有人在你的基础上再译。懂英语的中国人可能翻译，懂汉语的外国人也可能翻译。对这些译本也可进行历时研究。

其次，跨越空间的问题。空间既是一个社会概念也是一个地域概念。从社会的角度看，作者、译者与读者不一定处于同一个社会层面；从地域的角度看，作者、译者与读者也不一定处于同一个地域。

再次，从语言的角度观察翻译的跨时空问题。空间是与语言相联系的，翻译，无论是口译还是笔译，都是跨语言的交际，这就意味着，它势必也是跨空间的交际。翻译要涉及

---

① 陈福康. 中国译学理论史稿 [M]. 上海：上海外语教育出版社，1992.

② 马祖毅. 中国翻译简史 [M]. 北京：中国对外翻译出版公司，1998.

方言，语言学将方言分为社会方言与地域方言。社会也是一个空间概念，社会方言间的交际也是跨空间的交际。地域方言，不言而喻，是与空间密切相关的。翻译中跨越方言的事是司空见惯的。在历史发展的长河中，语言总是随着历史的变迁而发展变化的。汉语有古汉语、中古汉语与现代汉语，英语有古英语（Old English）、中世纪英语（Middle English）与现代英语（Modern English），其他语言也有类似的发展阶段。跨越时间常常与跨越空间交织在一起。以翻译《楚辞》为例：《楚辞》成书于战国时期，基本上是用楚方言写成的。如果13世纪有人将它译成英语，由一位20世纪的现代读者阅读，就不但是跨时间的交际也是跨空间的交际；不但是历史意义上的跨时间的交际也是语言学意义上的跨时间的交际；不但是地理意义上的跨空间交际也是方言（包括社会方言与地域方言）意义上的跨空间交际。从历史的角度看，这一特定的翻译交际跨越三个时间段。从语言学的角度看，《楚辞》是用古汉语写成的，译者用13世纪的英语将它介绍给英语读者，而20世纪的读者则以现代英语为参照来阅读译作。如果译者是个英国人，他与屈原出生与生长于不同的国度，他们之间的交际跨越了地理空间。屈原是楚国大夫，如果译者是个学者，读者是个普通学生，他们之间的交际就是跨越社会空间的交际。《楚辞》是用当时的楚方言写成的，因此，阅读英语《楚辞》是一种跨越方言空间的交际。

最后，从文化角度来看翻译的跨时空性质。还以《楚辞》为例：楚文化是一种地域文化，屈原在《楚辞》中所反映的楚文化，不但是地域性的楚文化而且是社会性的楚文化。屈原报国有志但由于佞臣进谗与楚怀王"亲小人，远贤臣"的缘故而报国无门。《楚辞》抒发了屈原的个人志向、怨愤与牢骚，抒发了一位空有报国情怀、没有报国门径的士大夫的志向、怨愤与牢骚，因而反映了一种特定的文化。当其由13世纪的人翻译，20世纪的人阅读时，译者与读者的社会空间与个人际遇都不同于屈原所处的社会空间与个人际遇，因此，这种翻译是跨越文化的。跨越时空的翻译，会给译者带来巨大的困难。还以翻译《楚辞》为例：英语里根本找不到楚方言，也找不到与楚方言对应的方言。而且，当年的楚方言经历了历史的变迁也不同于现在的楚方言。这就要求译者不但要了解当年与现在的楚方言，而且要用适当的形式对楚方言以及译者所采用的表达楚方言某些特点的翻译策略做一番简略的介绍，以克服翻译交际中跨时空的障碍。13世纪的译者翻译《楚辞》，其心目中的读者是当时的读者，不是现代读者，他是按照当年的读者而不是根据现在的读者而制订翻译策略的。楚文化与屈原本人的文化际遇，已成为一去不复返的历史陈迹，对此，译者与读者都难以身临其境，只有站在自己的文化参照系上来领悟，失真之处可想而知。另外，语言是文化的一部分，楚方言是楚文化的一部分，这是文化的第二个层面。当然，文化还有更多的层面，这里就不展开讨论了。语言有层次性，文化有层次性，可见跨时空的翻译交际还有其层次性。要描写这种跨时空的交际，要描写跨时空交际的层次性，解决的办法有二：一是在图8－7的基础上增加一个时空参照系，一是赋予跨时空交际的变量以一定的值。增加时空参照系的办法比较烦琐，对于缺乏这方面的自然科学知识的人无疑是一个负担。但如果赋予交际参与者等变量以一定的值，包括时空方面的值，就可以用图8—7直接描写跨越时空的翻译交际。

翻译的第二种特殊情况是通过第三种语言来进行交际，这种情况口译、笔译都有。在清朝末年、民国期间、解放初期，都曾有过通过日语或俄语译介西方文学作品、哲学著作或其他著作的现象。现在，这种情况还是时有发生。例如，索绪尔的《普通语言学》的汉语版就是从英语版翻译过来的，而英语版本身也是个翻译版本。在今天的自然科学、社会科学与人文科学领域，许多用小语种写成的著作，都是通过翻译成通用语种如英语、汉语等才得以流传开来的，其他小语种又将这些著作从通用语种的版本翻译成自己的语言文字。这种翻译，译界曾经用一个专门的术语“重译”来指称，但容易引起误解，建议改用“转译”一词。要描写通过第三种语言来进行的口、笔转译，只要将图8—5与图8—7略加改造就行了。

第四节 翻译交际框架的解释力

通过上面的分析与推导，可以推导出两个主体翻译交际的理论框架：图8—5与图8—7。图8—5是口译交际框架，图8—7是笔译交际框架。这两个框架都具有很强的解释力。例如，①严复的翻译是很特别的。首先，他翻译的都是当时代表西方先进思想的哲学与社会科学方面的著作；其次，他在翻译中增加了大量的按语；再次，他的翻译时有增删；复次，他的翻译改变了原文的人称；最后，他用桐城派古汉语进行翻译。严复为什么要这么做呢？②今天，许多人指责严复，认为他一不该采用那种特殊的翻译策略，二不该用桐城派古汉语，以致今天的读者读起来困难重重。这些指责是否合理呢？先来解释第一个问题。

从图8—7可以看出，翻译是一种交际。交际总是一些人要达到一定的目的通过向另一些人发送信息来影响对方的。严复想通过翻译实现他改造中国的主张，他的具体做法是，通过翻译向他的读者发送信息：西方有这样或那样的先进思想。严复要向他的读者发送信息，就必须使用他的读者的语言，他的读者所喜闻乐见的语言。他根据读者理解上的需要增加按语，决定增删，他根据读者的阅读习惯，改变原文的人称，这些都是无可厚非的。必须指出，这里所讲的读者，是严复翻译时的心目中的读者，是他寄以改造中国的厚望的读者，是熟悉桐城派古汉语的与严复同时代的知识分子读者。一句话，严复从选材到选用翻译方法、策略与语言都有很强的针对性，都是胸有读者的结果，都是胸有心目中的读者的结果。

人们今天指责严复是没有理由的，道理非常简单。这些人是严复译作的实际读者，不是他翻译时的心目中的读者。换言之，严复本来就不是译给今天的人看的，人们有什么理由去指责人家呢？

不但严复的翻译容易解释，其他人的翻译也容易解释。例如，前面提到的王宗炎的那个试验，同一句英语原文，交给8个人去翻译，为什么会出现8种译文呢？道理也很简单，是8个译者去翻译的。不同的人对同一个客观事物的感受是不同的。中国有句古话，叫作“情人眼里出西施”，讲的就是这种情况。不但不同的人观察同一个事物会得出不同的结果，同一个人在不同的时间内观察同一个事物也会得出不同的结果。如果再做第二个试验，将同一个句子让同一个译者在不同的时间去翻译恐怕所译的结果也是不同的。变更地点，翻译的结果也不一样。这倒有点像“横看成岭侧成峰，远近高低各不同”了。上述各种现象无论是用翻译标准理论还是用任何一种对等理论恐怕都是解释不了的，放到翻译交际的理论框架中便立即冰释。

上述各例说明，描写交际翻译学的理论框架是具有很强的解释力的。但应该看到，它并不具有充分的解释力。因为到目前为止，人们所建构的描写交际翻译学的框架只是该理论的一个主体架构，许多其他问题还有待进一步研究。例如，既然将翻译看成交际，那么它与语境是什么关系？语境有哪些性质？了解语境的这些性质对翻译有什么意义？又如，作者、译者、读者与文本在翻译交际中起什么作用？对他们可不可以作进一步的划分？如能作进一步的划分，这些划分对研究翻译与翻译类型有什么意义？翻译交际的参与者之间得以沟通的条件是什么？翻译与语言、翻译与文化、翻译与文体、体裁、语体和风格有什么关系？译者为什么要采用特定的翻译策略、技术与技巧？他在翻译时受到哪些因素的制约？面对这些制约因素，他有哪些手段可以采用？

为回答这些以及与之相关的其他一些问题，笔者将自己的研究划分为三个循环。第一循环研究描写交际翻译学的主体框架，这个循环到此已经完成；第二循环主要研究翻译语境的层次性、翻译语境的动态性、作者、译者、读者与文本、译型配置、翻译与共有知识、共有文化、共有经验等问题；第三循环主要研究翻译与语言、翻译与文化、翻译与时空、翻译与文体和体裁、翻译与语体和风格、翻译的制约因素与译者的平衡手段等问题。三个循环，环环相扣，层层加深，循序推进。

本章从分析翻译理论研究的问题与任务出发，揭示了翻译的跨语言、跨文化、跨时空交际的交际性质，接着从分析比较翻译交际与日常交际的异同入手，建构了描写交际翻译学的口译交际的交际框架与笔译交际的交际框架，这两个框架就是描写交际翻译学的主体理论框架，对这两个框架略加改造就可以描写与解释翻译的跨时空性质，描写与解释转译与其他一些非典型性的翻译活动与翻译现象。这两个理论框架将翻译，无论是笔译还是口译，分为两个层次，表层与底层，并且指出，进行翻译交际时是底层交际决定表层交际，但同时又指出，底层交际是为表层交际服务的。这就决定了译者一方面处于翻译交际的中心地位，从这个意义上说，没有译者就没有翻译；另一方面，译者是为别人的交际的畅通服务的，这就决定了，在翻译过程中，译者虽然也有自己的活动空间，但他的活动会受到发话人与受话人或作者与读者的交际意图的制约，会受到他们的语言与文化的制约，会受到他们所拥有的其他主客观条件的制约，甚至会受到跨越时间与空间的制约，当然也会受到自身诸条件的制约。

从翻译交际理论的主体框架可以看出，翻译的过程是从译者的角度来划分的，一般分为两个阶段。翻译交际的第一阶段是发话人或作者与译者进行交际，这时译者是个受话人或读者；第二阶段是译者作为发话人（或者更确切地说是传话人）或二次作者与受话人或读者进行交际。译者，尤其是笔译的译者，在进行翻译交际时，在选择翻译材料、翻译策略、翻译方法与技巧时，是胸有读者的，这个读者不是他的译作的实际读者而是他心目中的读者。这种区分既具有研究意义也使描写交际翻译学的主体理论框架具有了初步的解释力。

参考文献

［1］赵立柱．英语翻译［M］．广州：广东教育出版社，2004.

［2］沈银珍．多元文化与当代英语教学［M］．杭州：浙江大学出版社，2006.

［3］李强．文化多样性与英语教学［M］．北京：中国社会科学出版社，2003.

［4］魏向君，周亚莉，杨丽丽．信息技术与英语教学［M］．兰州：甘肃民族出版社，2007.

［5］谢建国．英语翻译［M］．北京：机械工业出版社，2005.

［6］林克难．大学英语教学策略研究［M］．天津：天津科学技术出版社，2006.

［7］郝军．英语翻译和写作［M］．重庆：重庆大学出版社，2000.

［8］鲁子问，康淑敏．英语教学设计［M］．上海：华东师范大学出版社，2008.

［9］隋铭才．英语教学论［M］．南宁：广西教育出版社，2001.

［10］胡卫平．大学英语翻译［M］．上海：同济大学出版社，2001.

［11］蒋景东．商务英语教学论［M］．杭州：浙江大学出版社，2011.

［12］鲁子问，王笃勤．新编英语教学论［M］．上海：华东师范大学出版社，2006.

［13］何广铿，黄冰，勒妍．英语教学研究方法［M］．广州：广东高等教育出版社，2009.

［14］崔学军，李玉明．英语翻译教程［M］．北京：人民军医出版社，2011.

［15］蔡龙权，裘正铃．大学英语教学研究［M］．上海：上海科学技术出版社，2007.

［16］窦坤，桑元峰．大学英语教学的实践哲学［M］．北京：光明日报出版社，2013.

［17］李成洪．英语教学与跨文化传播［M］．沈阳：东北大学出版社，2013.

［18］王进军．综合英语教学原理［M］．广州：中山大学出版社，2010.

［19］申闫春，韩江红，张新民．英语翻译技巧及精练［M］．北京：地质出版社，1998.

［20］林立，董启明．英语教学与研究［M］．北京：科学出版社，2004.

［21］王松美，张鲁静．英语教学设计指导与案例［M］．北京：现代教育出版社，2007.

［22］蔡龙权，裘正镣．大学英语教学研究（二）［M］．上海：上海科学技术出版社，2008.

［23］蔡基刚．大学英语翻译教程［M］．上海：上海外语教育出版社，2003.

［24］何安平．语料库辅助英语教学入门［M］．北京：外语教学与研究出版社，2010.

［25］胡小花．英语教学研究：理论与实践［M］．西安：西北工业大学出版社，2007.

［26］景志华，孙东菱．实用英语翻译［M］．北京：中国电力出版社，2013.

［27］陈德泉，虞晓东．高校英语教学创新模式探索［M］．杭州：浙江工商大学出版

社，2009.

[28] 田鹏森，季建芬. 21世纪研究生英语翻译教程 [M]. 西安：西安交通大学出版社，2005.

[29] 卢伟，高永. 新实践英语翻译 [M]. 北京：国防工业出版社，2002.

[30] 高明乐，梁清. 英语教学理论与实践 [M]. 北京：北京语言大学出版社，2013.

[31] 梁忠义. 大学英语翻译与写作例解 [M]. 北京：地震出版社，2001.

[32] 胡德映，宋剑祥. 当代英语教学理论与方法探索 [M]. 昆明：云南民族出版社，2006.

[33] 曹勇宏，方青卫. 大学英语翻译理论与技巧 [M]. 开封：河南大学出版社，2000.

[34] 郭浩儒. 大学英语翻译讲练 [M]. 北京：中国宇航出版社，1998.

[35] 陈坚林. 现代英语教学组织与管理 [M]. 上海：上海外语教育出版社，2000.

[36] 金朋荪. 大学英语翻译理论与实践 [M]. 武汉：华中科技大学出版社，2009.

[37] 刘柳君，臧国宝，冯华. 英语翻译教学研究 [M]. 长春：吉林大学出版社，2011.

[38] 贾冠杰. 英语教学基础理论 [M]. 上海：上海外语教育出版社，2010.

[39] 王忠梁. 大学英语翻译技巧 [M]. 上海：东方出版中心，2005.

[40] 崔刚，罗立胜. 英语教学理论与实践 [M]. 北京：对外经济贸易大学出版社，2006.

[41] 严明. 大学英语翻译教学理论与实践 [M]. 长春：吉林出版集团有限责任公司，2009.

[42] 赵红军. 英语翻译基础 [M]. 沈阳：东北大学出版社，2014.

[43] 朱宏华. 英语教学的模糊理论研究 [M]. 北京：中国科学技术出版社，2008.

[44] 鲍东梅. 实用大学英语翻译综合教程 [M]. 北京：北京航空航天大学出版社，2015.

[45] 向前进，曹佩升，刘文平. 高职高专英语教学改革与发展研究 [M]. 北京：高等教育出版社，2010.

[46] 郭剑晶. 专门用途英语教学研究 [M]. 北京：知识产权出版社，2012.